WÄNDE UND DECKEN

TIME LIFE BÜCHER

VERZAUBERTE WELTEN
LÄNDER DER ERDE
HANDBUCH DES HEIMWERKERS
KLASSISCHE REISEBERICHTE
DER PLANET ERDE
VÖLKER DER WILDNIS
DIE GESCHICHTE DER LUFTFAHRT
DIE SEEFAHRER
DER ZWEITE WELTKRIEG
DIE KUNST DES KOCHENS
DER WILDE WESTEN
HANDBUCH DER GARTENKUNDE
DIE GROSSEN STÄDTE
DIE WILDNISSE DER WELT
DIE FRÜHZEIT DES MENSCHEN
DIE PHOTOGRAPHIE
DIE WELT DER KUNST
ZEITALTER DER MENSCHHEIT
WUNDER DER WISSENSCHAFT
WUNDER DER NATUR
DAS GROSSE BUCH DES YACHTSPORTS
DAS GROSSE BUCH DER PHOTOGRAPHIE
LIFE IM KRIEG
LIFE IM KINO
DIE BESTEN PHOTOS AUS LIFE
LIFE IM WELTRAUM

Dieser Band gehört zu einer Serie, die dem Leser detaillierte Anleitungen gibt, wie man Reparaturen sowie Bau- und Renovierungsarbeiten selbst ausführen kann.

HANDBUCH DES HEIMWERKERS

WÄNDE UND DECKEN

VON DER REDAKTION DER TIME-LIFE BÜCHER

TIME-LIFE BÜCHER
AMSTERDAM

TIME-LIFE BÜCHER

LEITUNG DER EUROPÄISCHEN REDAKTION:
Kit van Tulleken
Stellvertretende Redaktionsleiterin: Gillian Moore
Direktor des Designs: Ed Skyner
Direktorin der Photographie: Pamela Marke
Leiterin der Dokumentation: Vanessa Kramer
Chefassistentin: Ilse Gray

HANDBUCH DES HEIMWERKERS

REDAKTIONSSTAB DES BANDES
WÄNDE UND DECKEN:
Chefredakteur: Robert M. Jones
Stellvertretende Chefredakteurinnen:
Betsy Frankel, Brooke Stoddard
Designer: Edward Frank
Chef der Dokumentation: Oobie Gleysteen
Bildredakteur: Neil Kagan
Assistent des Designers: Kenneth E. Hancock
Textredakteurinnen: Lesley Marshall,
Katherine Miller
Vertragsautoren: Lynn R. Addison,
Patricia C. Bangs, William C. Banks,
Megan Barnett, Michael Blumenthal,
Robert A. Doyle, Steven J. Forbis,
Bonnie Bohling Kreitler, Victoria W. Monks,
Peter Pocock, William Worsley
Layout-Assistenten: George Bell, Fred Holz,
Lorraine D. Rivard
Redaktionsassistentin: Susan Larson

EUROPÄISCHE AUSGABE:
Chefredakteurin der Reihe: Jackie Matthews
Textredakteurin: Lynn Earnshaw
Vertragsautor/Dokumentation:
Charles Boyle
Designer: Paul Reeves
Redaktionsassistentinnen: Frances Dixon,
Hilary Hockman

PRODUKTIONSSTAB:
Produktionsassistentinnen: Nikki Allen,
Maureen Kelly
Bildkoordination: Peggy Tout
Editorial Department: Theresa John,
Debra Lelliott

LEITUNG DER DEUTSCHEN REDAKTION:
Hans-Heinrich Wellmann
Textredaktion: Gisela Meyer,
Marianne Tölle

Aus dem Englischen übertragen von
Andrea Hamann und Jörgen Lindemann

ISBN 90-6182-739-6

DIE BERATER: Alan Goodwin, ein gebürtiger Engländer, absolvierte in Deutschland seine Tischlerlehre und war anschließend mehrere Jahre im Baufach tätig. Er arbeitet jetzt als Fachübersetzer sowie als Dozent an den Volkshochschulen Bielefeld und Bad Salzuflen.

Leslie Stokes hat sich in den sieben Jahren, die er als selbständiger Zimmerer und Tischler tätig war, auf Maßtischlerei und Innenausbau spezialisiert. Seit 1967 ist er Dozent für Bautechnik am Hammersmith and West London College.

Gregory Green ist ein amerikanischer Architekt, der sowohl Wohnungen als auch Geschäftshäuser, Krankenhäuser und Industrieanlagen baut. Sein besonderes Interesse gilt jedoch dem Privathausbau, der Innenarchitektur sowie der Restaurierung historischer Gebäude.

Claxton Walker war früher Bauunternehmer und Lehrer für Industrie-Design in den USA. Heute unterrichtet er an einer Fachschule für Architektur.

Roswell W. Ard ist beratender Bauingenieur in Michigan, der sich daneben mit seinen Abhandlungen über Holztechnik Anerkennung verschafft hat.

Inhalt

1

Das Grundgerüst des Hauses

Modernes Material für Wände und Decken. Fugenband, Fugenfüller – mit dem dazugehörigen Spachtel – sowie Gipskartonplatten sind das wichtigste Rüstzeug, um Wände und Decken auf moderne Art und Weise zu verkleiden. Gipskartonplatten befestigt man meist mit Schrauben an vorhandenen Wandständern und Deckenbalken oder an einer eigens dafür errichteten Lattung. Anschließend werden die Fugen zwischen den Platten mit Fugenfüller und Fugenband armiert.

Wände und Decken gehören zu den wesentlichen Konstruktionselementen eines Hauses. Sie nehmen mit ihren meist Hunderten von Quadratmetern nicht nur die größte Fläche – bei einem durchschnittlichen Haus das Vierfache der Bodenfläche – ein, sondern sie erfüllen neben ihrer grundsätzlichen Bedeutung für die Statik des Gebäudes auch eine Vielzahl weiterer Funktionen. Sie trennen verschiedene Bereiche bzw. Wohneinheiten voneinander ab und machen so das Zusammenleben mehrerer Menschen in einem Haus oder einer Wohnung überhaupt erst möglich. Sie bergen wichtige Versorgungsleitungen in sich, die – lägen sie offen – keinen hübschen Anblick bieten würden. Außerdem haben sie wärme- und schalldämmende Eigenschaften, und nicht zuletzt sind sie im Falle eines Feuers dazu da, den Schaden in Grenzen zu halten.

Um all diesen Anforderungen gerecht zu werden, müssen die Baumaterialien für Wände und Decken massiv, feuerhemmend, leicht zu verarbeiten und möglichst preiswert sein. Ein ideales Material, das schon unsere Vorfahren seit Tausenden von Jahren als Wand- und Deckenverkleidung verwenden, ist Gips. Im Innern eines Hauses ist man fast immer von Gips umgeben, sei es in Form von Gipskarton oder in Form von Putz. Selbst unter einer edlen Holzverkleidung oder unter kostbaren Fliesen verbirgt sich oftmals eine schützende Schicht aus Gipskarton oder Putz.

Überall in Europa gibt es große Gipsvorkommen, die aus den vor Millionen von Jahren in den Binnenmeeren abgelagerten Salzen entstanden sind. Gips hat aber nicht nur den Vorteil, daß es im Überfluß vorhanden ist, sondern läßt sich darüber hinaus auch leicht zu Putz oder zu Gipskartonplatten verarbeiten. Zur Herstellung von Putz wird das abgebaute Mineral zu einem Pulver gemahlen und so lange gebrannt, bis sein Kristallwasseranteil um 75 Prozent reduziert ist – ein Prozeß, den man Kalzinieren nennt. Um die für die verschiedenen Putzarten erforderlichen Eigenschaften zu erzielen, wird der gemahlene und gebrannte Gips anschließend mit entsprechenden Zusätzen kombiniert. Zur Herstellung von Gipskartonplatten wird eine zwischen zwei Schichten Spezialkarton eingebrachte Gipsmischung auf eine gleichmäßige Dicke ausgerollt.

Sowohl Putz als auch Gipskarton haben schallschluckende Eigenschaften, doch sind diese bei Gipskarton noch ausgeprägter. Bei spezieller Verarbeitung kann man mit Gipskartonplatten nahezu schalldichte Wände und Decken erzielen. Wie die meisten Mineralien ist auch Gips nicht entflammbar. Er verfügt vielmehr über geradezu erstaunliche feuerhemmende Eigenschaften. Wenn Gips Feuer ausgesetzt ist, absorbiert er die Hitze und setzt, da er zu 20 Prozent aus Wasser besteht, Dampf frei. Ist er richtig erhitzt, drängt der ausströmende Dampf die Flammen zurück. Dieses Phänomen bewirkt, daß die Temperatur auf der Wandseite, die nicht den Flammen ausgesetzt ist, über einen längeren (und möglicherweise lebensrettenden) Zeitraum unter 100 °C gehalten wird.

Als Wand- oder Deckenverkleidung ermöglichen Gipskartonplatten und Putz glatte Flächen, die einen idealen Untergrund für Anstriche, Tapeten, Fliesen – von Keramik bis Kork – sowie Holzpaneele abgeben.

Der Aufbau von Wänden und Decken

In früheren Zeiten waren Wände und Decken recht einfach aufgebaut. Jahrhundertelang bestanden Wände lediglich aus grob behauenen Natursteinen oder dicken, ungehobelten Balken, deren Zwischenräume mit Ziegelsteinen oder einer Lehmstakung – einem mit Lehm verbundenen Flechtwerk aus Zweigen und kleinen Ästen – ausgefüllt waren. Die Decke wurde entweder durch den Dachstuhl mit seinen Pfetten und Sparren oder durch den Boden des nächsthöhergelegenen Stockwerks gebildet. Bisweilen wurden die Innenwände verschönert, indem man sie gleichmäßig mit Kalktünche überzog.

Mit fortschreitender Entwicklung der Bautechnik wurden die Wand- und Deckenkonstruktionen immer aufwendiger. Massive Ziegel- oder Natursteinwände wurden auf der Innenseite mit einer glatten Putzschicht bedeckt, die häufig kunstvoll verziert oder übermalt wurde. Bei den im späten 15. Jahrhundert aufkommenden Gipsdecken wurde der Putz auf einen an den Deckenbalken befestigten Putzträger aus Holzstabgewebe oder Rohrgeflecht aufgebracht.

Heute sind die gebräuchlichsten Baustoffe für Wände Ziegel-, Kalksand-, Gasbeton- und Leichtbetonsteine sowie Beton. Die traditionelle gemauerte Außenwand, die aus – in einem bestimmten Verband verlegten – massiven Ziegel- oder Natursteinen bestand, ist inzwischen weitgehend durch kombiniertes Mauerwerk ersetzt worden. Der Kern besteht in der Regel aus großformatigen, preiswerteren und leichter zu verarbeitenden Hohlblock- oder Lochziegelsteinen, die entweder mit unmittelbar aufgebrachten massiven Ziegelsteinen oder mit einer durch eine Luft- oder Dämmschicht getrennten Ziegelvorsatzschale verblendet sind.

In modernen mehrgeschossigen Wohn- und Geschäftshäusern ist Beton mittlerweile das gebräuchlichste Material. Außenwände und Decken aus Spannbeton bilden das Grundgerüst des Hauses, das von innen häufig mit einer Vorsatzschale aus Leichtbetonsteinen versehen ist.

Bei den traditionellen gemauerten Häusern bestehen die Decken gewöhnlich aus dikken Balken, die in das Wandgefüge eingelassen und mit einer auf Rohrgeflecht aufgebrachten Putzschicht verkleidet sind. Seit ungefähr den vierziger Jahren sind vorgefertigte Betonplatten, die nach der Montage maschinell verputzt werden, im Wohnungsbau am gebräuchlichsten.

Die Alternative zu einer gemauerten Wand ist eine Holzständerwand. Der Zwischenraum zwischen den Ständern wird mit Dämmstoff ausgefüllt und die Außenseite mit einer wetterfesten Vorsatzschale versehen, die z. B. aus einer halbsteindicken Ziegelmauer, einer Holzverkleidung oder aus Betonfertigteilen bestehen kann.

Wände, die das Dach oder andere höher gelegene Konstruktionsteile eines Hauses abstützen, werden als tragende Wände bezeichnet und sind entsprechend stabiler konstruiert. In Häusern mit gemauerten Außenwänden sind die tragenden Innenwände gewöhnlich ebenfalls gemauert, während die nichttragenden Wände, die sogenannten Trennwände, beispielsweise aus Mauerwerk oder einer plattenverkleideten Holz- oder Metall-Rahmenkonstruktion bestehen können. Bei ganz in Ständerbauweise errichteten Häusern sind die tragenden Wände meist durch zusätzliche Ständer verstärkt.

Die Deckenbalken verlaufen größtenteils quer zu den tragenden Wänden. Ihre Lage läßt sich ebenso wie die der Ständer auf unterschiedliche Weise ermitteln *(Kasten unten)*. Da Deckenbalken und Wandständer wichtige Befestigungsgrundlagen darstellen, ist es unumgänglich, daß man weiß, wie man ihre Lage und ihren Verlauf hinter der Verkleidung feststellen kann.

Auch die Verkleidungen unterscheiden sich je nach Entstehungsdatum und Bauweise des Hauses. Bei Häusern, die etwa vor 1940 errichtet wurden, ist an den Wänden der Putz in der Regel direkt auf das Mauerwerk und an der Decke auf einen aus Rohrgeflecht bestehenden Putzträger aufgebracht. Schon bald nach dem Zweiten Weltkrieg wurde bei Neubauten im Innenbereich vielfach der Naßputz durch die leichter und schneller zu verarbeitenden Gipskartonplatten ersetzt. Bei Gipskarton erübrigt sich die für Putz erforderliche Trocknungszeit sowie die Notwendigkeit eines Putzträgers. Mit den raumhohen, 125 cm breiten Platten läßt sich eine Konstruktion aus Holz bzw. Metall oder Mauerwerk in kurzer Zeit großflächig verkleiden. Die in jüngerer Zeit entwickelten Techniken des Verputzens haben dazu geführt, daß bei Neubauten inzwischen auch wieder Naßputz sehr gebräuchlich ist.

Die Abbildungen auf den beiden folgenden Seiten zeigen den Aufbau einiger typischer Wand- und Deckenkonstruktionen. Um die Zeichnungen übersichtlicher zu gestalten, wurden einige Details, wie etwa die Dämmung der Außenwand, weggelassen.

Verdeckte Ständer und Deckenbalken lokalisieren

Für die meisten Arbeiten an Wänden und Decken mit einer Holzunterkonstruktion muß man zunächst den Verlauf der verdeckt liegenden Ständer bzw. Deckenbalken ermitteln. Dazu bieten sich verschiedene Methoden an: Manchmal genügt es schon, die Wand oder Decke leicht abzuklopfen, bis ein dumpfes Geräusch hörbar ist, das auf einen Ständer oder Deckenbalken schließen läßt. Danach wiederholt man das Klopfen in bestimmten Abständen: bei leichten Trennwänden z. B. stehen die Ständer üblicherweise im Abstand von 62,5 cm. Eine andere Möglichkeit, stützende Konstruktionselemente ausfindig zu machen, besteht darin, an mehreren willkürlich gewählten Stellen Nägel einzuschlagen. Dort, wo man auf Widerstand stößt, muß ein Trägerelement sein.

Systematischer läßt sich die Lage eines Ständers bzw. Deckenbalkens ermitteln, indem man an einer unauffälligen Stelle ein kleines Loch bohrt und ein Stück festen Draht hineinschiebt *(rechts)*. Sobald er gegen einen Ständer bzw. Deckenbalken stößt, fäßt man den Draht direkt am Loch, zieht ihn heraus und mißt das Ende.

Wenn man für Ausbesserungsarbeiten eine Fußleiste abnehmen muß, kann man gewöhnlich schon an den dort sichtbar liegenden Fugen oder Schraubenköpfen erkennen, wo die Gipskartonplatten auf einem Ständer aufliegen. Ebenso kann man von einem Stuhl oder einer Leiter aus eine mit Gipskarton verkleidete Holzbalkendecke aus nächster Nähe auf Fugenband oder Schraubenreihen hin untersuchen.

Anstatt ein Loch zu bohren, kann man auch mit einem starken Magneten oder – besser noch – mit einem Metallsuchgerät über die Wand- oder Deckenfläche fahren, um die Schrauben ausfindig zu machen, mit denen die Gipskartonplatten an den Balken oder Ständern befestigt sind.

Ist der erste Ständer oder Deckenbalken ausfindig gemacht, markiert man seinen Verlauf, indem man an einer zweiten Stelle der Wand bzw. Decke einen entsprechenden Abstand vom Rand aus wie an der ersten Stelle ausmißt und die beiden Punkte per Schnurschlag verbindet.

Verschiedene Wand- und Deckenkonstruktionen

Putz auf Fachwerk. Diese im traditionellen Fachwerkstil errichtete tragende Außenwand sowie die dazugehörige Innenwand bestehen aus einem Rahmenwerk aus dicken Balken, deren Zwischenräume – Fächer genannt – in Norddeutschland in der Regel mit rohem oder verputztem Mauerwerk, in Süddeutschland meist mit einer verputzten Lehmstakung ausgefüllt sind. Außen- wie Innenwände sind 16 bis 20 cm dick.

Der jeweils über einer Tür- und Fensteröffnung liegende Wandabschnitt wird von einem Sturzriegel getragen. An der Decke besteht der Putzträger aus Rohrgeflecht, das häufig an dicht nebeneinander, quer zu den Deckenbalken angebrachten Latten – sogenannten Spalierlatten – befestigt ist.

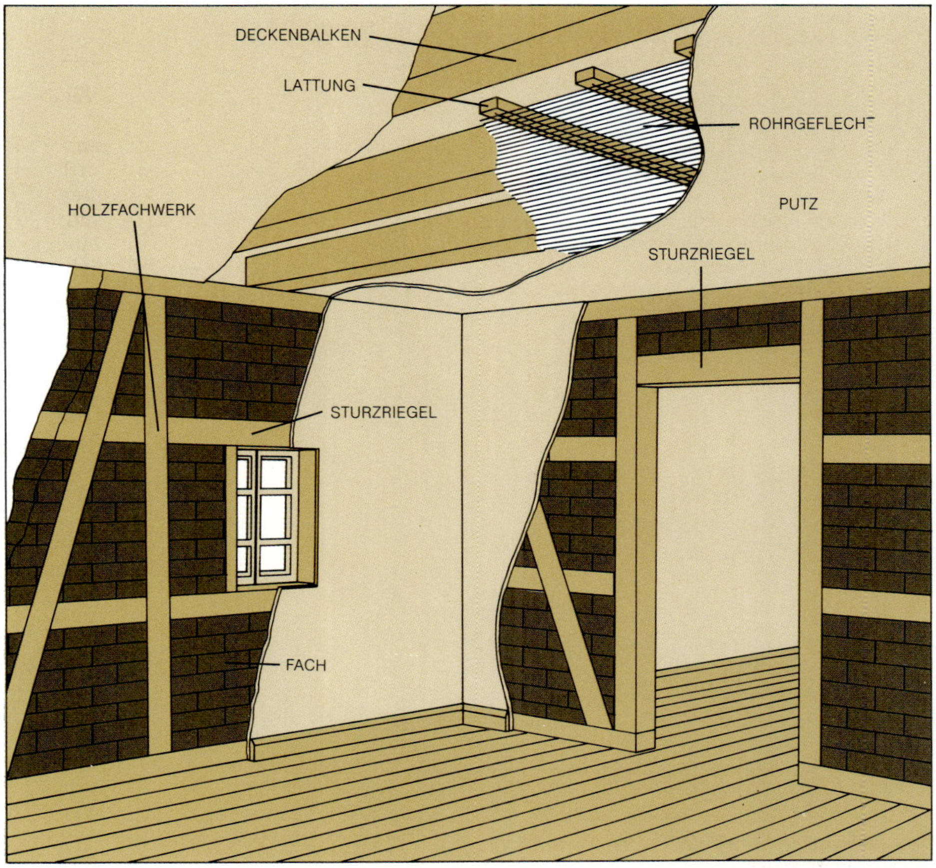

Putz und Gipskarton. Bei diesem Aufbau – er ist typisch für Häuser, die nach 1950 entstanden – bestehen die 20 bis 30 cm dicken Außen- und Innenwände aus Hohlblocksteinen, die innen verputzt sind. Über den Tür- und Fensteröffnungen wird das Gewicht der Wand jeweils von einem Betonsturz abgefangen.

Die Deckenbalken sind mit Gipskartonplatten verkleidet. Die Platten verlaufen meist quer zu den Deckenbalken und sind dann direkt an diese angeschraubt, oder sie sind an einer dazwischen angebrachten Trägerkonstruktion befestigt.

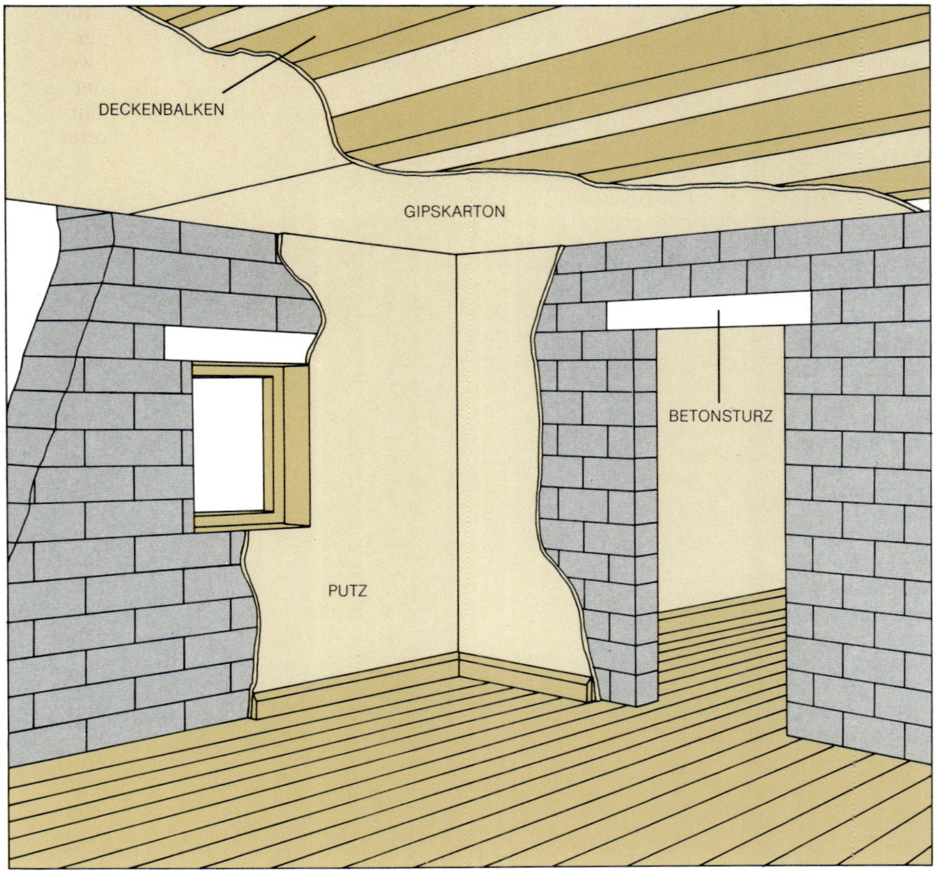

Beton, Metall und Gipskarton. Die Außenwand dieses modernen Hauses besteht aus 30 cm dicken Hohlblocksteinen, die außen mit einer Vorsatzschale aus Ziegeln verblendet sind. Zwischen beiden Wandschalen befindet sich eine Dämmschicht. Innen ist die Wand mit direkt aufgebrachten Gipskartonplatten verkleidet.

Bei der Innenwand handelt es sich um eine leichte Trennwand, bei der die Gipskartonplatten von Metallprofilen gehalten werden. Die Decke ist von den eingezogenen Stahlbeton-Hohldielen abgehängt und besteht ebenfalls aus Gipskartonplatten, die an Metallschienen befestigt sind.

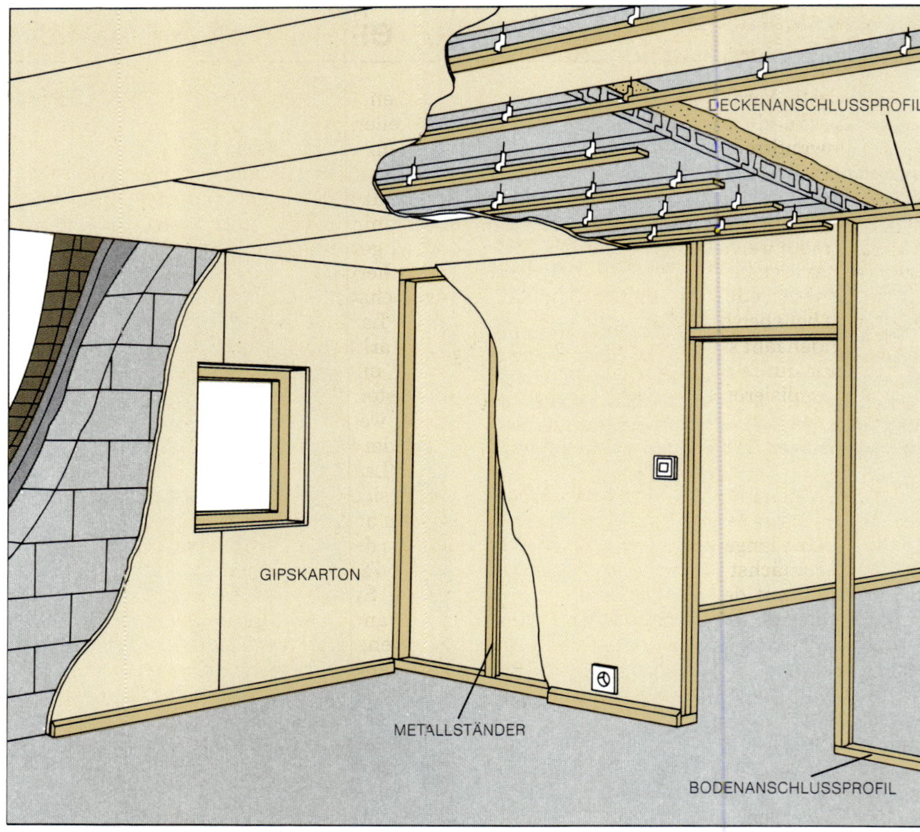

Eine Holzunterkonstruktion. Bei diesem Haus bestehen die Außenwände aus einer tragenden Konstruktion aus Holzständern, die zur Außenseite hin mit Bausperrholzplatten beplankt und mit atmungsativem Papier vor Feuchtigkeitsübertragung geschützt sind. Von außen ist das Haus mit einer Ziegelvorsatzschale verblendet; ein Hohlraum zwischen Vorsatzschale und Sperrholzplatten sorgt für die notwendige Hinterlüftung. Innen ist der Rahmen mit Gipskartonplatten beplankt, die mit einer als Dampfsperre fungierenden Folie beschichtet sind. Nicht abgebildet sind zwischen den Ständern eingepaßte Dämmstoffmatten. Gipskartonplatten bedecken auch die leichte Trennwand.

Die Deckenbalken liegen auf dem oberen Rahmenholz der Ständerkonstruktion auf. Oberhalb der Tür- und Fensteröffnungen lastet das Gewicht der Wand auf Sturzriegeln.

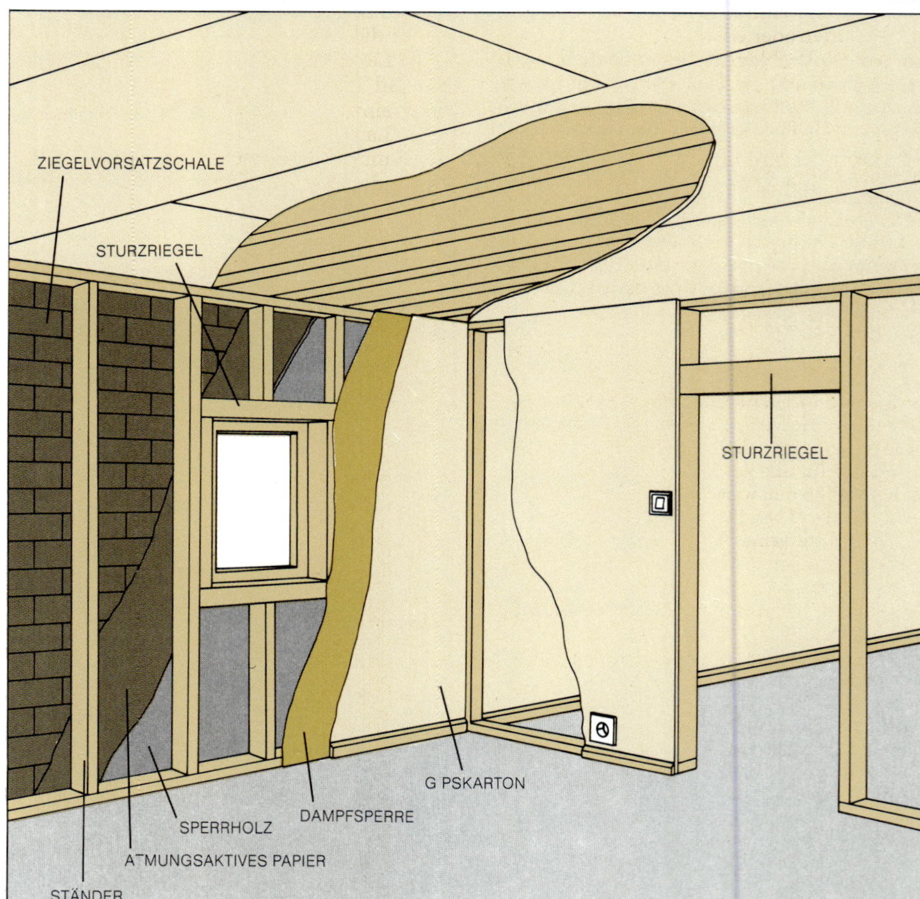

Der richtige Untergrund für eine neue Verkleidung

Die wichtigste Voraussetzung für eine ansprechende Wand- oder Deckenverkleidung ist ein einwandfreier, ebener Untergrund. Während einige Wände in so gutem Zustand sind, daß Gipskartonplatten, Paneele oder Profilbretter ohne weitere Vorbereitungen direkt angebracht werden können, sind bei anderen umfangreiche Vorarbeiten erforderlich, um Schäden oder Unebenheiten im Untergrund zu beheben bzw. auszugleichen. Unter Umständen läßt sich der vorhandene Untergrund nur durch eine Unterkonstruktion aus Latten egalisieren. In einigen Fällen muß sogar eine neue, frei stehende Wand – eine sogenannte Vorsatzschale – vor die alte Wand gesetzt werden.

Um den Zustand einer unebenen Wand oder Decke richtig beurteilen zu können, benötigt man eine lange Wasserwaage und eine Richtlatte. Zunächst prüft man an verschiedenen Stellen mit der Wasserwaage, ob die Wand absolut senkrecht bzw. die Decke waagerecht ist. Danach fährt man mit der Latte langsam über die Wand- oder Deckenfläche und achtet dabei auf mögliche Zwischenräume zwischen Latte und Fläche. Wenn dabei keine größeren Mängel, d. h. Abstände von mehr als 0,5 cm, zutage treten, können die Latten später ohne ausgleichende Holzkeile angebracht werden.

Bei verputzten Flächen, die nur kleinflächige Schäden oder Unebenheiten aufweisen, läßt sich das Problem manchmal schon beheben, indem man den schadhaften Putz durch neuen ersetzt *(S. 26–32)*. Bei großflächigen Schäden oder Unebenheiten kommt man jedoch nicht umhin, die gesamte Wand oder Decke mit einer Lattenunterkonstruktion zu versehen, die gegebenenfalls stellenweise mit Holzkeilen unterlegt werden muß, damit sie eine ganz ebene Fläche bildet.

Wenn die vorhandene Fläche im großen und ganzen eben ist, läßt sich manchmal schon mit bloßem Auge feststellen, ob die Latten genau fluchtrecht ausgerichtet sind. Möglicherweise sind jedoch Hilfslinien, Richtschnüre und Messungen erforderlich, um die Latten einwandfrei auszurichten. Für die Markierungen auf den angrenzenden Wand- und Deckenflächen verwendet man am besten Kreide oder einen Stift, der sich wieder wegradieren läßt.

Bei der Planung einer Lattenkonstruktion ist die Lage von Installationsanschlüssen zu berücksichtigen. Fuß- und Bilderleisten müssen abgenommen und Tür- und Fensterrahmen der neuen Wandebene angepaßt werden *(S. 72–73)*. Unter Umständen ist es auch ratsam, Steckdosen und Schalter an eine andere Wand zu verlegen. Grundsätzlich ist zu beachten, daß vor Beginn der Arbeit der Strom ausgeschaltet ist. Die Verlegung elektrischer Leitungen und Anschlüsse sind einem Elektriker zu überlassen.

Die Anordnung der Latten richtet sich nach der Art der Verkleidung und wie die Verkleidung angebracht werden soll. Für die senkrechte Verlegung von Profil- und Täfelbrettern reicht in der Regel eine waagerechte und für die waagerechte Verlegung eine senkrechte Lattung. Für Platten – z. B. Gipskarton- und Täfelungsplatten – kann man entweder einen Lattenrost *(unten)* oder senkrechte Latten *(S. 70)* anbringen.

Will man an der neuen Wand schwere Gegenstände, wie etwa Oberschränke, aufhängen, muß man in jedem Fall zusätzlich waagerechte Querlatten zum Befestigen einplanen. Wenn sowohl die Wand als auch die Decke eine Holzunterkonstruktion für die Verschalung erhalten müssen, stellt man zunächst die Decke fertig.

Bei einer Holzständerwand oder einer Holzbalkendecke schraubt man die Latten direkt an die Ständer bzw. an die Deckenbalken, deren Lage man zuvor nach der auf S. 8 beschriebenen Methode ermittelt hat. Bei einer gemauerten Wand werden Stahlnägel oder Schrauben und Dübel verwendet. An einer Außenwand – insbesondere, wenn sie unterhalb des Erdniveaus liegt – muß die Wand vor der Anbringung der Latten mit einer dikken Polyäthylenfolie isoliert werden, und die Latten selbst müssen mit einer Schutzimprägnierung behandelt sein.

Ist die Wand sehr uneben oder müssen Installationen, wie Rohrleitungen, verdeckt werden, kann es nötig sein, vor der eigentlichen Wand eine Vorsatzschale zu errichten. Die Rahmenteile für eine solche Schale werden am Boden zusammengesetzt und anschließend über einer Dampfsperre in der vorgesehenen Position aufgestellt.

Es kann vorkommen, daß Rohrleitungen oder Installationen die Anbringung einer Lattenkonstruktion oder die Errichtung einer Vorsatzschale unmöglich machen oder daß eine Fläche einfach zu stark beschädigt ist, um als Untergrund für eine neue Verkleidung zu dienen. In solchen Fällen kommt man nicht umhin, die vorhandene Wandverkleidung bzw. die alte Putzschicht zu entfernen und die Lattung direkt auf dem darunterliegenden Mauerwerk anzubringen.

Eine Unterkonstruktion aus Holzlatten

Eine Unterkonstruktion für Platten. Die hier dargestellte – mit Holzkeilen ausgerichtete – Lattenkonstruktion bildet einen ebenen und lotrechten Untergrund für alle Arten von Verkleidungsplatten. Die 24 x 48 mm waagerechten Latten sind jeweils im Abstand von 40 cm angeordnet, wobei von Mitte zu Mitte gemessen wird (Achsmaß). Die senkrechten Latten sind so plaziert, daß sie genau unter den Stoßfugen der Platten liegen. In dem hier gezeigten Fall wurden für Gipskartonplatten Abstände von 125 cm (Achsmaß) gewählt.

Kleine Zwischenräume zwischen den Längs- und Querlatten sorgen für die Hinterlüftung der Wandverkleidung und verhindern damit die Entstehung von Feuchtigkeitsschäden. Die Ecken der Wand sind ebenfalls mit Latten eingefaßt, und eine kurze, waagerecht angebrachte Latte liegt auf Höhe einer Aussparung für eine Steckdose. Die an der Ober- und Unterkante der Wand angebrachten 25 x 100 mm starken Bretter sind zum Befestigen der Fuß- und Deckenleisten bestimmt.

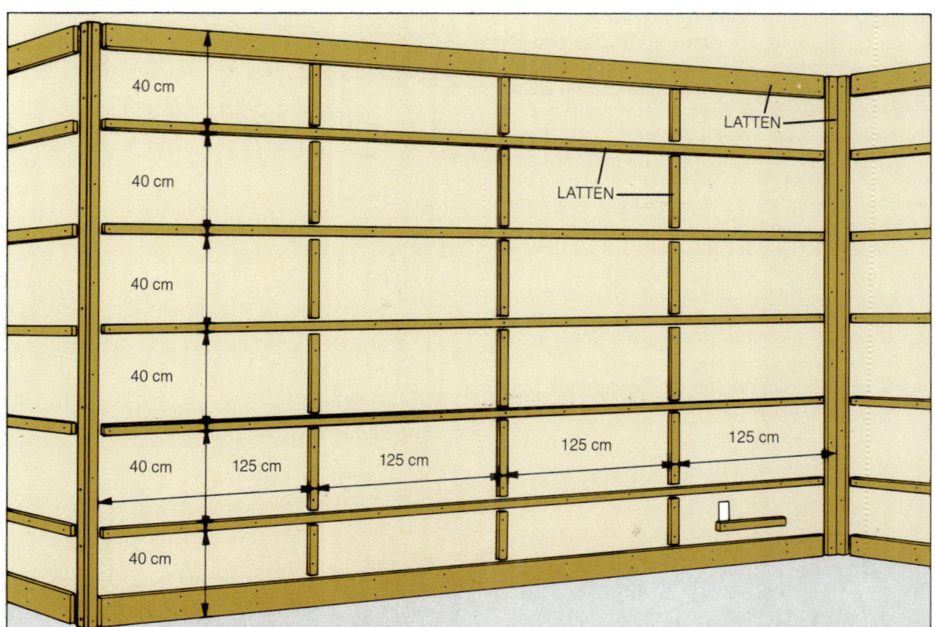

Abschlußleisten loshebeln

Fußleisten entfernen. Um eine Fußleiste so zu entfernen, daß sie sich noch wiederverwenden läßt, zunächst die Farb- bzw. Tapetenschicht über der Anschlußfuge zwischen Leiste und Wand mit einem Universalmesser durchschneiden. An einem Ende der Fußleiste ein Nageleisen in die Fuge schieben und zum Schutz der Wand ein Stück Holz hinter das Nageleisen stecken. Die Leiste dann Stück für Stück loshebeln und zwischendurch in Abständen Holzkeile zwischen Wand und Leiste schieben, um die Fuge offenzuhalten. Auf diese Weise fortfahren, bis sich der Leistenabschnitt im Ganzen abnehmen läßt. Deckenleisten und andere Abschlußleisten ebenso entfernen.

Die Unterkonstruktion für die Verkleidung planen

1 **Bezugslinien anbringen.** Mit Bleistift und Lineal ein Gitter aus senkrechten und waagerechten Linien an die Wand zeichnen, wobei die senkrechten Linien bei einer Holzständerwand die Position der Ständer (bei einer Mauerwand die Position der senkrechten Latten) und die waagerechten Linien die Position der Querlatten kennzeichnen. An der Decke im Abstand von 5 cm parallel zur Wand per Schnurschlag eine Linie markieren *(rechts)* und auf dieser Linie oberhalb jedes Ständers – bzw. bei einer gemauerten Wand oberhalb jeder vorgesehenen senkrechten Latte – einen kleinen Nagel in die Decke einschlagen.

An einer Decke zunächst die Position der verdeckt liegenden Deckenbalken markieren. An den beiden parallel zu den Deckenbalken verlaufenden Wänden 5 cm unterhalb der Decke per Schnurschlag jeweils eine Linie markieren und auf diesen Linien im Abstand der vorgesehenen Latten Nägel einschlagen. Jeweils zwei gegenüberliegende Nägel mit Schnüren verbinden *(rechts unten)*.

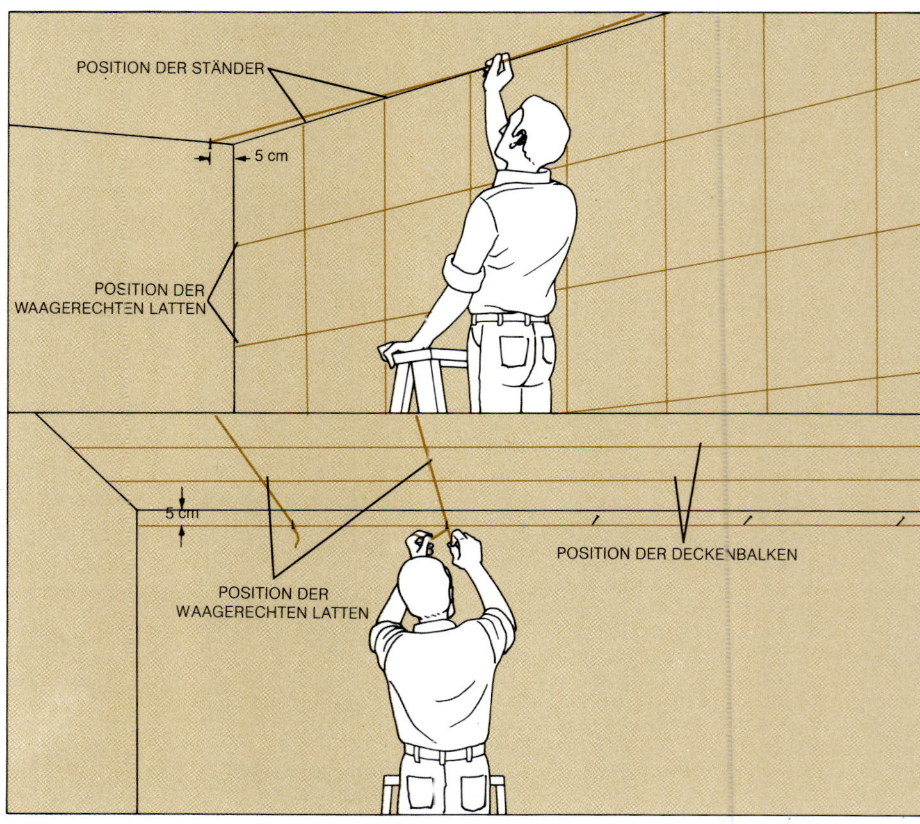

2 Die Lage der ersten Latte festlegen. Von einem der Nägel auf der Deckenmarkierungsline (in 5 cm Abstand zur Wand) das Lot fällen. An jedem Schnittpunkt der waagerechten und senkrechten Wandmarkierungslinien den Abstand zwischen der Lotschnur und der Wand messen und auf der Wand notieren. Den Vorgang von jedem Deckennagel aus wiederholen. Feststellen, an welchem Punkt der Abstand am geringsten ist – die Wand also am weitesten hervorsteht –, und an diesem Punkt eine waagerechte Latte mit einem einzigen Nagel provisorisch an der Wand befestigen (an den Wandenden soll jeweils Raum für eine senkrechte Latte frei bleiben). Dann das Lot an diesem Punkt von der Decke fällen und den Abstand zwischen Schnur und Vorderseite der Latte notieren. Falls zwischen Schnur und Wand an mehreren Punkten der gleiche Mindestabstand festgestellt wird, an jedem dieser Punkte eine Latte provisorisch befestigen.

Um den niedrigsten Punkt der Decke zu ermitteln, jeweils den Abstand zwischen den Deckenschnüren und den Deckenbalken ausmessen. Dort, wo der Abstand am geringsten ist, eine Latte unter die Schnüre schieben und mit einem einzigen Nagel an den Deckenbalken nageln. Dann von diesem Punkt den Abstand zwischen der Schnur und der Latte ausmessen und notieren.

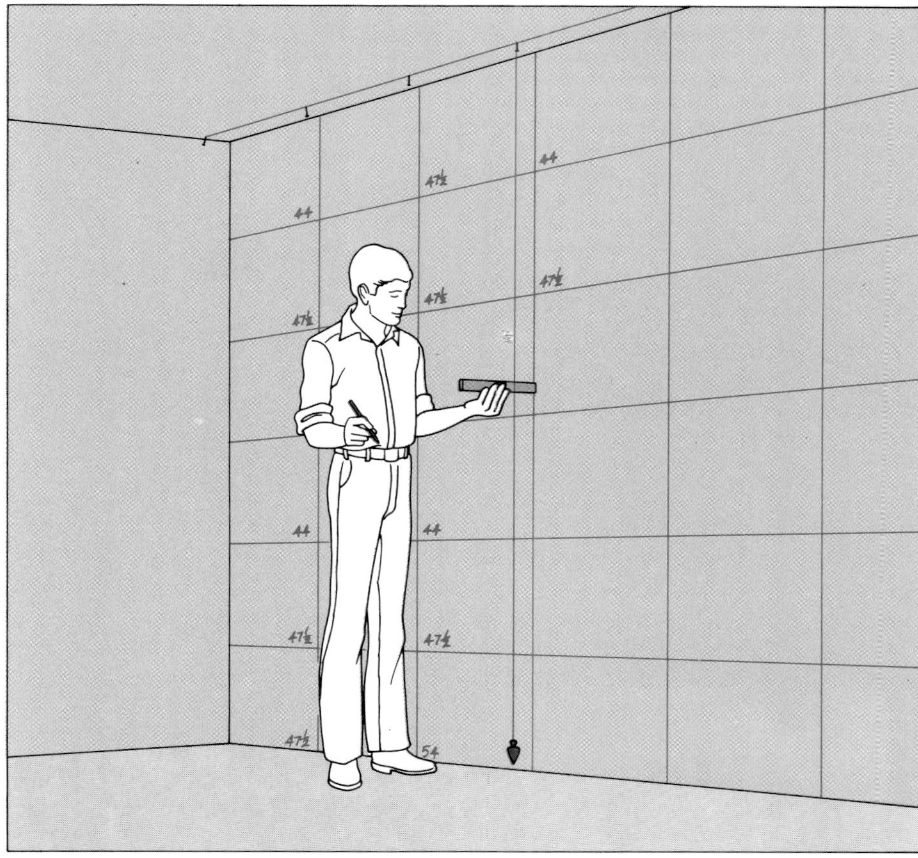

3 Die Lattenenden ausgleichen. Das Lot von der Deckenmarkierungslinie so fällen, daß die Lotschnur genau vor der senkrechten Linie verläuft, die sich am nächsten zu einem der Lattenenden befindet. Falls der Abstand zwischen Lattenvorderseite und Schnur dort nicht dem Abstand am ersten Befestigungspunkt entspricht, die Differenz mit Keilen ausgleichen. Das Lattenende durch die Keile hindurch an die Wand nageln oder schrauben. Das andere Lattenende ebenso anbringen.

4 Die Ausrichtung der Latte überprüfen. Ein langes, gerades Brett mit der Kante so an die erste Latte halten, daß es über zwei Befestigungspunkte hinausreicht, und markieren, wo sich zwischen Latte und Brett Zwischenräume zeigen, wenn man die Latte gegen die Wand drückt. Die Lücken jeweils an den Ständern mit Keilen ausgleichen und die Latte dort anschrauben oder annageln. Eine zweite Latte oben oder unten an der Wand ebenso anbringen; dabei die Latte so mit Keilen ausgleichen, daß der Abstand zur Senklotschnur genau so groß ist wie bei der ersten Latte.

An der Decke die Latten entsprechend anbringen (nur müssen sie hier in jedem Fall angeschraubt werden). Der Abstand der zweiten Latte zu den Richtschnüren muß auch hier genauso groß sein wie bei der ersten Latte.

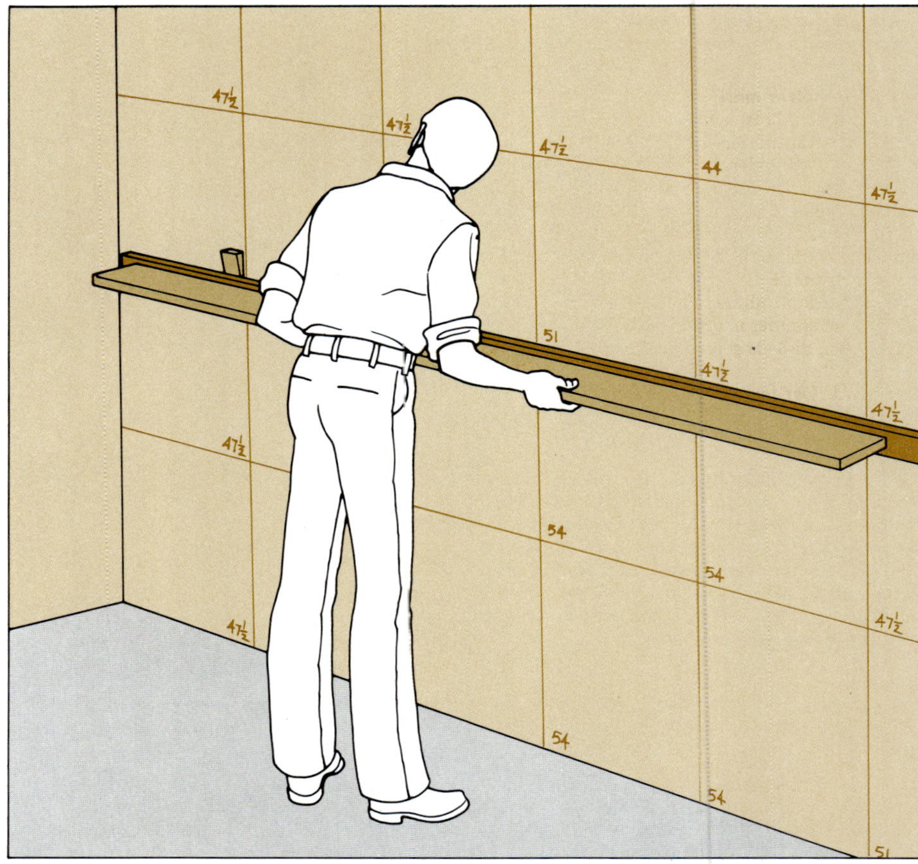

5 Die übrigen Latten anbringen. Das lange, gerade Brett senkrecht an die beiden an der Wand befestigten Latten halten und die übrigen waagerechten Latten daran ausrichten. Danach die senkrechten Latten dort anbringen, wo sie zum Befestigen der Verkleidung benötigt werden, und so mit Keilen ausgleichen, daß sie mit den waagerechten Latten bündig liegen. An den Ecken wandhohe senkrechte Latten anbringen; die übrigen senkrechten Latten so zuschneiden, daß sie – mit kleinen Lücken für die Hinterlüftung – zwischen die waagerechten Latten passen.

An der Decke die übrigen langen Latten entsprechend anbringen. Danach überall dort kurze Querlatten zwischen die Längslatten setzen, wo sie zum Befestigen der Platten erforderlich sind.

Eine Vorsatzschale errichten

1 **Die Rahmenhölzer markieren.** Für das obere und untere Rahmenholz einer Vorsatzschale zwei 60 x 80-mm-Kanthölzer auf die Länge der geplanten Wand zuschneiden und – mit bündig ausgerichteten Enden – flach nebeneinander auf den Fußboden legen. Mit Bleistift und Winkel auf beiden Rahmenhölzern gleichzeitig die Position der Ständer anzeichnen. Die Position des ersten Ständers so markieren, daß er bündig mit dem einen Ende der beiden Rahmenhölzer abschließt. Dann die Zwischenständer in gleichmäßigen Abständen so anordnen, daß sie genau hinter den Stoßfugen der Platten liegen, mit denen die Wand verkleidet werden soll. Der letzte Ständer muß bündig mit dem anderen Ende der beiden Rahmenhölzer abschließen, wie gering der Abstand zum vorletzten Ständer auch sein mag.

2 **Die Ständer anbringen.** Die Rahmenhölzer so auf die Seite drehen, daß die markierten Seiten einander zugewandt sind. Die erforderliche Anzahl 60 x 80-mm-Kanthölzer 13 cm kürzer als die Wandhöhe zuschneiden, damit beim Aufstellen des Rahmens ein Spielraum von 1 cm gegeben ist. Die Ständer zwischen den Rahmenhölzern an den Markierungen ausrichten und mit 100-mm-Drahtstiften von außen durch die Rahmenhölzer hindurch an diesen befestigen.

3 Den Rahmen aufstellen. Den Rahmen mit einem Helfer in der vorgesehenen Position an der Wand aufrichten und mit der Wasserwaage die lotrechte Ausrichtung der Ständer überprüfen. Zum Sichern des Rahmens zwischen das obere Rahmenholz und die Decke Holzkeile einschlagen. Dann die Endständer an der jeweiligen Seitenwand und das untere und obere Rahmenholz am Boden bzw. der Decke befestigen; dazu an Mauerwänden sowie bei Betonböden und -decken 100-mm-Durchsteckdübel, an einer Holzbalkendecke 100-mm-Drahtstifte, verwenden.

Zum Befestigen von Täfelungsplatten an Steckdosen zwei waagerechte 60 x 80 mm starke Futterhölzer nageln. (Für Gipskartonplatten gibt es sogenannte Hohlraumdosen, die selbsttragend sind.)

Wandverschalungen zum Verdecken von Rohrleitungen

Konstruktionen aus kleinen Ständerwänden. Rohrleitungen und andere Installationen lassen sich im Prinzip wie Wände mit kleinen Vorsatzschalen verkleiden. Unten links besteht die Rahmenkonstruktion aus zwei schmalen senkrechten Ständerwänden, die durch waagerechte Riegel verstärkt worden sind. Das eine obere Rahmenholz ist an einem Deckenbalken, das andere an einem zwischen zwei Deckenbalken angebrachten 60 x 80-mm-Querholz befestigt. Die aneinandergrenzenden Endständer sind zusammengenagelt. Die beiden unteren Rahmenhölzer sind mit Nägeln oder Schrauben am Boden befestigt.

Die Rohrverkleidung unten rechts besteht aus zwei Rahmen mit sehr kurzen Ständern. Der eine Rahmen ist senkrecht, der andere waagerecht angebracht. Die aneinandergrenzenden Rahmenhölzer sind zusammengenagelt, die anderen an der Wand bzw. an der Decke befestigt.

Für waagerechte oder senkrechte Verkleidungen mit drei Seiten zunächst zwei Rahmen für die beiden einander gegenüberliegenden Seiten der Verkleidung zusammensetzen und anbringen. Danach den dritten Rahmen dazwischensetzen.

Gipskarton: ein praktisches Material für den Innenausbau

Von allen Verkleidungsmaterialien am vielseitigsten verwendbar sind Gipskartonplatten. Das sind Platten aus kreideähnlichem Gips, der mit einer Kartonschicht ummantelt ist. Aufgrund der im Gipskern enthaltenen Zusätze sind die an sich starren und festen Platten genügend weich, daß sie sich mühelos schneiden und befestigen lassen.

Gipskartonplatten können mit Nägeln, Schrauben bzw. Kleber fast überall – auf unbeschädigtem, ebenen Mauerwerk oder Putz ebenso wie auf einer Holz- oder Metallunterkonstruktion – angebracht werden. Die Stoßfugen zwischen den Platten müssen in den meisten Fällen mit Fugenfüller und Fugenband bewehrt werden *(S. 23–25)*; einige Hersteller bieten allerdings auch schon Platten an, bei denen sich die Verwendung von Fugenband erübrigt.

Gipskartonplatten werden in verschiedenen Ausführungen angeboten, die spezifische Anforderungen, wie Brandschutz, Isolierung, Wärme- oder Schalldämmung, erfüllen. Gegen Feuchtigkeit schützen beispielsweise Gipskartonplatten, die eine als Dampfsperre wirkende Folienkaschierung haben, während Platten, die auf der Rückseite mit Polystyrol-Hartschaum verklebt sind, vor allem den Wärmeverlust durch eine Wand hindurch vermindern sollen.

Die Standardgröße der Platten reicht von 60 x 120 cm – einem Format, das bequem von einer Person transportiert und verarbeitet werden kann – bis zu 125 x 450 cm – einem Format, mit dem sich Wände und Decken schnell großflächig verkleiden lassen. Die Stärken liegen zwischen 9,5 und 18 mm, wobei 9,5 mm dicke Platten nur an Wänden direkt angesetzt werden dürfen; bei Wänden mit Holz- oder Metallunterkonstruktion sind dagegen mindestens 12,5 mm dicke Platten erforderlich. Bei Verwendung von 125 cm breiten Platten muß die Unterkonstruktion so ausgerichtet sein, daß jede Platte von drei Ständern gestützt wird; soll die Gipskartonfläche anschließend gefliest werden, sind pro Platte jedoch vier Ständer erforderlich (d. h. die Ständer müssen ein Achsmaß von 62,5 bzw. 41,7 cm haben). Zur Lagerung stapelt man Gipskartonplatten an einem trockenen Ort auf Holzlatten, die einen Abstand von höchstens 30 cm zueinander haben sollten. Beim Transport der Platten ist zu beachten, daß sie stets senkrecht gehalten werden, da sie andernfalls leicht durchbiegen oder durchbrechen könnten.

Zur Berechnung des Plattenbedarfs mißt man die Fläche der Wand oder Decke einschließlich von Türen und Fenstern aus und rechnet für den Verschnitt 5 Prozent dazu. In der Regel ist es rationeller, kleinere Reststücke wegzuwerfen als sie irgendwo zusammenzusetzen, da sämtliche Fugen später mit Fugenband überklebt und mit Füller verspachtelt werden müssen.

Die Art der Befestigung hängt von der Beschaffenheit des Untergrunds ab. Bei einer Holzunterkonstruktion sind verzinkte Gipskartonnägel oder -schrauben am gebräuchlichsten. An Decken müssen dagegen grundsätzlich Schrauben verwendet werden. Die Länge der Schrauben ist auf die Stärke der Gipskartonplatten abzustimmen. Ist die Wand oder die Decke starken Erschütterungen ausgesetzt, müssen Spezialschrauben – sogenannte Schnellbauschrauben – verwendet werden, wie sie auch für Metallständerwände vorgesehen sind *(S. 64)*. Schnellbauschrauben haben Köpfe mit Kreuzschlitzen und werden mit einem elektrischen Bohrschrauber oder einem speziellen Elektroschrauber eingetrieben.

Sofern nicht geplant ist, eine abgehängte Decke einzubeziehen, wird zunächst die Decke und erst danach die Wand verkleidet, wobei immer eine Ecke den Ausgangspunkt bildet. Die Platten werden so ausgemessen und zugeschnitten, daß die Stoßfugen direkt auf den Deckenbalken bzw. den Ständern der Wand aufliegen. (Wird zum Anbringen eine Unterkonstruktion errichtet, wird der Lattenabstand auf die Maße der Platten abgestimmt.) Bei waagerechter Verlegung sollte man sie um jeweils mindestens 40 cm versetzt montieren. Nach Möglichkeit sollte man die Platten so anordnen, daß ihre Kanten direkt an Tür- und Fensterrahmen stoßen; auf diese Weise spart man sich Arbeit beim anschließenden Verfugen. Welche Abstände zwischen den Nägeln bzw. Schrauben einzuhalten sind, ist den Anleitungen auf den folgenden Seiten zu entnehmen.

Gipskartonplatten können senkrecht oder waagerecht verlegt werden. An den meisten Wänden sind sie leichter senkrecht anzubringen; außerdem kann bei senkrechter Montage in der Regel die Arbeit von einer Person allein ausgeführt werden.

Abschließend noch einige Hinweise zur Verkleidung von Außenwänden: Bevor man die Gipskartonplatten anbringt, muß man sich davon überzeugen, daß die Wand ausreichend isoliert ist. Läßt sich die Wand nicht von der Außenseite her isolieren, werden anstelle von gewöhnlichen Gipskartonplatten spezielle Verbundplatten verwendet *(S. 22)* oder zwischen die Latten der Unterkonstruktion bzw. die Ständer Dämmplatten eingepaßt, die zur Raumseite hin mit einer Dampfsperre versehen sind.

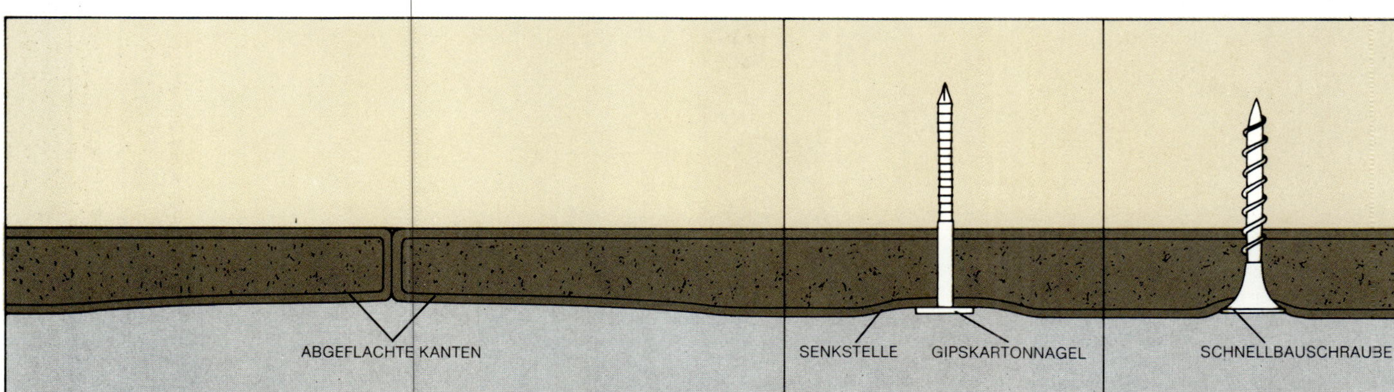

Der Aufbau einer Gipskartonplatte. Gipskartonplatten bestehen aus einem mit Spezialkarton ummantelten Gipskern. Die ebenfalls von Karton ummantelten Längskanten sind meist entweder rechtwinklig geschnitten oder leicht abgeflacht *(oben links)*. Die etwa 3 cm breite Abflachung erleichtert das ebenmäßige Verfugen.

Spezielle gekerbte Gipskartonnägel *(oben Mitte)* sind zum Befestigen der Platten an einer Holzunterkonstruktion geeignet. Sie werden mit dem Hammer so weit eingeschlagen, daß der Nagelkopf etwas versenkt wird. Die Senkstelle wird später mit Fugenfüller verspachtelt. Das Einschlagen muß behutsam geschehen, damit der Karton nicht einreißt. Schnellbauschrauben *(oben rechts)* gibt es sowohl für Metall- als auch für Holzunterkonstruktionen. Sie werden mit einem elektrischen Schraubgerät eingetrieben. Auch sie sollten so angebracht werden, daß der Kopf knapp unterhalb der Kartonoberfläche liegt, die Kartonschicht dabei aber unbeschädigt bleibt.

Gipskartonplatten zuschneiden

Eine Platte kürzen. Die benötigte Länge abmessen und an einer Längskante der Platte markieren. Eine Richtlatte oder einen T-Winkel rechtwinklig zur Plattenkante an der Markierung anlegen und mit einem Universalmesser die Kartonschicht durchtrennen. Die Platte zu beiden Seiten der Trennlinie festhalten und den kurzen Plattenabschnitt ruckartig nach hinten drücken, so daß der Gipskern entlang der angeritzten Linie durchbricht. Den kurzen Abschnitt leicht umbiegen und mit dem Universalmesser die Kartonschicht auf der Rückseite entlang dem Knick einritzen. Dann den kurzen Abschnitt ruckartig wieder nach vorn klappen, so daß der Karton vollständig durchbricht und der Abschnitt abgetrennt wird.

Aussparungen aussägen. Um eine Aussparung auf professionelle Art anzureißen, mit einem Stahlbandmaß und Bleistift arbeiten und zunächst den Abstand zwischen dem Punkt der Wand, an der eine Seitenkante der Platte angelegt werden soll, und der Innen- und Außenkante der Installation messen. Ebenso den Abstand zwischen Ober- und Unterkante der Installation und dem Punkt der Wand, an den die Ober- bzw. Unterkante der Platte stoßen soll, messen. Die Maße auf die Platte übertragen; dazu das Maßbandende zwischen Daumen und Zeigefinger halten und das Band entrollen, bis der Daumennagel der anderen Hand auf der dem ersten Meßergebnis entsprechenden Zahl liegt. Den Zeigefinger an die entsprechende Plattenkante anlegen und mit der anderen Hand einen Bleistift an das Maßbandende halten. Dann beide Hände parallel auf der Platte abwärts bewegen und die erste der vier Kanten der Aussparung markieren. Den Vorgang für die anderen drei Kanten wiederholen *(oben links)*. Zum Aussägen der Aussparung eine Stichsäge verwenden. Für runde Aussparungen, beispielsweise für Steckdosen, den Mittelpunkt des Loches wie oben beschrieben, anreißen und zum Aussägen eine Lochsäge mit dem gleichen Durchmesser wie die Installation verwenden *(oben rechts)*.

Eine Decke verkleiden

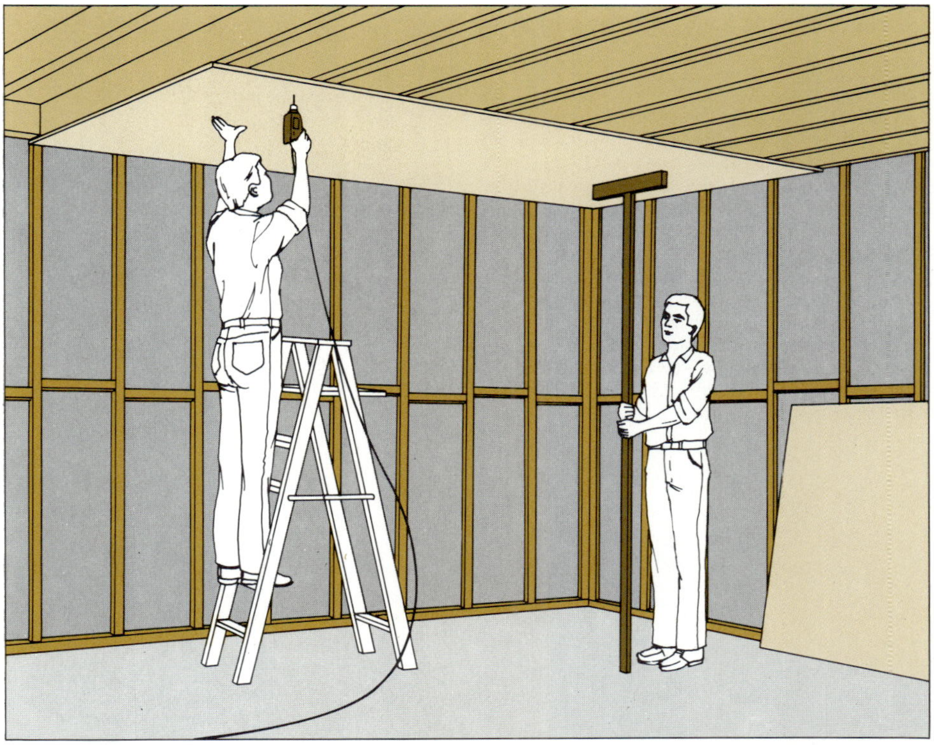

1 Die Platten anbringen. Zunächst eine Stütze herstellen; dazu ein Kantholz von der Länge einer halben Plattenbreite an das obere Ende eines zweiten, deckenhohen Kantholzes nageln. Die erste Gipskartonplatte so ausmessen und zuschneiden, daß das freie Ende (das nicht an die Wand stößt) direkt in der Mitte eines Deckenbalkens liegt. Die Platte mit einem Helfer in die vorgesehene Position heben, vom Helfer an einem Ende abstützen lassen und entlang der Mitte mit je einer Schnellbauschraube an den Deckenbalken befestigen. Dann jeweils 1,5 cm von der Kante entfernt, an jeder Längskante eine weitere Reihe Schnellbauschrauben eindrehen und die Platte zusätzlich entlang jedem Deckenbalken im Abstand von etwa 15 cm anschrauben. Die anderen Platten ebenso anbringen, sie sollten allerdings zueinander versetzt sein, so daß Kreuzfugen vermieden werden.

2 Teilstücke einpassen. An allen noch frei gebliebenen Deckenabschnitten passend zugeschnittene Gipskartonstreifen jeweils im Abstand von 15 cm entlang allen Deckenbalken befestigen. Grenzt der frei gebliebene Abschnitt an eine Wand, den Streifen so zuschneiden und anbringen, daß die abgeflachte Kante an die abgeflachte Kante der angrenzenden Platte stößt und eine glatte Fuge gewährleistet ist. Verläuft der Abschnitt parallel zu den Deckenbalken, die angrenzende Platte gegebenenfalls so weit kürzen, daß sich der Gipskartonstreifen über mindestens zwei Deckenbalken erstreckt. Kleine Gipskartonüberstände mit einem Universalmesser wegschneiden.

Eine Wand verkleiden

1 **Die Platten senkrecht verlegen.** An Boden und Decke die Mitte der Ständer bzw. Latten durch kurze Linien markieren; sie dienen als Hilfslinien beim Anbringen der Platten. Die erste Platte 2 cm kürzer als die Wandhöhe zuschneiden, in die vorgesehen Position heben und mit Hilfe zweier als Fußhebel benutzter Lattenstücke am oberen Wandende stumpf an die Decke stoßen lassen. Dann die Platte nach dem gleichen Prinzip wie bei einer Decke befestigen. Die auf die Wandhöhe zugeschnittenen Platten stets so ansetzen, daß die Schnittkante unten an der Wand verläuft und später von der Fußleiste überdeckt werden kann.

Platten, die an eine Raumecke grenzen, so zuschneiden, daß die Stoßfugen genau in der Mitte eines Ständers oder einer Latte liegen. Beim Verkleiden einer Innenecke die zweite Platte stumpf an die erste stoßen lassen und nur die Kante der zweiten Platte an einem Ständer oder einer Latte befestigen. An einer Außenecke die zweite Platte so setzen, daß sie die Kante der ersten überlappt, und beide Platten an dem gemeinsamen Ständer bzw. der gemeinsamen Latte befestigen.

2 **Gipskarton waagerecht verlegen.** Die Platte mit einem Helfer so weit anheben, daß sie stumpf an die Decke stößt und zunächst 1,5 cm von der Plattenunterkante entfernt an den Ständern oder Latten befestigen. Dann jeweils im Abstand von 15 cm weitere Nägel oder Schrauben anbringen. Nachdem die obere Plattenreihe montiert ist, die nächste Plattenreihe auf die gleiche Weise anbringen; die Platten allerdings versetzt zu der ersten Reihe anbringen, um Kreuzfugen zu vermieden, und an beiden Längskanten Schrauben oder Nägel anbringen. Wenn die Wand höher ist als die doppelte Plattenbreite, eine dritte Reihe passend zugeschnittener Platten so verlegen, daß die abgeflachten Kanten gegen die abgeflachten Kanten der darüberliegenden Plattenreihe stoßen.

3 Spezielles Eckenband anbringen. Zur Verstärkung einer Außenecke ein Stück festes Eckenband der Wandhöhe entsprechend zuschneiden und der Länge nach in der Mitte falzen. Auf beiden Seiten der Ecke eine Schicht Fugenfüller auftragen. Dann vom oberen Wandende ausgehend, das Band in den Fugenfüller drücken und glattstreichen, so daß keine Falten zurückbleiben.

Schadhafte Stellen im Gipskarton ausbessern

1 Die schadhafte Stelle herausschneiden. Um die schadhafte Stelle herum ein Rechteck anzeichnen und mit einer Stichsäge das Rechteck ausschneiden. Zum Ansetzen der Säge an allen vier Ecken entweder die Spitze des Sägeblatts unter festem Druck durch den Gipskarton stechen oder mit einer Bohrmaschine hilfsweise an jeder Ecke ein Loch bohren. Das ausgesägte Gipskartonstück vorsichtig nach vorn heraushebeln, um es später als Schablone zum Zuschneiden eines Ersatzstücks zu verwenden. Anschließend zwei 24 x 48 mm starke Lattenabschnitte etwa 12 cm länger als die Höhe der Aussparung als Futterstücke für das Ersatzstück zuschneiden.

2 Die Futterstücke anbringen. Eines der Futterstücke so hinter die Verkleidung halten, daß es gleichmäßig über die obere, untere und seitliche Kante der Aussparung hinausragt. Etwa 2 cm oberhalb der Aussparung und in einer Linie mit der Seitenkante eine Schnellbauschraube durch die Wand in das Futterstück eindrehen. Eine zweite Schraube etwa 2 cm unterhalb der Aussparung eindrehen und, falls nötig, im Abstand von 20 cm weitere Schrauben entlang der Seite anbringen. Das zweite Futterstück auf der gegenüberliegenden Seite auf die gleiche Weise anbringen.

Das Gipskarton-Ersatzstück in die Öffnung setzen und an den vier Ecken und jeweils im Abstand von 20 cm an den Seiten festschrauben. Die Schraubenköpfe und die Kanten der ausgebesserten Stelle mit Fugenband und Fugenfüller verspachteln *(S. 23–25)*.

Wärmeschutz für Außenwände

Mit den als Verbundplatten bezeichneten Gipskartonplatten, die auf der Rückseite mit einer Dämmschicht aus Polystyrolschaum, Polyurethan-Hartschaum oder Mineralwolle verklebt sind, kann der Wärmeschutz ungenügend gedämmter Außenwände wirkungsvoll verbessert werden.

Verbundplatten sind in Stärken von 25 bis 93 mm und in verschiedenen Längen und Breiten erhältlich. Mit einem speziellen Kleber, sogenannten Ansetzmörtel oder Ansetzbinder, der von den Plattenherstellern geliefert wird, können sie direkt auf rohem oder verputztem Mauerwerk angebracht werden. Der Kleber wird an den Längskanten in Strängen, in der Plattenmitte in kleinen Häufchen auf die Rückseite der Verbundplatten aufgetragen. Anschließend werden die Platten an der Wand angesetzt, ausgerichtet und angeklopft.

Der Untergrund, auf dem die Verbundplatten angebracht werden, muß fest, sauber und trocken sein. Abblätternde Farbe und schadhaften Putz muß man vorher entfernen und Beton und andere glatte oder sehr saugfähige Untergründe mit einem auf das jeweilige Material abgestimmten verdünnten Haftgrund bestreichen.

Verbundplatten anbringen

1 **Den Kleber auftragen.** Für die Anbringung der Platten parallel zur Wand auf dem Boden eine Kreidelinie ziehen; der Abstand zur Wand ergibt sich aus der Plattendicke plus 1 cm. Die erste Platte so ausmessen und zuschneiden, daß sie 2 cm kürzer ist als die Wandhöhe, und mit den erforderlichen Aussparungen für Rohrleitungen und Schalterdosen versehen *(S. 18)*. Dann die Platte mit der Vorderseite nach unten auf zwei Böcke legen und – an den Längskanten in Strängen und dazwischen, jeweils im Abstand von 20 cm, in kleinen Häufchen – Kleber auftragen.

2 **Die Platten anbringen.** Die Platte mit Hilfe eines Fußhebels so weit anheben *(rechts)*, daß zwischen ihrer Oberkante und der Decke eine 0,5 cm breite Fuge bleibt, und dann fest an die Wand drücken. Zwischen Plattenunterkante und Boden kleine Holzkeile klemmen, damit sich die Platte nicht verschiebt, und prüfen, ob sie genau lotrecht und entlang der Markierungslinie auf dem Boden exakt ausgerichtet ist. Mit einer langen Richtlatte die Platte fest an die Wand klopfen *(ganz rechts)*.

Die folgenden Platten auf die gleiche Weise anbringen; dabei die Kanten jeweils dicht aneinanderstoßen lassen und bei jeder Platte die waagerechte und senkrechte Ausrichtung überprüfen. Wenn der Kleber abgebunden hat, die Fugen, wie auf der gegenüberliegenden und den darauffolgenden Seiten beschrieben, mit Fugenband und Fugenfüller verspachteln.

Fachgerechtes Verfugen

Die Fugen zwischen größeren Gipskartonplatten werden in der Regel mit einem Papierstreifen, sogenanntem Fugenband, abgedeckt, das in Fugenfüller eingebettet wird. Während das Fugenband zur Armierung der Fugen dient, gleicht der sorgfältig ausgezogene Fugenfüller die Abflachung an den Plattenkanten aus. Bei kleineren Plattenformaten – den sogenannten Ein-Mann-Platten – erübrigt sich die Verwendung von Fugenband; ihre Kanten sind scharfkantig geformt, so daß sie nur mit Fugenfüller verspachtelt zu werden brauchen.

Zum fachgerechten Verfugen benötigt man ein Gefäß für den Fugenfüller, einen Malerspachtel zum Auftragen der ersten Schicht und zum Andrücken des Fugenbands sowie einen 20 cm breiten Japanspachtel zum Glattstreichen der zweiten Schicht. Fugenfüller ist sowohl gebrauchsfertig erhältlich als auch in Form eines Pulvers, das mit Wasser angemischt wird.

Beim Aufnehmen des Fugenfüllers hält man den Spachtel leicht seitwärts gerichtet, so daß nur die eine Klingenhälfte beladen wird. Dann trägt man den Füller auf. Es ist darauf zu achten, daß die Klinge des Spachtels stets saubergehalten wird, da getrocknete Füllerreste Streifen hinterlassen.

Das Fugenband wird in die noch feuchte erste Füllerschicht gedrückt. Wenn man es zuvor kurz in einen Eimer mit Wasser taucht, ist es geschmeidiger und entsprechend einfacher zu verarbeiten. Auch lassen sich Blasen durch festes Andrücken dann besser beseitigen. Sobald das Fugenband sorgfältig angebracht ist, überzieht man es mit einer zweiten Schicht Fugenfüller und verspachtelt dabei auch die Köpfe der Nägel oder Schrauben sowie die Armierung an den Ecken.

Überall dort, wo zwei Platten mit abgeflachten Kanten aneinanderstoßen, müssen möglicherweise zwei weitere dünne Schichten Fugenfüller aufgebracht werden, damit man eine ganz glatte Fläche erzielt. Man sollte sie aber erst dann auftragen, wenn die zweite Füllerschicht trocken – aber nicht unbedingt durchgetrocknet – ist und die Ränder hauchdünn ausgezogen sind.

Normalerweise brauchen die verspachtelten Fugen nicht geschliffen zu werden. Sollte die Oberfläche jedoch Unebenheiten aufweisen, schleift man die Fläche, nachdem die oberste Schicht gut durchgetrocknet ist, mit sehr feinem Schleifpapier behutsam glatt. Beim Schleifen ist darauf zu achten, daß die Kartonschicht der darunterliegenden Gipskartonplatte nicht beschädigt wird.

Die Fugen armieren

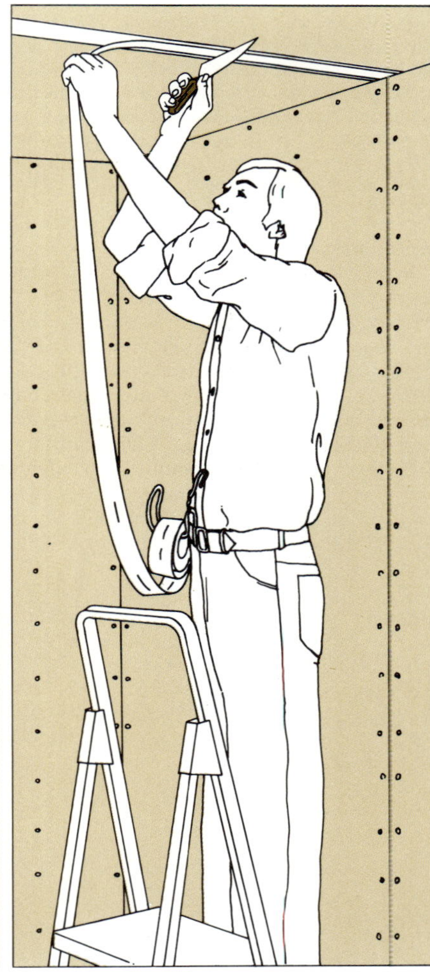

1 Fugenfüller auftragen. Zum Aufnehmen des Fugenfüllers den Spachtel seitwärts gerichtet halten und nur die Hälfte der Klinge beladen. Die Klinge in der Mitte der Fuge ansetzen und so halten, daß man mit der beladenen Klingenhälfte führt. Zu Beginn den Spachtel fast rechtwinklig zum Gipskarton halten. Den Winkel zur Platte jedoch allmählich verringern, während man den Spachtel über die Fuge zieht und den Füller in die durch die abgeflachten Kanten gebildete Vertiefung drückt. Die verspachtelte Fläche soll glatt sein und ein wenig über den angrenzenden Gipskarton überstehen. Die Fuge jeweils über eine Länge füllen, die sich bequem in einem Arbeitsgang mit Fugenband bedecken läßt; bei Bedarf neuen Fugenfüller aufnehmen.

An Stoßfugen, die von Platten ohne abgeflachte Kanten gebildet werden, den Fugenfüller über der Fuge in einer etwa 4 mm dicken Schicht auftragen. Zur bequemeren Handhabung des Fugenbandes einen Drahtbügel U-förmig zurechtbiegen, über den Gürtel haken und die Fugenbandrolle darüberhängen.

2 Das Fugenband anbringen. Ein Ende des Fugenbands mittig an einem Fugenende ausrichten und in den feuchten Fugenfüller drücken. Das Band mit einer Hand straffhalten und mit der Klinge des Spachtels so darüberfahren, daß das Band in den Fugenfüller gedrückt wird. Am anderen Ende der Fuge die Kante der Klinge fest gegen das Band und den Gipskarton pressen und das überschüssige Fugenband daran abreißen.

Ein zweites Mal mit dem Spachtel über die Fuge fahren; dabei mit festem Druck arbeiten, um das Band in den Füller zu drücken, mögliche Hohlräume zu beseitigen und den größten Teil des überschüssigen Fugenfüllers abzuschaben. Darauf achten, daß keine Hohlräume unter dem Fugenband zurückbleiben, und überschüssigen Füller abstreifen. An von Schnittkanten oder anderen rechtwinkligen Plattenkanten gebildeten Fugen, wo das Fugenband auf der Ebene der Platten und nicht in einer Vertiefung liegt, die überschüssige Masse nicht vollständig entfernen, sondern eine etwa 3 mm dicke Schicht aus Fugenband und Fugenfüller stehenlassen.

3 Fugenfüller in einer Ecke auftragen. Eine halbe Klingenbreite Fugenfüller aufnehmen und den Spachtel zunächst an einer Seite der Eckfuge entlangführen; dabei die beladene Seite zur Ecke hin halten, damit die Schicht direkt an der Fuge ein wenig dicker wird. Auf der anderen Seite der Fuge genauso verfahren; es schadet nichts, wenn dabei versehentlich etwas Füller von der ersten Seite abgeschabt wird.

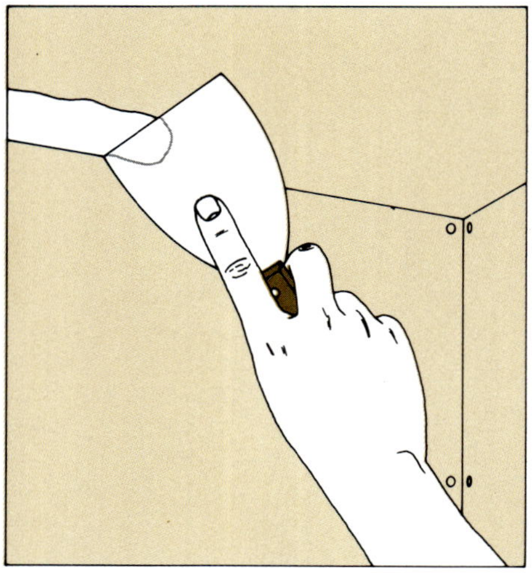

4 Fugenband an einer Eckfuge anbringen. Das Fugenband der Länge nach in der Mitte falzen, leicht in den Fugenfüller drücken und mit den Fingerspitzen am Falz entlangfahren. Nacheinander entlang beiden Seiten des Falzes mit der Spachtelklinge leicht über das Band fahren, um es behutsam anzudrücken. Dann den Vorgang wiederholen; diesmal jedoch mit stärkerem Druck arbeiten, um überschüssigen Füller herauszupressen. Den überschüssigen Füller über dem Fugenband verteilen und glattstreichen. Unmittelbar darauf eine zweite Schicht Fugenfüller auftragen und, wie auf der gegenüberliegenden Seite in Arbeitsgang 4 beschrieben, an den Rändern ausziehen.

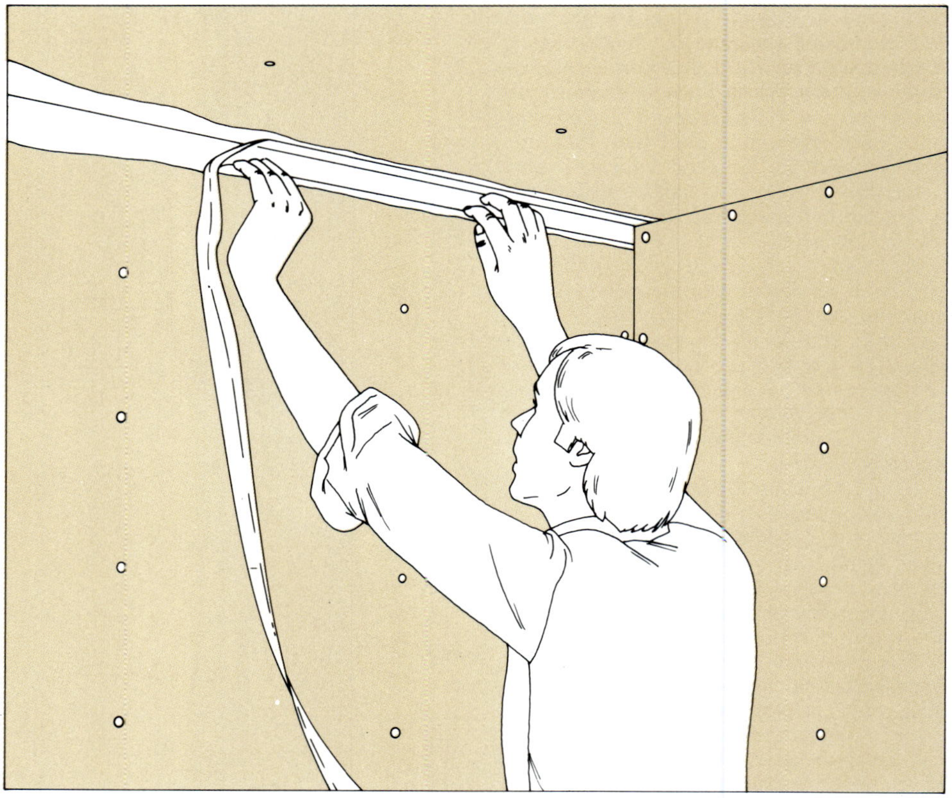

Senkstellen und Fugen verspachteln

1 Schrauben- und Nägelköpfe verspachteln. Mit dem Spachtel etwa eine halbe Klingenbreite Fugenfüller aufnehmen und den Spachtel mit ganz flach angesetzter Klinge über einen Schrauben- oder Nagelkopf und die ihn umgebende Senkstelle ziehen *(rechts)*. Dann den Winkel zwischen Klinge und Fläche vergrößern und mit einer quer zur ersten geführten Bewegung den überschüssigen Füller abschaben *(ganz rechts)*. Die übrigen Schrauben- oder Nägelköpfe ebenso verspachteln.

Warten, bis die Schicht trocken und auf ihr kleinstmögliches Volumen zusammengeschrumpft ist; dann eine zweite Schicht auftragen.

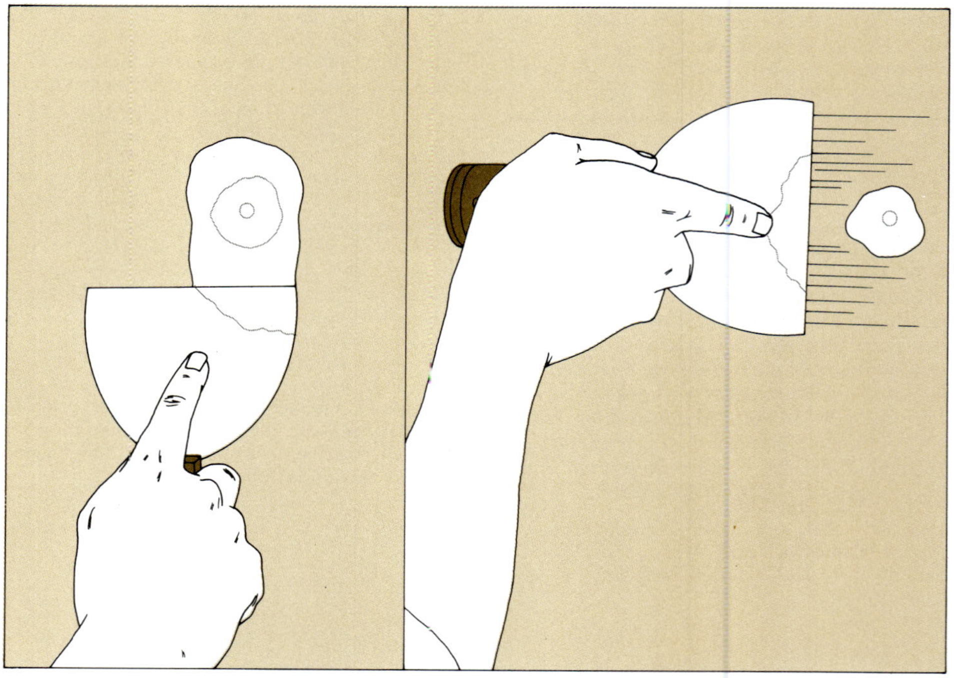

2 Eine Außenecke verspachteln. Einen breiten Spachtel zu zwei Dritteln der Klingenbreite mit Fugenfüller beladen und so an einer Seite der Außenecke ansetzen, daß die Klinge etwa 5 cm übersteht. Dann die Masse gleichmäßig auftragen. Den Vorgang auf der anderen Seite der Ecke wiederholen. Überschüssigen Fugenfüller abschaben und mit dem Spachtel abwechselnd über beide Seiten fahren, um die Fuge zu glätten. Den Spachtel erneut zu zwei Dritteln der Klingenbreite beladen und eine zweite Schicht auftragen; dabei jedoch mit der ganzen Klingenbreite arbeiten und die zweite Schicht zur Wand hin etwa 3 cm über den Rand der ersten Schicht hinaus ausziehen.

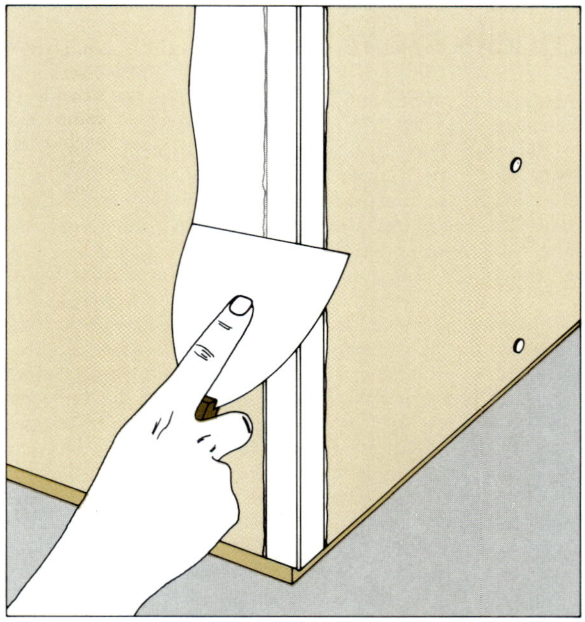

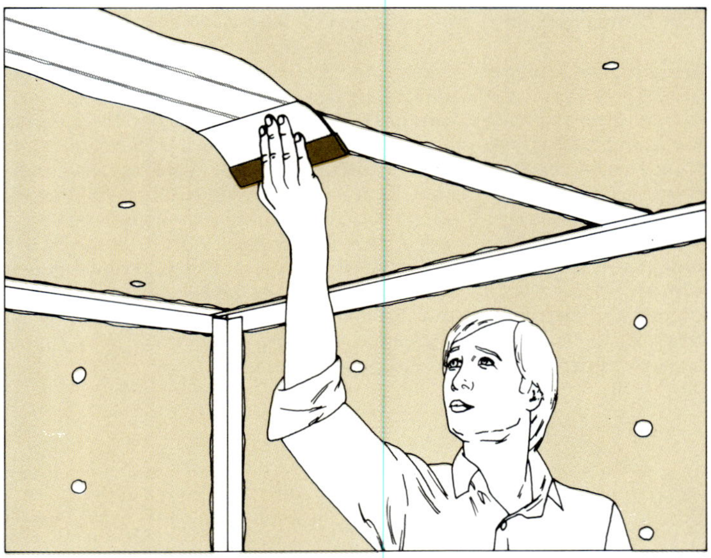

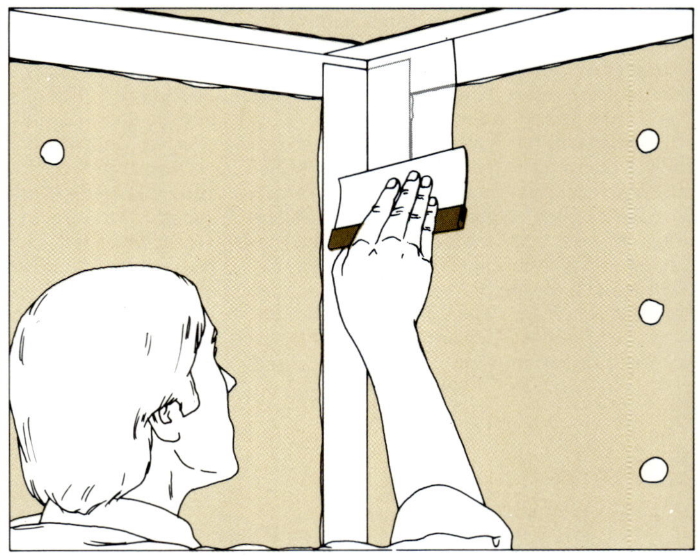

3 Die Ränder einer Stoßfuge ausziehen. Einen 20 cm breiten Japanspachtel über die ganze Breite mit Fugenfüller beladen und auf die erste Füllerschicht mit dem Fugenband *(S. 23, Arbeitsgang 1–2)* eine zweite Füllerschicht auftragen. Dann den Spachtel etwas versetzt ansetzen und erneut über die Fuge ziehen. Dabei die von der Fuge weiter entfernte Seite des Spachtels stärker aufdrücken, um den Rand der Füllerschicht auszuziehen, und die andere Seite gleichzeitig etwa 3 mm von der Gipskartonfläche abheben. Den Rand auf der anderen Seite der Fuge auf die gleiche Weise ausziehen; dabei sollte entlang der eigentlichen Fugenlinie ein etwa 2 mm hoher Grat stehenbleiben.

Ist die Fuge noch immer nicht glatt, mit dem Japanspachtel eine weitere Schicht Fugenfüller auftragen. Dabei eine Seitenkante des Spachtels entlang dem Grat führen und die andere Seite gleichzeitig fest aufdrücken, so daß der Rand nochmals um etwa 3 cm ausgezogen wird. Auf der anderen Seite des Grates wiederholen.

4 Die Ränder an einer Innenecke ausziehen. Einen 20 cm breiten Japanspachtel über die ganze Breite mit Fugenfüller beladen und auf einer Seite der Ekke die zweite Füllerschicht auftragen; versehentlich auf die andere Seite geratene Fugenmasse entfernen. Dann den Spachtel mit stärkerem Druck auf der Außenkante der Klinge noch einmal abwärts ziehen, um den Rand auszuziehen. Mögliche Füllerreste auf der angrenzenden Wand abschaben. Nachdem die Schicht auf der ersten Seite der Ecke getrocknet ist, auf der zweiten Seite ebenfalls eine zweite Füllerschicht auftragen.

Ausbessern von schadhaftem Putz

Obgleich Putz ein überaus haltbares Material ist – wie die Wände in den 3000 Jahre alten ägyptischen Pyramiden beweisen –, ist er dennoch für bestimmte Schäden anfällig. Eine nicht fachgerecht zusammengesetzte Mischung führt zu Schwund und Rissen im Putz, und die ständige Einwirkung von Feuchtigkeit läßt ihn auf die Dauer weich und bröckelig werden.

Derartige Schäden auszubessern ist nicht ganz einfach. Wände wirklich fachmännisch zu verputzen erfordert Geschick und Geduld. Auch muß man sich mit den Werkzeugen und Materialien des Maurerhandwerks recht gut auskennen und über ausreichende Kenntnisse der verschiedenen Verarbeitungsmethoden verfügen, um beurteilen zu können, welches Verfahren für den jeweiligen Zweck am geeignetsten ist.

Als Trägerschicht für Putz wurden im Laufe der Geschichte die verschiedenartigsten Materialien verwendet. Während die Römer beispielsweise mit Vorliebe Schilf benutzten, hat man in den Decken und Wänden mittelalterlicher Fachwerkhäuser vorwiegend Strohmatten oder eine Unterkonstruktion aus Latten vorgefunden.

Bei moderneren Häusern dient in der Regel die darunterliegende Wandfläche selbst als Putzträger; Beton und Mauersteine erfordern keine zusätzliche Trägerschicht. Allerdings müssen solche Flächen vor dem Verputzen mit Wasser angefeuchtet werden, damit sie nicht wie ein Schwamm die Feuchtigkeit aus dem Putz ziehen, bevor er abbinden kann. Sehr glatte Flächen muß man zusätzlich aufrauhen und mit einem Haftgrund überziehen, um dem Putz den nötigen Halt zu geben. Mit einem solchen Haftgrund, der mit dem Pinsel aufgetragen wird, sollte man auch die Ränder um auszubessernde Stellen herum bestreichen. Dadurch wird verhindert, daß der alte Putz dem neuen noch vor dem Abbinden die Feuchtigkeit entzieht.

Angemischt wird der Putz erst dann, wenn die Vorarbeiten am Untergrund abgeschlossen sind. Einlagig aufzutragender Putz aus Gips ist mit verschiedenen Zusätzen zur Regulierung der Abbindezeit als sogenannter Fertigputz im Handel und braucht nur noch mit der erforderlichen Wassermenge vermischt zu werden. In einem großen Bottich oder einer Plastikwanne wird das Pulver in klares Wasser eingerührt. Damit die Mischung die richtige Konsistenz erhält, muß das vom Hersteller angegebene Mischungsverhältnis genau eingehalten weden. Die fertige Mischung wird mit einer Glättkelle aus Stahl auf die Wand aufgebracht und anschließend mit einem Holz-, Kunststoff- oder Filzbrett glattgerieben.

Bevor man sich daranmacht, rissigen oder bröckeligen Putz auszubessern, muß zunächst das Ausmaß des Schadens ermittelt werden. Zu diesem Zweck kratzt man mit einem spitzen Werkzeug durch die beschädigte Putzoberfläche hindurch auf der darunterliegenden Putzschicht entlang. Ist sehr starker Druck erforderlich, um dort Spuren zu hinterlassen, so ist diese Schicht noch gut genug erhalten. Man kann sie so belassen und braucht nur die beschädigte Wandoberfläche wieder auszubessern. Dazu wird der lose Putz mit der Kellenkante abgeschabt, der darunterliegende feste Putz mit verdünntem Haftgrund bestrichen und eine neue Schicht Fertigputz aufgetragen.

Wenn die Putzschicht durch und durch in schlechtem Zutand ist, hat sie sich wahrscheinlich großflächig vom Putzträger abgelöst. Um den Umfang des Schadens abzuschätzen, klopft man die Wand leicht mit dem Fingergelenk ab. Ein hohl klingendes Geräusch läßt darauf schließen, daß sich der Putz gelöst hat und vor dem Ausbessern bis auf die festen Stellen abgeschlagen werden muß *(S. 28, Arbeitsgang 1)*. Bei großflächigen Schäden ist zu überlegen, ob man den Putz nicht eventuell ganz und gar entfernt und auf diese Weise das darunterliegende Mauerwerk – sofern es aus gut erhaltenen roten Ziegelsteinen besteht – als reizvollen Blickfang freilegt *(S. 58–59)*.

Vor sämtlichen Ausbesserungsarbeiten sind bestimmte Vorkehrungen zu treffen. Zunächst sollte man für die richtige Raumtemperatur und für eine ausreichende Belüftung sorgen. Eine ungünstige Raumtemperatur kann sich nämlich ungünstig auf den Abbindevorgang des Putzes auswirken. Bei niedrigeren Temperaturen bleibt der Putz länger formbar. Der Raum sollte darüber hinaus gut belüftet sein; Zugluft ist allerdings zu vermeiden. Zum Schutz der Augen empfiehlt es sich, eine Schutzbrille zu tragen – insbesondere bei der Arbeit an der Decke. In Anbetracht der beim Abklopfen des Putzes entstehenden Staubwolken ist es außerdem ratsam, den Raum leerzuräumen, sämtliche Türen zu schließen und bei der Arbeit eine Atemschutzmaske zu tragen.

Das geeignete Werkzeug für Putzarbeiten

Das richtige Werkzeug beschaffen. Zum Ausbessern großflächiger Schäden an verputzten Wänden und Decken benötigt man sowohl Standard-Handwerkszeug als auch Spezialwerkzeuge. Die meisten dieser Geräte sind in Eisenwarengeschäften und Baumärkten erhältlich.

Nützlich für Putzarbeiten ist ein Mörtelbrett. Die gewöhnlich etwa 30 x 30 cm große Scheibe aus Edelstahl oder Aluminium, an deren Unterseite in der Mitte ein Holzgriff angebracht ist, dient zum Halten des feuchten Mörtels. Weiterhin braucht man eine Maurerkelle sowie eine rechteckige Glättkelle aus gehärtetem Stahl oder Edelstahl zum Aufbringen, Verteilen, Formen und Glätten des Mörtels. Eine Spitzkelle ist nützlich, um Mörtel an Stellen zu verteilen, die mit einer Glättkelle nicht zugänglich sind, und um andere Werkzeuge zu reinigen. Zum Vermischen des Putzes mit Wasser empfiehlt sich ein großer Bottich bzw. eine Plastikwanne sowie eine Schaufel.

Wenngleich der Maurer über eine Vielzahl verschiedener Werkzeuge zum Ebnen und Glätten von feuchtem Putz verfügt, kommt der Hobbyhandwerker bei Ausbesserungsarbeiten gewöhnlich mit den hier gezeigten aus: Mit der Trapezkartätsche aus Holz oder Metall wird der Putz abgezogen. Sie sollte so lang sein, daß sie über die auszubessernde Fläche reicht, und so breit und stabil, daß sie bequem zu handhaben ist. Die hier abgebildete Kartätsche ist nicht maßstabgerecht dargestellt. Eckspachtel aus Metall sind zum Glätten von Putz an Außen- bzw. Innenecken bestimmt. Und ein Reibebrett aus Holz oder Kunststoff und ein Filzbrett werden zum Verstreichen und Glätten verwendet. Zum Füllen von Rissen und kleinen Löchern ist ein Gipseisen aus Edelstahl nützlich.

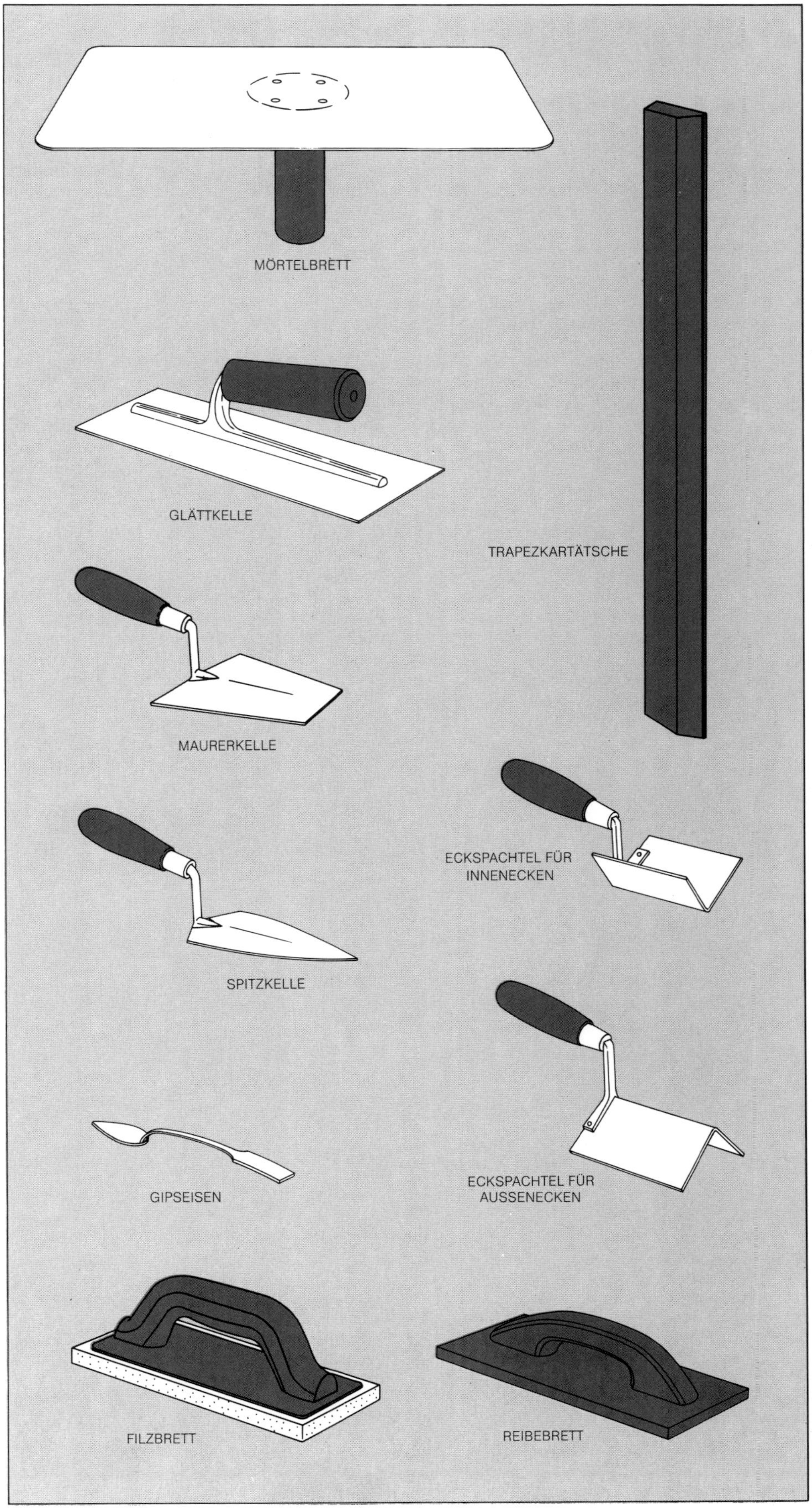

Die Wand vorbereiten und den Putz aufbringen

1 **Schadhaften Putz entfernen.** Losen Putz mit Fäustel und breitem Flachmeißel bis auf das darunterliegende Mauerwerk abschlagen. Um die schadhafte Fläche herum nur wirklich einwandfreien, festen Putz stehenlassen. Bei einer beschädigten Wandecke an den beiden angrenzenden Wänden einen mindestens 10 cm breiten Streifen abschlagen *(kleine Zeichnung)*. Vor dem Neuverputzen die Ränder der alten Putzschicht und einen etwa 12 cm breiten Rand auf der angrenzenden Fläche mit Haftgrund bestreichen und etwa 1 Stunde warten, bis sich der Haftgrund klebrig anfühlt.

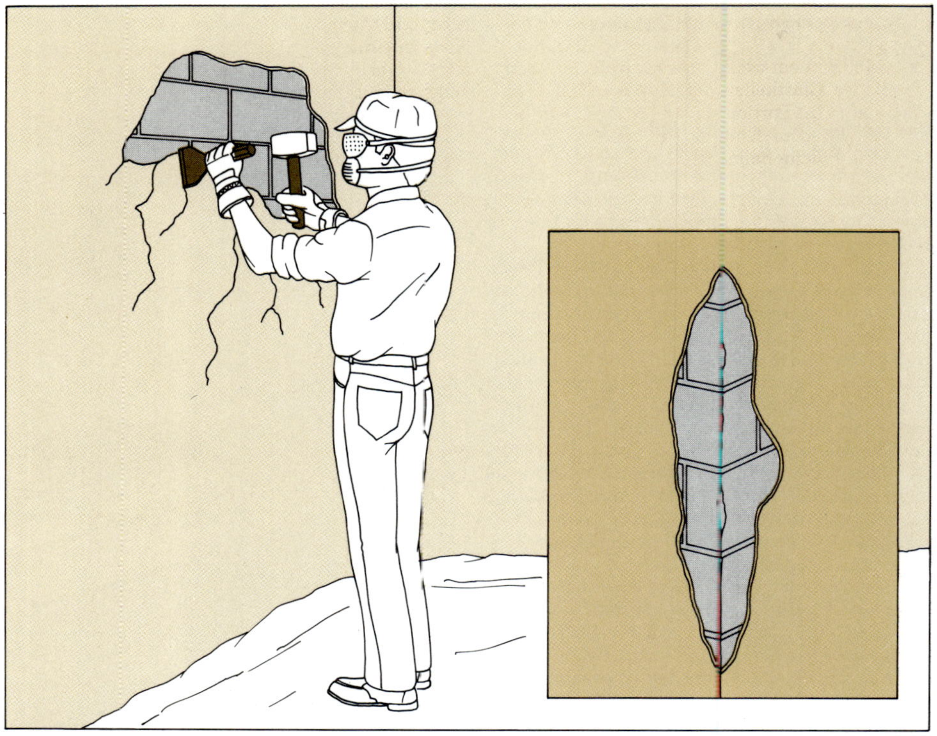

2 **Gipsputz anmischen.** In einem Bottich oder einer Plastikwanne den Fertigputz mit Wasser mischen; dazu eine Schaufel oder eine Maurerkelle verwenden. Aus der Herstelleranweisung entnehmen, wie lange der Putz verarbeitungsfähig ist, und nur so viel anmischen, wie in dieser Zeitspanne aufgebracht werden kann. Eine Latte so unter die Wanne schieben, daß sie vom Körper weg leicht nach unten geneigt steht. Das Wasser in den Bottich gießen und das Pulver einstreuen. Beides langsam mit der Schaufel vermischen; dabei zunächst mit kurzen, abgehackten Bewegungen und bei zunehmender Festigkeit der Mischung mit immer länger werdenden Bewegungen arbeiten.

3 **Eine Portion Putz aufnehmen.** Mit der Kante einer Maurerkelle die Mischung gründlich durcharbeiten, bis alle Klumpen beseitigt sind. Dann eine Kelle voll Putz abtrennen und in die Mitte des Mörtelbretts geben.

4 **Den Putz aufbringen.** Mit einer Deckenbürste die zu verputzende Fläche mit Wasser befeuchten. Das Mörtelbrett ein wenig zum Körper hin neigen und mit der Glättkelle vom äußeren Ende des Putzhaufens eine Portion abtrennen *(unten links)*. Die Glättkelle so an den unteren Rand der auszubessernden Fläche halten, daß sie die Wand berührt und leicht nach außen gewinkel ist. Dann die Kelle in einer gleichmäßigen Bewegung aufwärts ziehen *(unten rechts)*, bis der Putz verstrichen ist. Jedesmal bevor eine neue Portion Putz abgetrennt wird, das Mörtelbrett um 90 Grad drehen, damit der Putz von allen Seiten gleichmäßig abgenommen wird. Den Putz 5 bis 10 mm dick auftragen. Falls für einen bündigen Abschluß mit der angrenzenden Wandfläche noch eine zweite Schicht erforderlich ist, die erste Schicht vor dem zweiten Auftrag einige Minuten trocknen lassen.

Bei der Arbeit an der Decke zum Schutz des Gesichts vor herabfallendem Mörtel die Kelle stets vom Körper weg gerichtet halten.

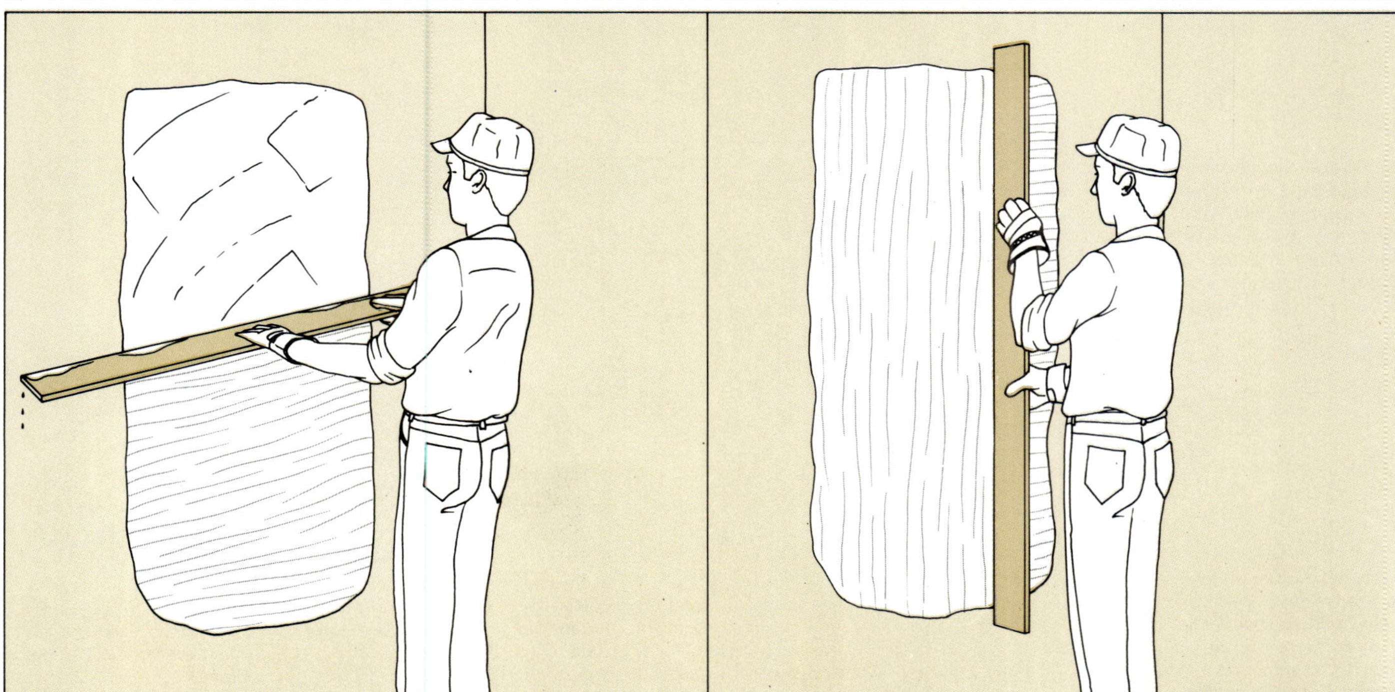

5 **Den Putz abziehen.** Die Kartätsche waagerecht so an die Wand halten, daß ihre Enden auf dem alten Putz liegen, und in Zickzackbewegungen von unten nach oben über die ausgebesserte Fläche ziehen *(oben links)*. Durch die Zickzackbewegungen, die auf der Putzoberfläche ein Wellenmuster hinterlassen, wird die Bildung von Putzbeulen verhindert. Die Kartätsche beim waagerechten Abziehen immer etwas schräg halten, damit überschüssiger Putz und Wasser an einem Ende abfließen können. Dann die Kartätsche senkrecht halten und, vom Seitenrand ausgehend, erneut über den frischen Putz ziehen; dabei auch hier die Kartätsche auf- und abbewegen, so daß wiederum ein Wellenmuster entsteht *(oben rechts)*.

Den Putz glätten

1 **Den Putz verstreichen.** Bevor der Putz zu trocknen beginnt, die Oberfläche mit einem Holz- oder Kunststoff-Reibebrett verstreichen; dabei in kreisenden Bewegungen stets von unten nach oben und nach außen zu den Rändern der alten Putzschicht hin arbeiten. Kleine Löcher mit der Spitze einer Stahlkelle oder einem Gipseisen ausbessern.

2 **Die Oberfläche glätten.** Falls der Putz schon angetrocknet ist, ein Filzbrett in Wasser tauchen und die Putzoberfläche damit glätten. Das Filzbrett flach an die Wand halten und mit stets kreisenden Bewegungen arbeiten. Den neuen Putz über die Ränder des angrenzenden unbeschädigten Putzes mit dem Filzbrett ausziehen.

Außenecken ausbessern

1 Eine Putzlehre anbringen. Eine gehobelte gerade Latte so zuschneiden, daß sie länger als die Höhe der auszubessernden Fläche ist. Die Latte an eine Seite der auszubessernden Ecke halten. Dann ein Richtscheit quer über die Latte und die alte, unbeschädigte Putzfläche legen und die Position der Latte so korrigieren, daß sie bündig mit dem alten Putz liegt. Die Latte mit Stahlnägeln befestigen, die nur provisorisch in die Wand eingeschlagen werden *(kleine Zeichnung)*.

2 Den Putz aufbringen. Den Fertigputz anmischen *(S. 28, Arbeitsgang 2)* und auf das freigelegte Mauerwerk sowie auf die Kanten der angrenzenden alten Putzschicht verdünnten Haftgrund auftragen. Das Mauerwerk mit Wasser befeuchten und danach so viel Putz aufbringen, daß die Schicht bündig mit der Kante der Latte abschließt *(rechts)*. Wenn die ausgebesserte Fläche trocken ist, die Befestigungsnägel der Latte vorsichtig lösen und die Latte behutsam parallel von der Wand heben, damit der neue Putz nicht beschädigt wird. Anschließend die Latte so an den neuen Putz halten, daß ihre Vorderkante mit der alten Putzschicht auf der anderen Seite der Ecke bündig abschließt *(ganz rechts)*. Die Latte oberhalb und unterhalb der ausgebesserten Fläche provisorisch an die Wand nageln und auf der zweiten Seite der beschädigten Ecke ebenfalls Putz aufbringen.

3 Den Putz glätten. Die Oberfläche der neuen Putzschicht mit einem Reibebrett verstreichen und mit dem Filzbrett glätten *(gegenüberliegende Seite)*. Wenn der Putz angetrocknet ist, die Latte entfernen. Mögliche Löcher mit einem Gipseisen ausbessern und die Kante der Ecke mit einem Eckspachtel bearbeiten *(rechts)*.

Größere Schäden beheben

1 **Eine Außenecke bewehren.** Beim Ausbessern einer stoßgefährdeten Außenecke den Putz mit einer verzinkten Putzschiene bewehren. Die Schiene soll darüber hinaus auch dafür sorgen, daß die Ecke gerade und senkrecht verläuft. Nach der Vorbereitung der Wandfläche auf beiden Seiten der Ecke kleine Putzhäufchen auftragen und die Putzschiene hineindrücken. Dann mit Hilfe eines Richtscheits die Putzschiene bündig mit dem unbeschädigten Putz an beiden Seiten der Ecke ausrichten *(S. 31, Arbeitsgang 1).*

2 **Die Schiene mit Putz bedecken.** Den Putz so aufbringen, daß er zu beiden Seiten der Wandecke bündig sowohl mit der jeweiligen Putzschienenkante als auch der angrenzenden alten Putzschicht abschließt. Die Oberfläche der neuen Putzschicht behutsam verstreichen und glätten *(S. 30)*. Die Schienenkante ist nach dem Verputzen zwar noch erkennbar, läßt sich aber später mit Wandfarbe oder Tapete leicht verdecken.

Eine Innenecke fertigstellen

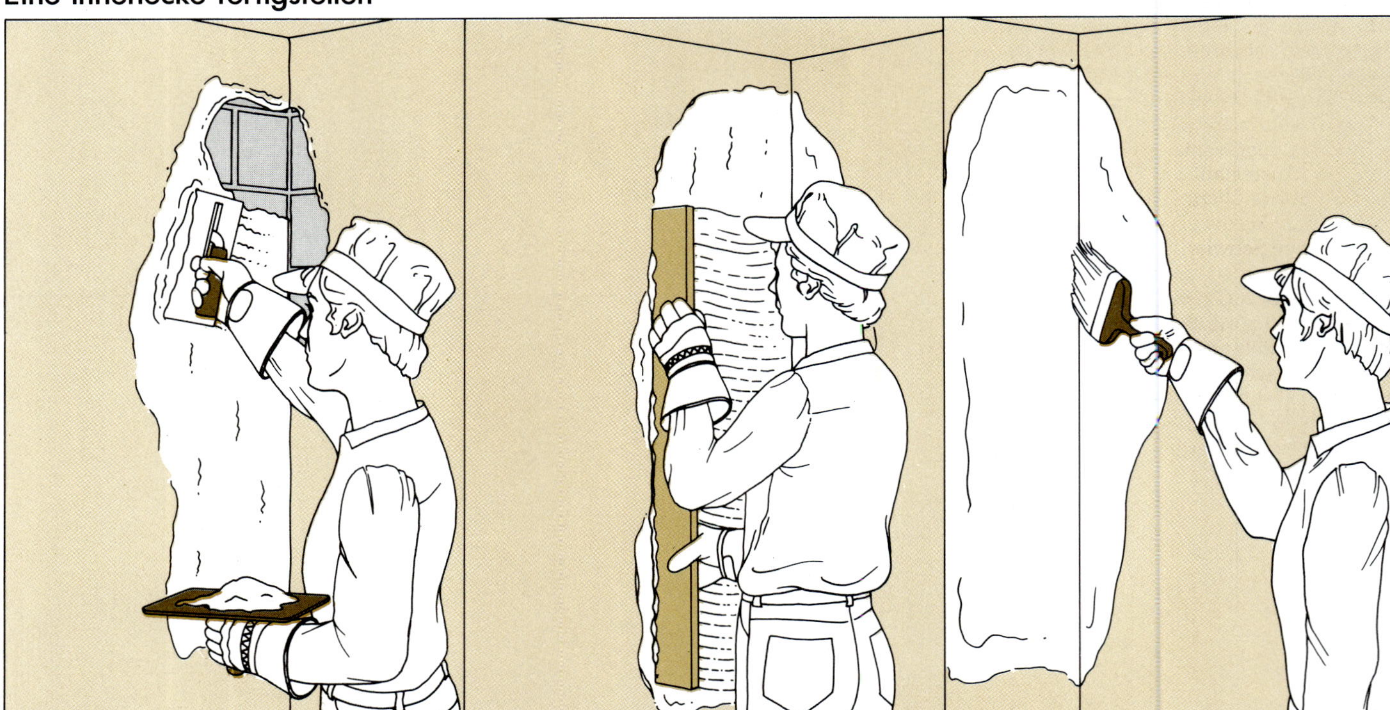

Die Ecke glätten. Auf beiden Seiten der Innenecke, wie auf S. 29–30 gezeigt, Gipsputz aufbringen; dabei vom unteren Ende der schadhaften Fläche ausgehend, stets zu den Seiten hin arbeiten *(oben links)* und mögliche Putzbeulen beseitigen. Dann von der Ecke ausgehend, den Putz mit der senkrecht gehaltenen Trapezkartätsche abziehen *(oben Mitte)*. Die Oberfläche glätten *(S. 30)* und abschließend mit einem nassen Pinsel an der Wandecke entlangfahren *(rechts)*.

Eine individuelle Wandstruktur

Ausgebesserter Putz oder Gipskartonplatten *(S. 21, 23–25)* können manchmal Unebenheiten aufweisen, die sich mit einem gewöhnlichen Farbanstrich nicht überdecken lassen. In einem solchen Fall bietet sich die Verwendung von Strukturputz an – einer dickflüssigen Kunstharzbeschichtung, die strukturiert wird. Diese Beschichtung hat überdies den Vorteil, daß man die Wand ganz individuell gestalten kann.

Nachdem man die Masse mit einem Pinsel, einer Deckenbürste oder einer Rolle satt und gleichmäßig aufgetragen hat, kann man sie entweder mit einer Spezialrolle, die in Fachgeschäften und Baumärkten erhältlich ist, strukturieren oder aber mit verschiedenen Hilfsmitteln, wie sie in fast jedem Haushalt zu finden sind, selbst ein Muster in die Deckschicht prägen. Wer sich für die zweite Möglichkeit entscheidet, sollte sich die Zeit nehmen und das Muster zunächst auf einer alten Zeitung ausprobieren.

Flächen, die eine strukturierte Beschichtung erhalten sollen, müssen vollkommen trocken und staubfrei sein. Losen Putz und abblätternde Farbe muß man zuvor entfernen und mehr als 2 mm breite Risse im alten Putz mit einer geeigneten Füllmasse ausspachteln. Es empfiehlt sich, während der Arbeit eine Schutzbrille und eine Kopfbedekkung zu tragen, um Augen und Haare vor Spritzern zu schützen. Der Putz wird in $1\ m^2$ großen Abschnitten aufgetragen und unmittelbar danach – solange er noch naß ist – mit der gewünschten Struktur versehen. Damit die Fläche insgesamt einheitlich aussieht, muß das Muster auf die jeweils angrenzenden Abschnitte übergreifen.

Mit Strukturputz überzogene Flächen lassen sich ohne Schwierigkeit mit Dispersionsfarben in zarten wie in kräftigen Farbtönen überstreichen. Soll der Putz zu einem späteren Zeitpunkt ganz und gar wieder entfernt werden, empfiehlt es sich, die Wand vor dem Auftragen des Putzes mit einer speziellen Untertapete zu versehen. Tapete und Strukturputz können dann zusammen problemlos wieder abgezogen werden.

Eine borkenähnliche Struktur. Das obere Ende einer leeren zylindrischen Plastikflasche – etwa einer Haushaltsreinigerflasche – abschneiden und die Flasche über eine saubere Farbrolle schieben. Die Farbrolle langsam abwärts so über den nassen Putz ziehen, daß die einzelnen Streifen einander leicht überlappen und eine geriffelte, borkenähnliche Struktur entsteht.

Tupfen und Wirbel. Einen kleinen Schaumgummischwamm in einen Plastikbeutel stopfen, den Beutel fest zudrehen und dann damit behutsam über die Putzoberfläche tupfen. Von den Ecken zur Wandmitte hin arbeiten und den Schwamm während des Tupfens leicht drehen, so daß kleine, kreisförmige Wirbel entstehen *(rechts)*. Für einfache Tupfenmuster den Schwamm nicht drehen.

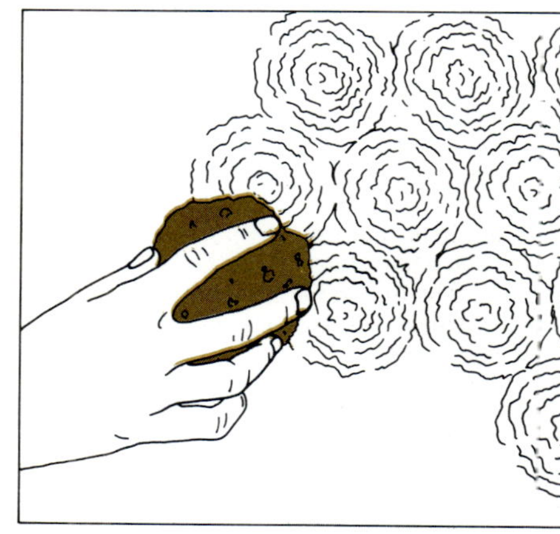

Kämmen. Mit einem groben Kamm oder einem Zahnspachtel, wie er zum Auftragen von Fliesenkleber verwendet wird, lassen sich gleichmäßige geometrische Muster – wie die rechts gezeigten Bögen und das Schachbrettmuster – erzielen. Damit das Muster ganz regelmäßig wird, bedarf es jedoch einiger Übung. Den Kamm oder Spachtel nicht so tief in den Putz drücken, daß er die darunterliegende Wandfläche berührt.

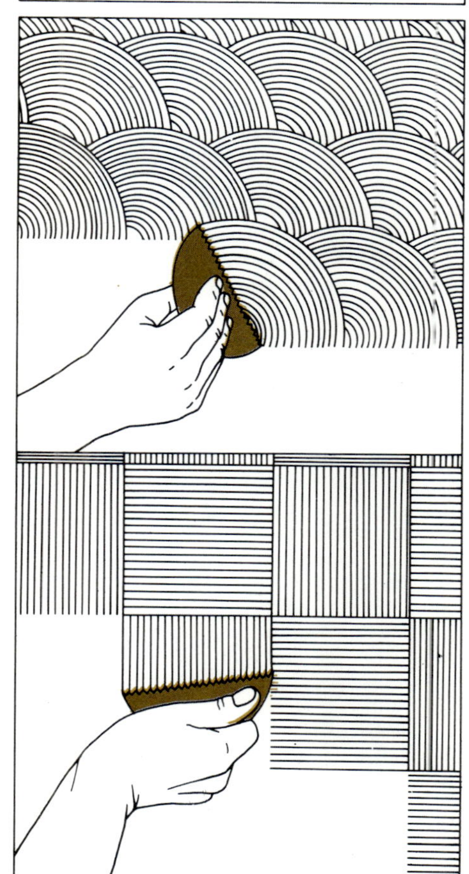

Leisten und Deckenrosetten aus Stuck

Jahrhundertelang haben Stukkateure Wände und Decken mit Gipsornamenten verziert, zumeist nach dem Muster griechischer und römischer Flachreliefs. In der Neuzeit erreichte die Gipsornamentik ihren Höhepunkt im frühen 19. Jahrhundert, als mit der Architektur des Neoklassizismus das Interesse an solcherart Verzierungen neu erwachte.

Auch heute erfreut sich Gipsstuck wieder großer Beliebtheit – sei es, um den ursprünglichen imposanten Stil von Altbauten hervorzuheben, oder auch nur, um eine ansonsten eintönige Wand reizvoller zu gestalten. Das Angebot reicht von schlichten Wandabschlußleisten bis hin zu kunstvoll ausgearbeiteten Deckenrosetten. Die kleineren Stücke sind häufig schon in Baumärkten und Eisenwarengeschäften erhältlich; die größeren, reicher verzierten Ornamente müssen dagegen in Stukkateur-Fachgeschäften oder direkt bei den Herstellern bestellt werden. Die Stukkateur-Fachgeschäfte bieten häufig auch Nachbildungen traditioneller Ornamente an, so daß schadhafte Stücke oftmals problemlos ausgetauscht werden können.

Wandabschlußprofile, Zierleisten und Deckenrosetten gibt es statt aus Gips auch aus Glasfaser, Styropor und Polyurethan. Diese Imitationen, die auf die gleiche Weise wie echter Stuck angebracht werden, sind jedoch längst nicht so fein ausgearbeitet wie dieser. Gipsstuck bietet darüber hinaus den Vorteil, daß kleine Löcher oder Risse ausgebessert und rauhe Flächen leicht glattgeschliffen werden können. Zum Kleben der Gipsstücke verwendet man in der Regel einen Kunstharzkleber. Damit sie sich nicht lösen, solange der Kleber noch nicht abgebunden hat, befestigt man sie zusätzlich mit Nägeln oder Holzschrauben.

Das gängigste Stuckornament ist eine Rosette, die häufig um einen Anschluß für eine Deckenlampe herum angebracht ist. Einige Rosetten sind bereits mit einem Mittelloch für das Elektrokabel versehen. In den meisten Fällen muß man es jedoch selbst bohren, wenn in der Rosette ein Lampenkabel angeschlossen werden soll.

Bevor man für die Anbringung der Rosette die Deckenlampe entfernt, muß auf jeden Fall die Hauptsicherung ausgeschaltet werden. Wenn das geschehen ist, kann man die Lampe von der Decke abmontieren. Ist die Deckenrosette montiert, wiederholt man diesen Vorgang in umgekehrter Reihenfolge.

Bei einigen Deckenrosetten sind die Löcher für die Befestigungsschrauben bereits vorgebohrt. Ist das nicht der Fall, muß man an zwei einander gegenüberliegenden Seiten am Rand der Rosette jeweils ein Loch von 3 mm Durchmesser bohren. Damit die Schraubenköpfe später nicht sichtbar sind, werden die gebohrten Öffnungen mit einem Versenker erweitert und dann verspachtelt. Bei sauber verputzten oder mit Gipskartonplatten verkleideten Decken verwendet man Schrauben von 6 mm Durchmesser; ist der Putz jedoch bröckelig, arbeitet man besser mit Kipp- oder Klappdübeln.

Eine andere beliebte Stuckverzierung sind Zierleisten, mit denen z. B. oft die Wand über einem Kamin gerahmt wird. Bevor man solche Leisten anbringt, muß man die Wand auf ihre Ebenheit überprüfen, denn Stuckleisten sind nicht biegsam. Manchmal lassen sich zwei auf einer unebenen Wand aufeinandertreffende Leisten mit Hilfe kleiner Ausgleichsplättchen aneinander anpassen; allerdings darf der Niveauunterschied nicht mehr als 2 bis 3 mm betragen. Da der Musteranschluß an den Gehrungseckverbindungen genau stimmen muß, empfiehlt sich eine schlichte rechtwinklige Verbindung.

Zur Markierung der Position der Leisten konstruiert man mit Hilfe von Richtlatte, Wasserwaage und Schlagschnur an der Wand ein Rechteck mit genau waagerechten Ober- und Unterkanten sowie senkrechten Seiten. Die Maße der vier Kreidelinien überträgt man anschließend als Markierung für die Gehrungsschnitte auf die Stuckleisten. Dabei ist größte Sorgfalt geboten: Nur Schnitte, die exakt durch die Mitte des Musters verlaufen, garantieren später eine einwandfreie Gehrungsverbindung.

Außer einigen Universalwerkzeugen benötigt man eine kleine Menge Reparaturgips und ein Gipseisen *(S. 27)*. Der Reparaturgips sollte die Konsistenz eines relativ dicken Breies haben, damit er sich mit der Spitze des Gipseisens entsprechend dem Stuckmuster mühelos formen läßt.

Möglichkeiten für Stuckverzierungen. Mit Formstücken aus Gips läßt sich ein hoher Raum dekorativ ausgestalten. Hier wird die Deckenbeleuchtung durch eine Stuckrosette hervorgehoben; Deckenprofile schaffen einen gefälligen Übergang zwischen Wand und Decke; Zierleisten rahmen die Wand über dem Kamin; und der Kamin selbst wird durch einen Stuckfries in den Blickpunkt gerückt. Weitere Möglichkeiten für Stuckverzierungen sind Kaminbögen, Wandnischen und Wandpaneele mit allen möglichen Motiven – von Girlanden bis hin zu Engeln und Nymphen.

Eine Deckenrosette anbringen

1 Die Position der Rosette markieren. Zum Anbringen einer Deckenrosette, in deren Mitte eine Lampe angeschlossen werden soll, zunächst die Hauptsicherung ausschalten. Die Deckenlampe abmontieren und die Rosette so an die Decke halten, daß der Elektroanschluß in der Mitte liegt. Die Konturen der Rosette und die Schraubenlöcher an der Decke anreißen.

In einem Raum ohne Deckenleuchte die Rosette genau in der Mitte der Decke anbringen. Zur Ermittlung des Deckenmittelpunkts eine Schlagschnur jeweils zwischen den beiden einander gegenüberliegenden Ecken spannen; die Schnur aber nur im Bereich der Deckenmitte mit farbiger Kreide einreiben. Ein Stück Schnur an einen Bleistift knoten und das andere Ende am Schnittpunkt der beiden Kreidemarkierungen mit einer Heftzwecke an der Decke befestigen, die Länge der Schnurlinie soll dem Radius der Rosette entsprechen. Dann mit dem Bleistift auf der Decke einen entsprechenden Kreis schlagen.

2 Die Rosette befestigen. Um den Rosettenrand herum etwa 5 cm breit Kunstharz-Fliesenkleber oder einen anderen geeigneten Kleber auftragen. Die Rosette an den Markierungen ausrichten und fest an die Decke drücken. Während ein Helfer sie hält, die Rosette mit Holzschrauben an der Decke befestigen. Mit Hilfe eines Gipseisens die versenkten Schraubenköpfe mit Gips überspachteln; die verspachtelten Stellen mit einem nassen Pinsel glätten. Wenn der Füller getrocknet ist, die Rosette in der gewünschten Farbe anstreichen.

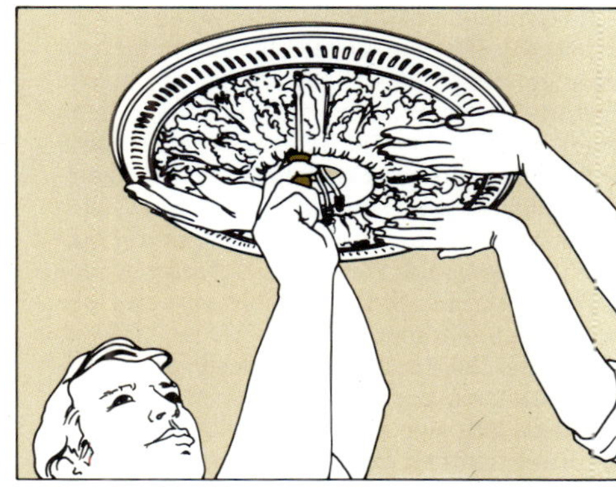

Zierleisten an der Wand anbringen

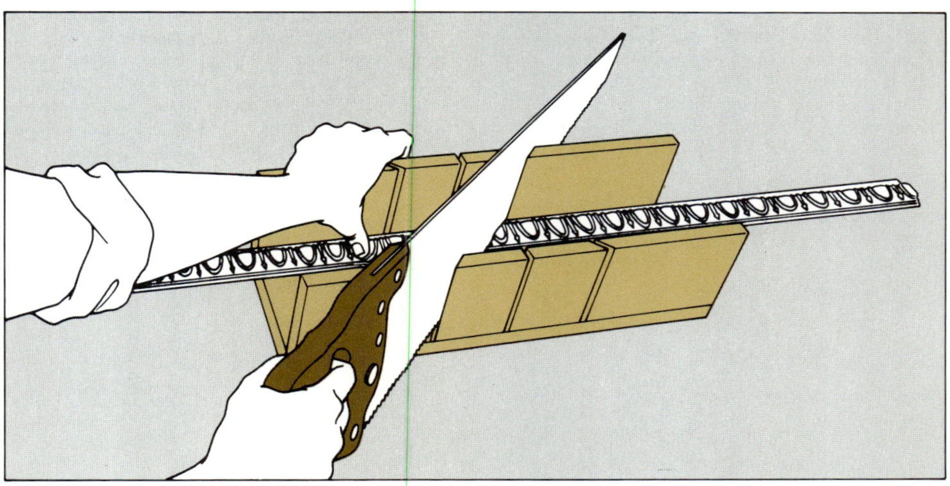

1 Stuckleisten auf Gehrung sägen. Ein Leistenstück mit der verzierten Seite nach oben in eine Gehrungschneidlade legen und im Winkel von 45 Grad zuschneiden. Zum Sägen ein feingezahntes Sägeblatt mit Kerzenwachs einreiben; dadurch wird verhindert, daß sich an der Zahnung Gips absetzt. Damit der Musteranschluß an den Ecken genau stimmt, müssen die Maße des geplanten Rechtecks eventuell ein wenig verändert werden.

Die vier fertig zugeschnittenen Leisten auf dem Fußboden probeweise zusammensetzen, um die Eckverbindungen zu überprüfen. Dann auf der Rückseite jeder Leiste Kleber auftragen.

2 Die Leisten an der Wand befestigen. Die Leisten entlang den Markierungslinien an die Wand drükken und mit 40-mm-Stahlnägeln befestigen; die Nägelköpfe versenken. Die Senkstellen und etwaige Zwischenräume mit Reparaturgips verspachteln; dabei den Gips entsprechend dem Stuckmuster mit dem Gipseisen formen. Wenn der Gips getrocknet ist, die Leisten streichen.

Ist die Wand uneben, so daß zwei auf Gehrung geschnittene Leisten nicht genau zusammenstoßen, die etwas tiefer liegende Leiste mit Ausgleichsplättchen anheben. Den dabei entstehenden Zwischenraum verspachteln und die Gipsmasse mit einem nassen Pinsel glätten.

Geeignete Befestigungsmittel

So vielfältig wie die Materialien, aus denen Wände und Decken eines Hauses bestehen, ist auch die Auswahl an Befestigungsmitteln, mit denen man Gegenstände an ihnen anbringen kann. Um entscheiden zu können, welches Befestigungsmittel für den jeweiligen Zweck am geeignetsten ist, muß man wissen, um welchen Wand- oder Deckentyp es sich handelt und wie schwer der Gegenstand ist, der angebracht werden soll.

Aus welchem Material die Wand oder Decke besteht, läßt sich ermitteln, indem man an einer unauffälligen Stelle ein Loch bohrt: Putz und Gipskarton beispielsweise erzeugen einen weißen Bohrstaub und bieten dem Bohrer nur geringen Widerstand; bei Ziegelwänden ist dagegen der herausfallende Staub in der Regel rot, und der Bohrer stößt auf mäßigen Widerstand; Beton erzeugt grauen oder bräunlichgrauen Staub und bietet dem Bohrer starken Widerstand.

Anhand des ermittelten Wandtyps und einer Schätzung der Belastung durch den Gegenstand läßt sich aus der Tabelle auf der gegenüberliegenden Seite ablesen, welches Befestigungsmittel am besten geeignet ist. Bei einer relativ geringen Belastung oder an einer Holzständerwand genügen manchmal schon einfache Stahlnägel oder Schrauben. Unter bestimmten Umständen sind dagegen spezielle Befestigungen, wie die unten und rechts abgebildeten, erforderlich.

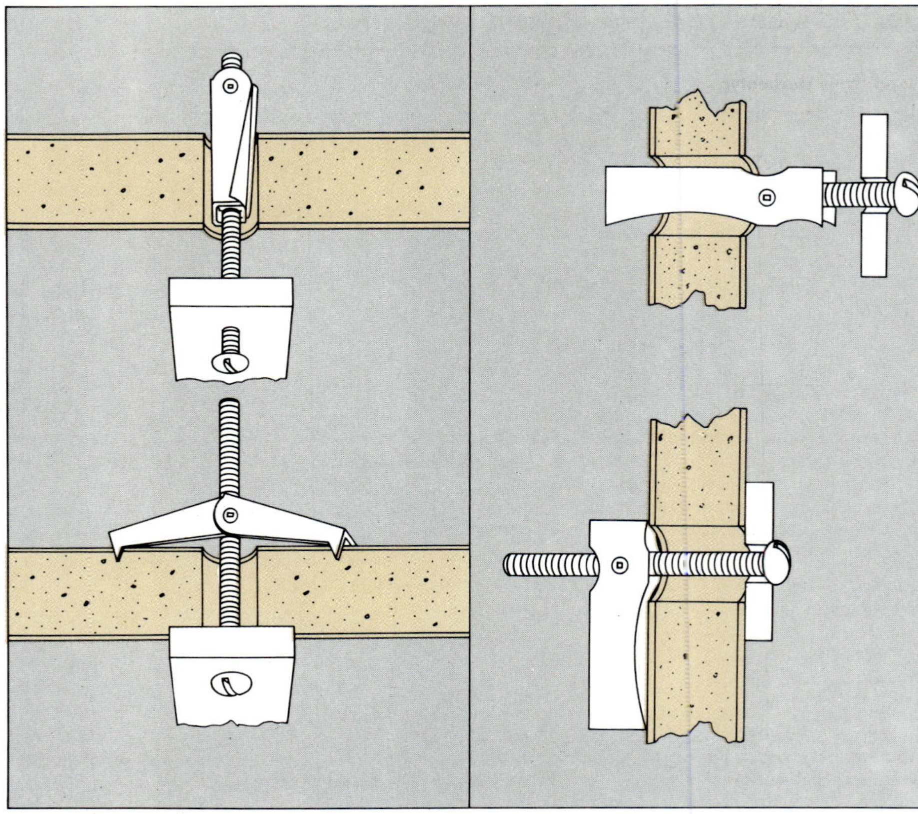

Federklapp- und Kippdübel. Diese Dübel sind zum Befestigen von Gegenständen an hohlen Wänden oder Decken bestimmt. Federklappdübel sind für Decken besser geeignet *(oben)*. Bei hohlen Wänden zieht man dagegen oft Kippdübel *(oben rechts)* vor. Zum Einsetzen beider Dübeltypen ein Loch von dem gleichen Durchmesser wie der geschlossene Dübel bohren und mit einem Stück Draht prüfen, ob hinter der Decken- oder Wandverkleidung genügend Raum ist, daß sich der Dübel öffnen kann. Die Gewindeschraube mit dem zusammengefalteten Klapp- bzw. Kippmechanismus durch das Loch schieben. Der Greifarm des Kippmechanismus bzw. die beiden Greifarme des Klappmechnismus springen hinter der Decken- oder Wandverkleidung auf. Die Schraube fest anziehen.

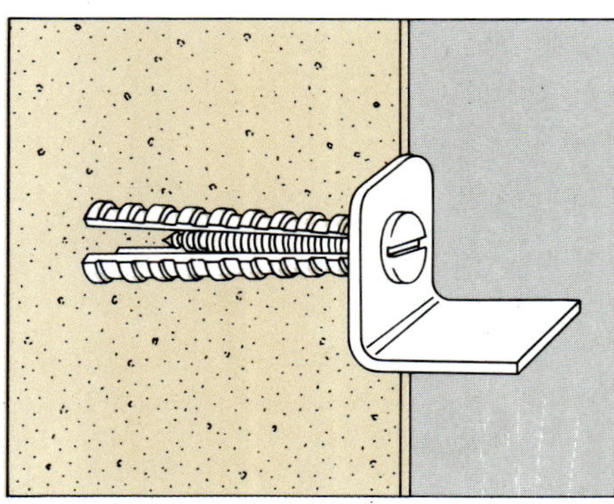

Spreizdübel. Kunststoffdübel *(oben)*, die heute die herkömmlichen Faserstoffdübel weitgehend abgelöst haben, sind gespalten, so daß sie sich spreizen können, und quer gerippt, damit sie in der Wand Halt haben. Kunststoffdübel können bei Mauerwerk und Beton benutzt werden. Durchsteckdübel oder Rahmendübel haben einen längeren Schaft. Bei einigen Materialien – z. B. Leichtbausteinen – sind Spezialdübel mit zwei langen Flügeln am Spreizteil erforderlich. Zum Einsetzen des Dübels ein seinem Durchmesser genau entsprechendes Loch bohren und den Dübel einschlagen. Die dazu passende Holzschraube fest eindrehen.

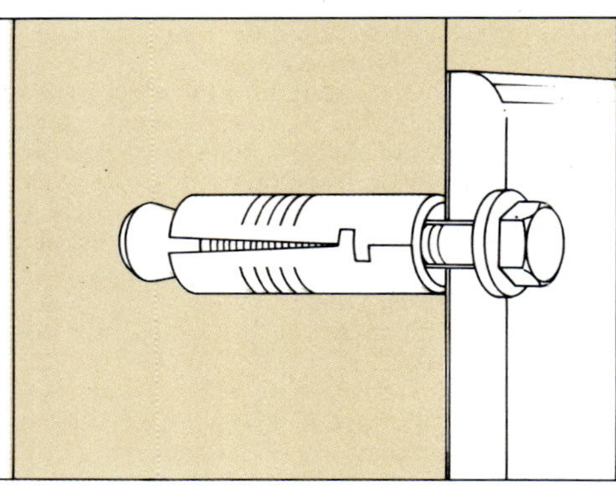

Anker mit Spreizkonus. Diese Anker, die zum Aufhängen sehr schwerer Gegenstände an Betonwänden benutzt werden, gibt es in unterschiedlichen Ausführungen, die jedoch alle ähnlich wie Spreizdübel funktionieren: Wenn man die Schraube fest anzieht, wird der Metallkonus auseinandergedrückt. Den oben abgebildeten Ankertyp kauft man mit der bereits eingesetzten passenden Schraube. Zum Anbringen ein Loch vom Durchmesser des Ankers in die Wand bohren. Dann Anker und Schraube durch den Gegenstand, der aufgehängt werden soll, hindurch in das Loch hineinschieben und die Schraube fest anziehen.

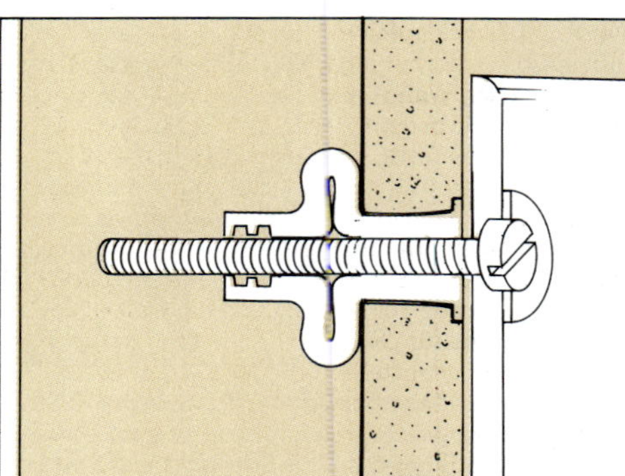

Hohlraumdübel. Diese Kunststoffdübel sind speziell zur Verwendung bei Gipskartonverkleidungen bestimmt, wenn die Schraube nicht direkt in einen Ständer oder Deckenbalken eingedreht werden kann. Ein Loch vom Durchmesser des Dübels bohren und den Dübel mitsamt der dazugehörigen Schraube durch den Gegenstand, der angebracht werden soll, hindurch in das Loch einsetzen. Dann die Schraube langsam festdrehen. Während man sie anzieht, wird der Dübel in der Länge zusammengezogen, so daß er sich in der Breite ausdehnt und so eine feste Verankerung bildet.

Die Wahl des richtigen Befestigungsmittels

Wand- bzw. Deckentyp	Leichte Belastung	Leichte bis mittlere Belastung	Schwere Belastung
Putz auf Hohlblocksteinen (Wände)	Stahlnägel	Kunststoffdübel 6–8 mm; Durchsteckdübel	Kunststoffdübel 8–12 mm
Putz auf Gasbetonsteinen (Wände)	Gasbetondübel	Kunststoffdübel 6–8 mm; Gasbetondübel; Durchsteckdübel	Durchsteckdübel
Putz auf Voll- oder Lochziegeln (Wände)	Stahlnägel bis 75 mm; Kunststoffdübel 4–6 mm	Massiv: Kunststoffdübel 6–8 mm; Hohl: Durchsteckdübel	Massiv: Kunststoffdübel 8–12 mm; Anker mit Spreizdübel Hohl: Durchsteckdübel
Massiver Beton (Wände und Decken)	Kunststoffdübel 4–6 mm	Kunststoffdübel 6–8 mm; Durchsteckdübel; Nageldübel	Kunststoffdübel 8–12 mm; Anker mit Spreizkonus; Durchsteckdübel
Plattenmaterial auf Holz- oder Metallunterkonstruktion (Wände und Decken)	Hohlraumdübel; Ankerdübel; Holzschrauben in Holzständer oder Balken; Schnellbauschrauben in Metall	Kunststoff- oder Metall-Hohlraumdübel; Kipp- bzw. Federklappdübel; Holzschrauben in Holzständer oder Balken; Schnellbauschrauben in Metall	An Deckenplatten nicht zu empfehlen; Holzschrauben in Holzständer oder Balken; Schnellbauschrauben in Metall
Putz auf Putzträger (Decken)	Kipp- bzw. Federklappdübel; Holzschrauben in Deckenbalken	Kipp- bzw. Federklappdübel; Holzschrauben in Deckenbalken	Holzschrauben 6–10 mm in Deckenbalken

Mittel und Zweck aufeinander abstimmen. Aus der Tabelle oben geht hervor, welche Befestigungsmittel für welchen Wand- bzw. Deckentyp am besten geeignet ist. Die in der Rubrik „Leichte Belastung" aufgeführten Befestigungsmittel sind in erster Linie für Arbeiten wie das Anbringen von Wandpaneelen und Fußleisten sowie das Aufhängen von Bildern gedacht. In die Sparte „Leichte bis mittlere Belastung" gehören beispielsweise kleine Vitrinen und Borde für Zierteller oder kleine Küchengeräte. Die für „Schwere Belastung" geeigneten Befestigungsmittel sind in der Lage, Gegenstände wie Schränke für Geschirr oder Regale mit Büchern oder einer Stereoanlage zu tragen. Viele der in der Rubrik „Leichte bis mittlere Belastung" aufgeführten Befestigungsmittel halten auch größerer Belastung stand, wenn die Wand aus massivem Beton oder Mauerwerk besteht.

Bei der Wahl eines Befestigungsmittels ist zu bedenken, daß die Belastung nicht allein vom Gewicht des Gegenstands, der aufgehängt werden soll, abhängt, sondern auch davon, wie das Gewicht verteilt ist. Ein langes, schmales Bord ist beispielsweise verhältnismäßig stärker belastbar als ein kürzeres, tiefes Bord.

Bei Wänden oder Decken mit einer Holzunterkonstruktion muß man zunächst, wie auf S. 8 beschrieben, die Ständer bzw. Deckenbalken ausfindig machen. Um festzustellen, wieviel Raum hinter einer Verkleidung vorhanden ist, wird ein kleines Loch in die Wand oder Decke gebohrt und ein Stück dünner Draht hineingeschoben.

2 Alte Wände in neuem Kleid

Ein dekorativer Belag aus Fliesen. Keramikfliesen lassen sich mit einem geeigneten Kunstharzkleber mühelos auf Gipskarton verlegen. Um eine gleichmäßige Kleberschicht zu erhalten, verwendet man zum Auftragen einen Zahnspachtel oder eine Zahnkelle. An den Rand der zu fliesenden Fläche genagelte Leisten erleichtern das waagerechte und senkrechte Ausrichten der Fliesenreihen.

Allein schon wegen ihrer beträchtlichen Ausmaße fordern Wände zur dekorativen Ausgestaltung heraus. In den vergangenen Jahrhunderten hatten kahle Innenwände auf Maler fast die gleiche Anziehungskraft wie eine leere Leinwand. Die auf feuchtem Kalkputz arbeitenden Freskenmaler der Renaissance schufen in Kirchen, Klöstern und Palästen neben unbedeutenderen Wandgemälden auch einige großartige Meisterwerke. Und in noch weiter zurückliegenden Zeiten verzierten Künstler die Wandflächen in den Residenzen ihrer wohlhabenden Mäzene mit dezenten gemeißelten Flachreliefs oder farbenprächtigen Mosaikbildern.

In unserer heutigen Zeit ist die Wanddekoration sehr viel schlichter geworden. Eine Zeitlang herrschte in der Architektur eine rein funktionale Sichtweise vor. Klare Linien bestimmten die Entwürfe, und Wandverzierungen wurden größtenteils als bloße Staubfänger abgelehnt. Vor allem auf diese Einstellung ist es zurückzuführen, daß kahle, nur mit einem Farbauftrag versehene Putz- oder Gipskartonwände bis heute vorherrschen.

Allmählich scheint sich jedoch ein Umdenken zu vollziehen. Architekten und Inneneinrichter beginnen, an einer gemusterten, strukturierten und farbenreichen Wandgestaltung wieder Gefallen zu finden. In den weiterhin überwiegend schlichten und funktionalen Neubauten sorgen zum Teil phantasievolle Wandverkleidungen für neue optische Reize. Die Rückbesinnung auf das Dekorative hat zur Entwicklung neuer und zur Wiederentdeckung alter Materialien geführt.

Keramikfliesen, die schon eine sehr lange Tradition haben, werden heutzutage in einer enormen Vielfalt an Formaten, Farben und Mustern angeboten. Und die Entwicklung spezieller Kleber ermöglicht auch dem Hobbyhandwerker, Fliesen fachgerecht zu verlegen.

Wie Fliesen sind auch Spiegel als Wandbelag keine Neuheit. Dank moderner Verfahren der Glasherstellung sind jedoch heutzutage große Spiegel von guter Qualität zu erschwinglichen Preisen erhältlich. Damit wurde die Möglichkeit geschaffen, eine ganze Wand mit Spiegeln zu verkleiden und dadurch nicht nur die Wand selbst reizvoll zu gestalten, sondern auch den Raum optisch zu vergrößern. Ähnlich wirkungsvoll sind die Muster und Strukturen von Kork – einem Wandbelag, der nicht nur wegen seines wohnlich-warmen Aussehens, sondern auch wegen seiner schalldämmenden Eigenschaften geschätzt wird. Selbst eine Ziegelwand läßt sich mit leichten Verblendern aus Ton oder Kunststoff ohne große Maurerkenntnisse auf einfache Weise getreu nachbilden.

Bei der Neugestaltung der Räume eines Hauses kann man sogar noch einen Schritt weitergehen: Selbst nur wenig geübte Hobbyhandwerker brauchen sich nicht darauf zu beschränken, alte Wände neu zu verkleiden. Mit Hilfe moderner Materialien, wie Metallprofilschienen, können sie auch Trennwände mühelos selbst errichten.

Mit der Umgestaltung der Wandflächen oder Neuaufteilung vorhandener Räume läßt sich nicht nur der Stil einer Wohnung verändern, sondern ein völlig neues Wohngefühl schaffen.

Dauerhaft und pflegeleicht: Keramikfliesen

Keramikfliesen werden schon seit Jahrhunderten als Wandbelag verwendet. Die haltbaren, wasserbeständigen Platten haben persische Moscheen und maurische Paläste ebenso geziert wie die Wohnstuben holländischer Bürgerhäuser. Heutzutage denkt man bei Fliesen vor allem an Küche und Bad, wo in erster Linie ihre Zweckmäßigkeit geschätzt wird. Die Vielfalt an Farben, Formen und Formaten zeigt jedoch, daß Fliesen nicht nur praktisch sind, sondern auch ausgesprochen dekorativ sein können.

Bei der Auswahl geeigneter Fliesen sind zunächst einige grundsätzliche Unterschiede zu bedenken. So gibt es beispielsweise glasierte und unglasierte Fliesen. Letztere werden im allgemeinen als Bodenbelag bevorzugt, wenngleich nichts gegen ihre Verwendung als Wandbelag spricht. Auch in bezug auf das Gewicht der Fliesen gibt es Unterschiede: Die leichteren sind im allgemeinen für Wände, die schwereren für Böden bestimmt. Spezielle Rand- und Eckfliesen mit einer bzw. zwei angrenzenden glasierten Kanten sorgen für einen sauberen, glatten Abschluß, und Fliesen mit integrierten Zubehörteilen, wie Seifenschalen, können einer Küche oder einem Bad eine elegante Note geben. Während große Fliesen gewöhnlich einzeln verlegt werden, kommen Mosaikfliesen in Form von Matten auf den Markt.

Ob in Matten oder einzeln – in der Regel werden Fliesen quadratmeterweise verkauft, wobei Dekorfliesen auch stückweise erhältlich sind. Eine weitere Ausnahme bilden Winkelfliesen: spezielle Formstücke zum Einfassen von Kanten oder zum Abdecken von Fugen zwischen gefliesten Flächen und Sanitärinstallationen. Sie sind heute nicht mehr so gebräuchlich wie früher; man kann sie aber noch gelegentlich – meist in einer Länge von 15 cm – im Handel finden.

Beim Kauf von Fliesen muß man wissen, wie viele Quadratmeter die zu fliesende Wandfläche umfaßt, wie viele Fliesen mit einer bzw. zwei glasierten Kanten in etwa erforderlich sind und wie viele Winkelfliesen man eventuell anbringen möchte. Es empfiehlt sich, von jeder Fliesensorte einige Fliesen mehr als berechnet zu kaufen, damit bei möglichen Beschädigungen während des Verlegens oder später für Ersatz gesorgt ist.

Vor dem Verlegen der Fliesen muß der Untergrund so vorbereitet werden, daß er ganz ebenmäßig ist. Danach wird die Anordnung der Fliesen festgelegt, um Unregelmäßigkeiten der Wand möglichst auszugleichen und den Bedarf an Teilfliesenformaten auf ein Minimum zu reduzieren. Für das eigentliche Verlegen der Fliesen ist schließlich noch ein Kleber erforderlich, der auf die räumlichen Gegebenheiten und den jeweiligen Untergrund abgestimmt ist.

Ursprünglich wurden Fliesen stets in einem dicken Mörtelbett verlegt. Heute gibt es dagegen spezielle Fliesenkleber, die in einer dünnen Schicht – dem sogenannten Dünnbettverfahren – aufgetragen werden und die für alle möglichen Untergründe geeignet sind: Spanplatten, Gipskartonplatten, Putz, Mauerwerk, Beton und sogar bereits geflieste Flächen. Wichtig ist nur, daß der Untergrund fest, eben und fettfrei ist.

In vielen Fällen genügt es, den Untergrund gründlich zu reinigen und ein wenig auszubessern. Risse müssen ausgespachtelt, lose Farbe oder Putz entfernt und glatte Flächen mit Sandpapier aufgerauht werden. Wer Fliesen auf einer bereits gefliesten Fläche verlegen will, muß zuvor prüfen, ob sämtliche alten Fliesen fest an der Wand sitzen. Sollten sich einige durch Feuchtigkeitsschäden in der darunterliegenden Wand gelöst haben, kommt man nicht umhin, den alten Untergrund vollkommen zu entfernen und durch einen neuen zu ersetzen.

Wann immer der vorhandene Untergrund in zu schlechtem Zustand ist – ob es sich dabei um Feuchtigkeitsschäden, tiefe Risse oder eine unebene oder unregelmäßige Fläche handelt –, sollte man ihn nach den auf S. 11–33 beschriebenen Methoden erneuern. In der Regel werden alte Untergründe durch Gipskartonplatten ersetzt. Bei der Installation neuer Wandflächen um eine Badewanne oder eine Dusche herum sind auf jeden Fall wasserfeste Sperrholzplatten zu verwenden. Neuer oder ausgebesserter Putz sollte mindestens einen Monat durchtrocknen und vor dem Verfliesen grundiert werden.

Nachdem der Untergrund vorbereitet ist, wird die Anordnung der Fliesen geplant, indem man zunächst den Ausgangspunkt festlegt. Die Position der ersten Fliese ist von entscheidender Bedeutung, da nach ihr alle anderen Fliesen ausgerichtet werden. Einige professionelle Fliesenleger setzen die erste Fliese in die Wandecke, die am meisten ins Auge fällt, und bestimmen die Größe der Teilfliese an der gegenüberliegenden Wandecke durch unterschiedlich große Abstände zwischen den Fliesen. Eine sicherere Methode, die Fliesen optisch günstig aufzuteilen, ist die auf der gegenüberliegenden Seite sowie auf S. 42 beschriebene: Hierbei entstehen an beiden Wandenden bzw. um Fenster herum gleichmäßige, nicht zu kleine Randstreifen.

Für die waagerechte Ausrichtung der Fliesenreihen wird gewöhnlich vom Fußboden ausgegangen und dort eine absolut waagerecht verlaufende Führungsleiste an der Wand angebracht *(gegenüberliegende Seite unten)*. An einer Wand mit einem hervorstechenden Merkmal, wie einer Nische oder einem Fenster, geht man dagegen von der Unterkante der Nische oder des Fensters aus, damit später in dem Bereich, der am meisten ins Auge fällt, ganze Fliesen angeordnet sind *(S. 42)*. Die Position der Führungsleiste an dieser Wand muß zuerst ermittelt werden, da nach ihr die Führungsleisten für alle übrigen zu fliesenden Wandflächen ausgerichtet werden. Zwischen den Fliesen läßt man in der Regel 2 bis 3 mm breite Zwischenräume zum Verfugen frei. Damit die Fugen stets gleich groß sind, kann man Streichhölzer, Pappstückchen oder handelsübliche Plastikkreuze als Abstandhalter benutzen.

Für die Wahl des geeigneten Klebers sind die Beschaffenheit des Untergrunds und die Beanspruchung der fertiggefliesten Wand ausschlaggebend. Für Duschen oder um Fenster in Küche und Bad, wo die Wände Wasser bzw. Dampf ausgesetzt sind, muß man auf jeden Fall einen wasserbeständigen und fungizidhaltigen Kleber verwenden. In Bereichen, in denen mit Spannungen im Untergrund oder dynamischer Beanspruchung zu rechnen ist, etwa zwischen Badewanne und angrenzender Wand oder bei Wänden, die ständig Vibrationen, z. B. durch Fahrstühle, ausgesetzt sind, ist dagegen ein dauerelastischer Kleber erforderlich.

Für Küchenarbeitsplatten empfiehlt sich ein Epoxidharzkleber, da sie gegen Wasser und scharfe Haushaltsreinigungsmittel unempfindlich sein müssen. Unabhängig von der Art des Klebers sollte man grundsätzlich die Herstelleranweisungen für den jeweiligen Untergrund und die sachgemäße Verarbeitung des Klebers genau befolgen.

Nachdem der Kleber abgebunden hat, werden die Fugen mit Fugenmasse gefüllt, die den Untergrund vor Feuchtigkeit schützt. Sie wird in einer Vielzahl von Farben angeboten. Wie bei den Klebern gibt es auch bei den Fugenmassen unterschiedliche Zusammensetzungen. Am gängigsten sind die Fugenmassen auf Zementbasis. Für eine wasserfeste Verfugung zwischen Fliesen und Installationen in Küche oder Bad empfiehlt sich allerdings die Verwendung einer dauerelastischen Dichtungsmasse auf Silikonbasis. Im Einzelfall sollte man den Fliesenhändler nach der am besten geeigneten Fugenmasse befragen. Zum Verlegen der Fliesen benötigt man außerdem noch eine Wasserwaage und Latten, um die zu fliesende Fläche mit Führungshilfen zu versehen, sowie eine Zahnkelle zum Auftragen des Klebers. Die Zahnung muß entsprechend der Vorschrift des Kleberherstellers auf die Dicke der Fliesen und die Art des Klebers abgestimmt sein. Fugenmasse auf Zementbasis läßt sich auf senkrechten Flächen am besten mit einem Gummiflitscher oder Gummispachtel verstreichen. Dauerelastische Dichtungsmassen können mit Hilfe einer Presse oder direkt aus der Kartusche aufgetragen werden.

Will man Fliesen geradlinig durchtrennen, reißt man die Fliesen mit einem Fliesenschneider an und bricht sie anschließend auseinander. Bei Fliesen, die dicker als 9 mm sind, sollte man sich ein Fliesenschneidegerät mieten, das mit einem Anreißrädchen wie bei einem Glasschneider ausgerüstet ist. Für runde und geformte Schnitte ist eine Fliesenbrechzange erforderlich. Zum Schutz der Hände ist es angeraten, beim Schneiden von Fliesen und beim Verarbeiten von Fugenmasse Handschuhe zu tragen.

Den Ausgangspunkt festlegen

1 **Eine Meßlatte anfertigen.** Entlang einer langen, 24 x 48 mm starken Latte eine Reihe Fliesen gleichmäßig in den Abständen auslegen, in denen sie später an der Wand erscheinen sollen. Über die ganze Länge der Latte die Fliesenabstände markieren; dabei zwischen den einzelnen Fliesen und an den Enden der Latte Fugenabstände berücksichtigen. Vorher ausprobieren, welche Fugenbreite am besten aussieht – gewöhnlich rechnet man 2 bis 3 mm –, und diesen Abstand zwischen sämtlichen Fliesen beibehalten. Bei Verwendung rechteckiger Fliesen eine zweite Meßlatte für die senkrechte Ausrichtung herstellen.

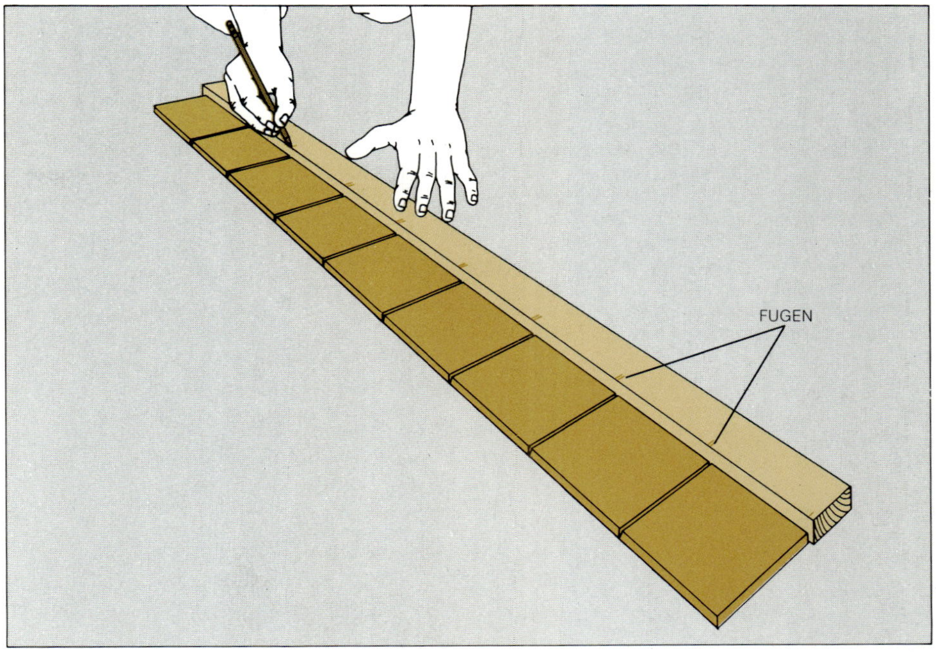

2 **Eine waagerechte Führungsleiste anbringen.** Eine 24 x 48-mm-Latte so an die Wand heften, daß ihre Oberkante absolut waagerecht etwa eine Fliesenhöhe über dem Boden bzw. der Fußleiste verläuft. Mit einem Lineal ermitteln, wo der Abstand zwischen Leistenoberkante und Boden am größten ist, und an dieser Stelle die Wand markieren *(oben).* Die Leiste von der Wand lösen und so ausrichten, daß ihre Oberkante an der Markierung exakt eine Fliesenhöhe plus 3 mm Fugenbreite über dem Boden waagerecht verläuft *(kleine Zeichnung).* Dann die Leiste mit Stahlnägeln an der Wand befestigen. Sollen zwei angrenzende Wände verfliest werden, eine für beide Wandflächen gültige Ausgangshöhe ermitteln und dort an beiden Wänden waagerechte Leisten befestigen.

3 **Die Anordnung der Fliesen planen.** Die Wandlänge ausmessen und die Mitte auf der Leiste markieren. Dann die vorbereitete Meßlatte so auf die Oberseite der Führungsleiste legen, daß sich eine der Fliesenkantenmarkierungen mit der Markierung der Wandmitte in Deckung befindet. Auf der Meßlatte die Position der am nächsten der Wandecke befindlichen ganzen Fliese ablesen und ihre Außenkante auf der Führungsleiste markieren *(oben).* Damit ist der Ausgangspunkt festgelegt. Ist der Abstand zwischen dieser Markierung und der Wandecke geringer als eine halbe Fliesenbreite, die Markierung der Wandmitte um eine halbe Fliesenbreite nach rechts oder links und entsprechend die Position des Ausgangspunkts versetzen.

4 Eine senkrechte Leiste anbringen. An der Ausgangspunktmarkierung mit Richtlatte und Wasserwaage eine senkrechte Linie an die zu fliesende Wand zeichnen. Eine Leiste von der Länge der Linie zuschneiden und so an die Linie halten, daß ein Ende auf der waagerechten Führungsleiste aufliegt. Prüfen, ob sie absolut lotrecht ausgerichtet ist, und an der Wand befestigen.

Es kann vorkommen, daß nicht alle Fliesen exakt gleich groß sind, insbesondere wenn es sich um handgefertigte handelt. In diesem Fall kann es einfacher sein, die Fliesen statt an der Leiste an der senkrechten Linie auszurichten, um einen gewissen Spielraum für kleinere ausgleichende Korrekturen der Fliesenabstände zu haben.

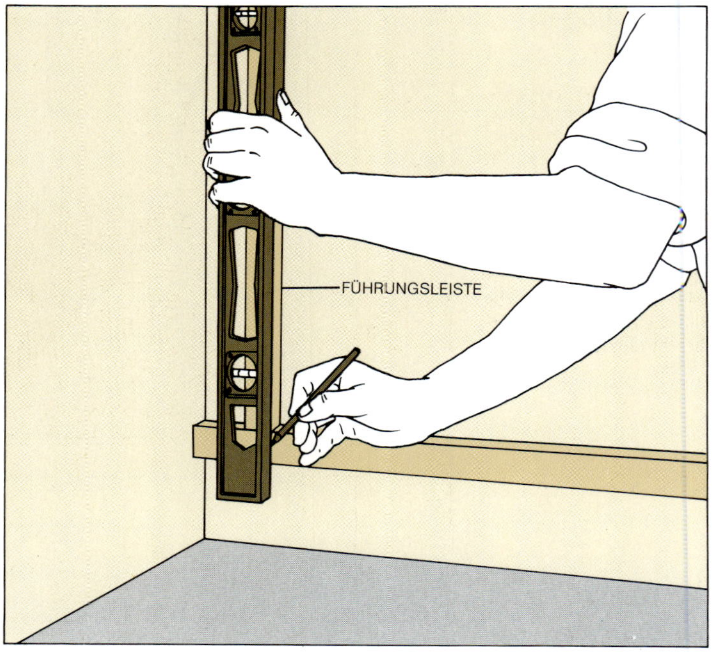

Fliesen um ein Fenster herum anordnen

Eine symmetrische Anordnung planen. Die Meßlatte unterhalb des Fensters senkrecht an die Wand halten *(rechts)* und die Position der untersten ganzen Fliese an der Wand markieren. Auf Höhe der Unterkante dieser Fliese die Führungsleiste, wie auf S. 41, Arbeitsgang 2 beschrieben, an der Wand befestigen.

Die Fensterbreite ausmessen und auf der Führungsleiste markieren. Dann mit Hilfe der Meßlatte, wie auf S. 41, Arbeitsgang 3 gezeigt, den Ausgangspunkt festlegen; falls nötig, die Mittelmarkierung entsprechend versetzen, damit die Teilfliesen an beiden Seiten des Fensters gleich groß sind und mindestens die Breite einer halben Fliese haben *(kleine Zeichnung)*.

Die Fliesen verlegen

1 **Kleber auftragen.** Von der Ecke zwischen der waagerechten und der senkrechten Leiste ausgehend, den Kleber auf einer Fläche von etwa 1 m² auftragen; dazu den vom Hersteller mitgelieferten Zahnspachtel oder eine Zahnkelle benutzen. Falls der Kleber durch die Zahnung der Kelle tropft, zum Auftragen eine gewöhnliche Glättkelle verwenden und den Kleber anschließend mit einer Zahnkelle verteilen und aufkämmen. Beim Aufkämmen darauf achten, daß die Kelle stets nahezu rechtwinklig zur Fläche geführt wird und die Zahnung die darunterliegende Wandfläche berührt, damit die Schicht gleichmäßig dick wird.

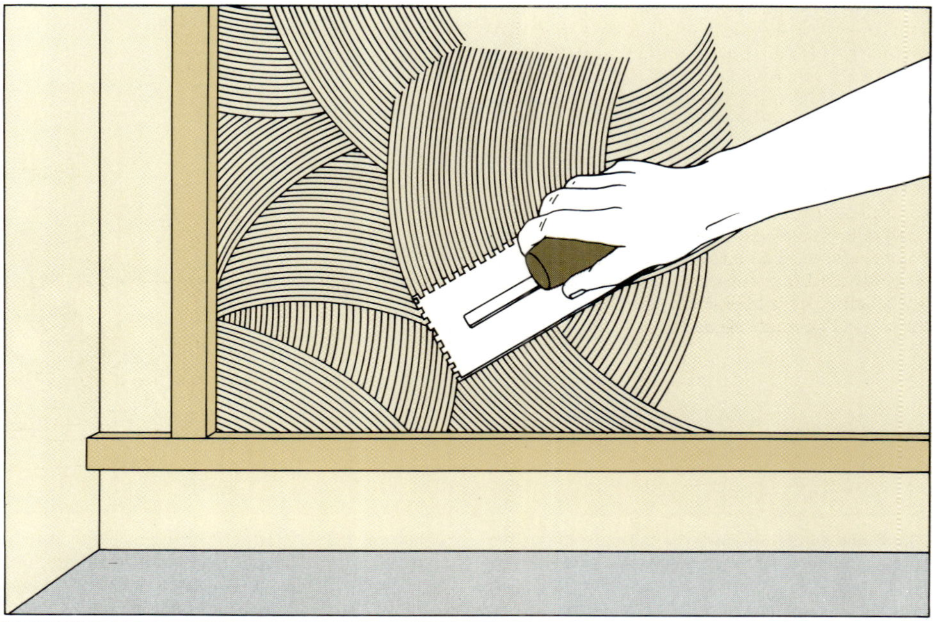

2 **Die Fliesen setzen.** Die erste Fliese in dem von den beiden Leisten gebildeten Winkeln setzen und unter leichtem Hin- und Herdrehen behutsam, aber fest an die Wand drücken. Die zweite Fliese in gewünschtem Abstand daneben in den Kleber drücken; Fugenkreuze bzw. Streichhölzer oder Pappstreifen zwischen die Fliesen setzen, um gleichmäßige Fugenabstände zu erhalten. Die Fliesen nicht in ihre Position schieben, da der Kleber dann in die Fugen dringen würde. Jede fertiggestellte Reihe auf ihre waagrechte Ausrichtung überprüfen, bevor die nächste Reihe in Angriff genommen wird. Flächen, die Teilfliesen erfordern, zunächst noch unberücksichtigt lassen.

Teilfliesen zuschneiden

1 **Die Fliesen markieren.** Vor dem Zuschneiden der Randfliesen die Führungsleisten entfernen. Jeweils die Fliese, die zugeschnitten werden soll, mit der glasierten Seite nach oben so halten, daß sie gegen die angrenzende Wand bzw. das Sanitärobjekt stößt und die letzte ganze Fliese der Reihe überlappt. Um mögliche Unregelmäßigkeiten des Randstreifens zu berücksichtigen, die Randfliese an Ober- und Unterkante markieren; dabei einen entsprechenden Fugenabstand berücksichtigen. Bei Verwendung von Dekorfliesen die Fliesen vor dem Markieren um 180 Grad drehen. Die Fliese auf der Glasurseite mit einem Fliesenschneider anreißen, dazu ein Lineal als Führung benutzen.

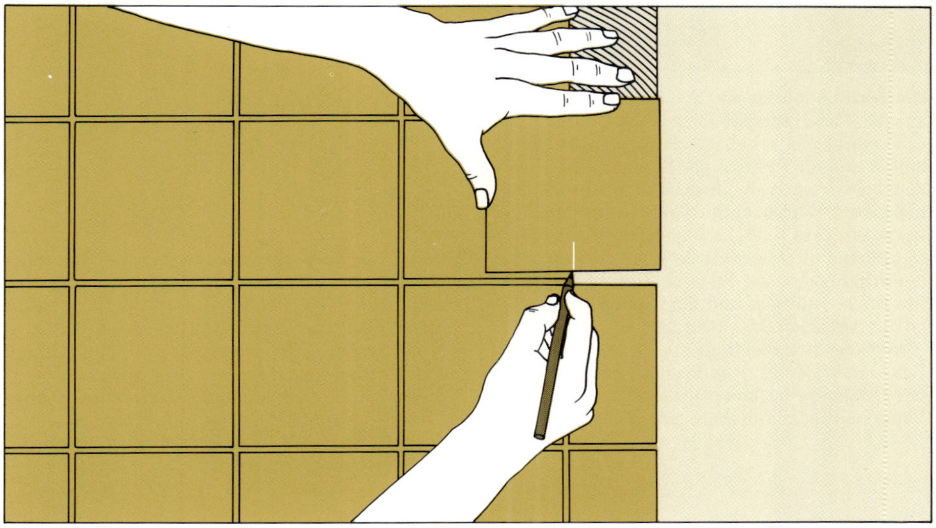

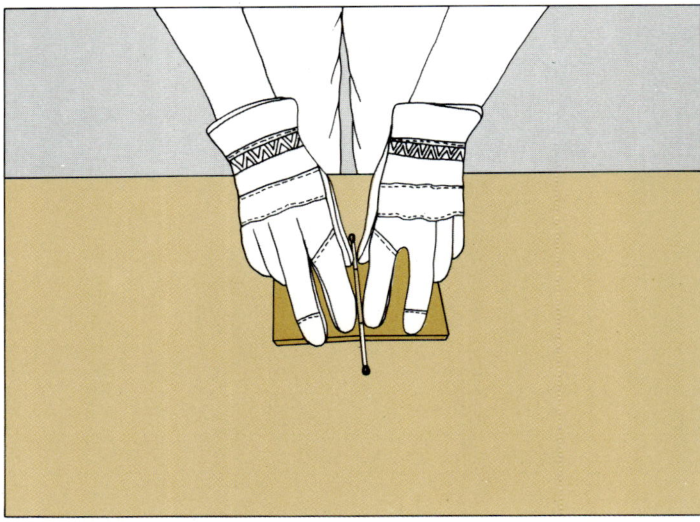

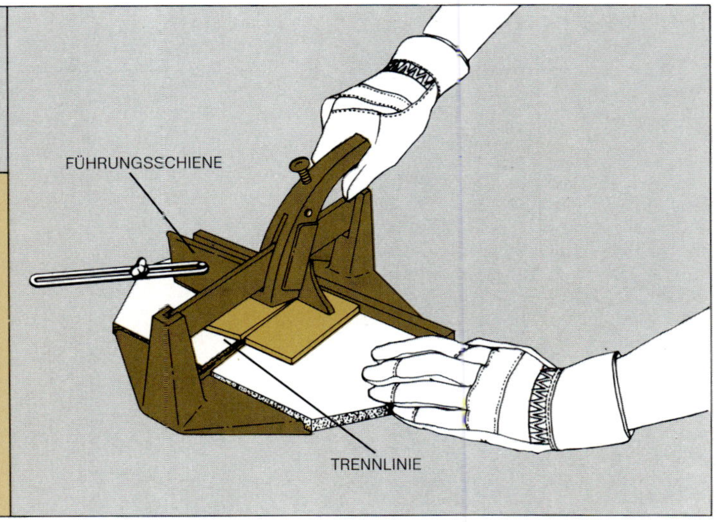

2 Die Fliese durchtrennen. Arbeitshandschuhe überziehen und zwei Streichhölzer genau unter die Rißlinie legen. Dann beide Fliesenhälften gleichzeitig fest herunterdrücken, bis die Fliese an der Rißlinie bricht *(oben links).* Bei dickeren Fliesen ein Schneidegerät verwenden *(oben rechts).* Die Fliese hineinschieben und die Markierung auf der Fliese mit der Trennlinie auf dem Boden des Geräts zur Deckung bringen. Die Führungsschiene an die Fliesenkante schieben. Den Griff so führen, daß das Rädchen über die Fliese gezogen wird. Dann den Griff zurückkippen und mit Schwung herunterdrücken, so daß die Fliese an der angerissenen Linie durchtrennt wird. Zum Glätten rauher Kanten oder für geringfügige Korrekturen der Fliesengröße einen Abziehstein verwenden.

Fliesen um Rohrleitungen herum verlegen

1 Die Position markieren. Soll die Fläche um ein aus der Wand ragendes Rohr gefliest werden, die Fliese direkt unterhalb des Rohres an die Wand halten und die Position der Rohrmittelachse an den beiden gegenüberliegenden Fliesenkanten markieren. Ein Linieal an den Markierungen anlegen, mit dem Fliesenschneider daran entlangfahren und die Fliese an der angerissenen Linie durchtrennen. Jede Fliesenhälfte an die Seite des Rohres anlegen und den Rohrdurchmesser an der jeweiligen Schnittkante markieren *(oben).*

Befindet sich das Rohr am Rand oder an der Ecke einer Fliese, seine Position nach der gleichen Methode markieren; allerdings braucht die Fliese in diesem Fall nicht geteilt zu werden.

2 Das Loch herausbrechen. Arbeitshandschuhe überziehen, eine Schutzbrille aufsetzen und die markierte Fliese mit der Glasurseite nach oben halten. Mit einer Fliesenbrechzange das zu entfernende Fliesenstück entlang der Markierung abschnittweise wegbrechen; die Fliese zur Überprüfung immer wieder an das Rohr halten. Zum Schluß die rauhen Kanten mit einem Abziehstein glätten. Ist eine besonders exakt geschnittene Aussparung erforderlich oder soll die Fliese ausgeschnitten werden, ohne daß man sie zuvor zerteilt, eine Laubsäge mit Hartmetallsägeblatt verwenden. Den Rohrumfang auf der Oberseite der Fliese mit einem Filzstift anzeichnen. Mit einer elektrischen Bohrmaschine mit Steinbohrer in der Mitte der markierten Aussparung ein kleines Loch bohren. Das Sägeblatt an der einen Seite des Bügels lösen, durch das gebohrte Loch schieben und wieder einspannen. Dann entlang der markierten Linie sägen *(kleine Zeichnung).*

Spezialfliesen verlegen

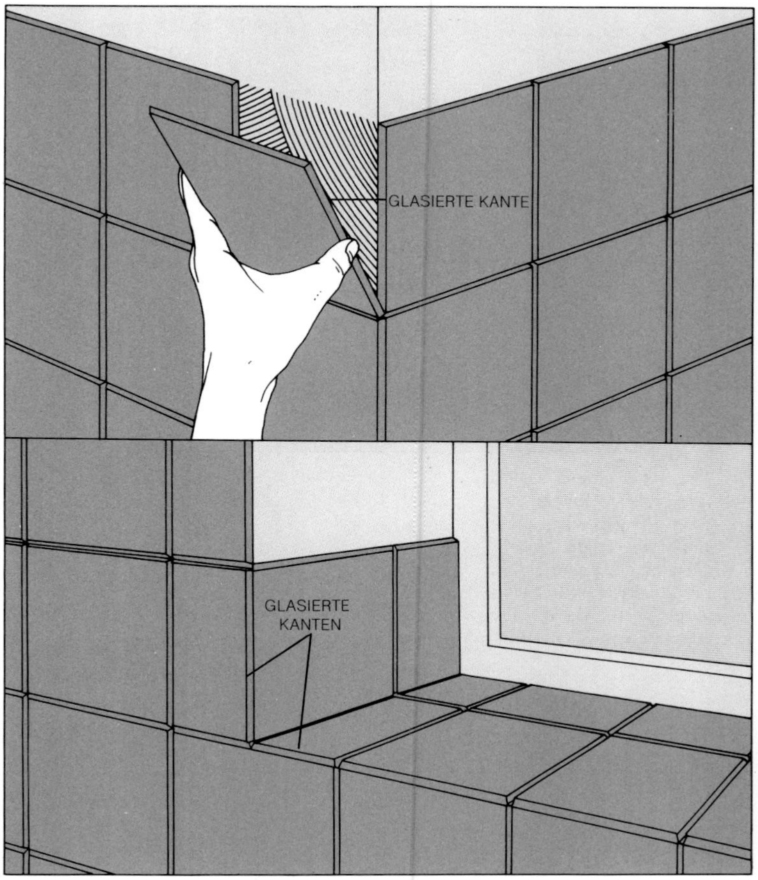

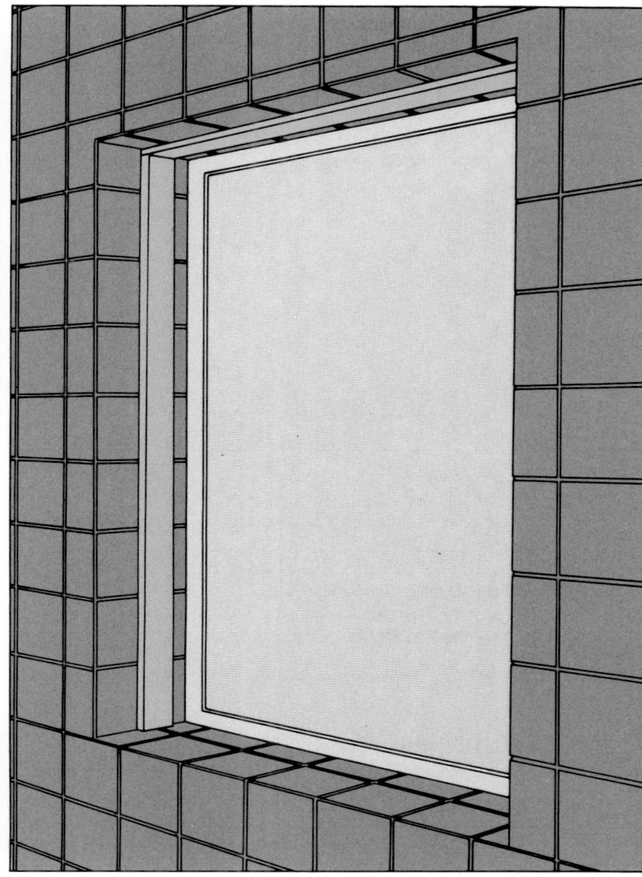

Eine Ecke fliesen. Wenn auf zwei aneinandergrenzenden Wänden alle ganzen Fliesen verlegt sind, zunächst die Teilfliesen für den einen Randstreifen zuschneiden und verlegen. An einer Außenecke auf der zweiten Wand Teilfliesen mit glasierter oder abgerundeter Kante verwenden und so kleben, daß sie die Schnittkanten der anderen Randfliesen überdecken *(ganz oben).* An einer Innenecke die Fliesen möglichst exakt auf Stoß setzen *(oben),* und etwaige Zwischenräume anschließend mit Fugenmasse füllen.

Eine Fensterleibung fliesen. Zunächst die Randfliesen der angrenzenden Wände verlegen. Beim Fliesen der Leibung an der Vorderkante beginnen und dort Fliesen mit glasierter oder abgerundeter Kante verwenden. Zum Schluß die Teilfliesen für den Rand vor dem Fensterrahmen zuschneiden.

Falls die frisch geklebten Fliesen an der oberen Leibung nicht halten, die Fliesen mit einem Brett abdecken und mit je einer Latte an den Enden etwa 24 Stunden lang abstützen.

Fliesen mit Zubehörteilen einpassen. Fliesen mit integriertem Zubehör erst dann einpassen, wenn alle anderen Fliesen verlegt sind und der Kleber abgebunden hat. Die Fliese auf der Rückseite mit Kleber bestreichen und an dem vorgesehenen Platz fest an die Wand drücken. Mit Abdeckband fixieren, bis der Kleber abgebunden hat. Ein schweres Zubehörteil, wie etwa eine große Seifenschale, muß möglicherweise zusätzlich mit einer an der Unterseite verkeilten Latte abgestützt werden *(rechts),* während der Kleber abbindet.

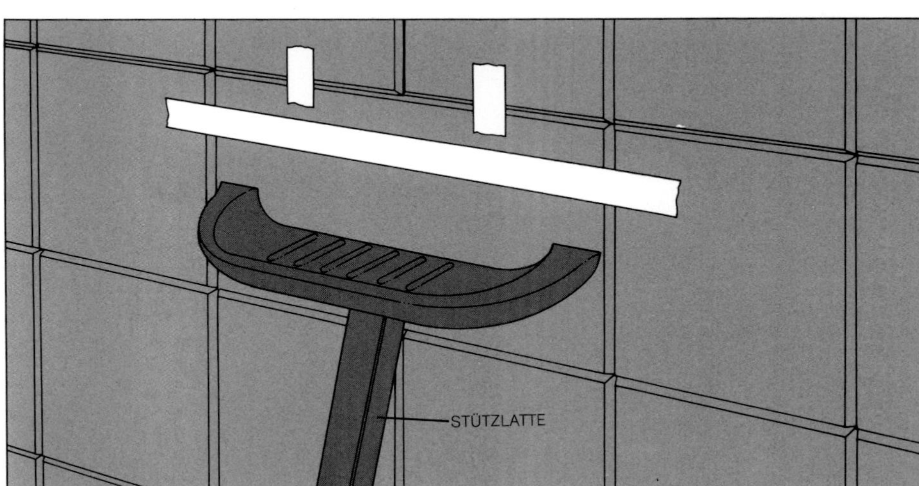

Winkelfliesen setzen. Beim Anbringen von Winkelfliesen stets von der Wandecke ausgehen. Zunächst die Rückseiten zweier Winkelfliesen-Eckstücke mit Kunstharzkleber bestreichen und die Stücke, wie rechts an einer Innenecke gezeigt, auf die jeweilige Fuge zwischen dem Sanitärobjekt und der gefliesten Wandfläche setzen. Jeweils von der Ecke zur Mitte hin arbeiten und die Fugen mit weiteren Winkelfliesen abdecken. Falls nötig, die letzten Stücke paßgerecht zuschneiden.

Die geflieste Wand verfugen

1 Fugenmasse auftragen. Gummihandschuhe überziehen. Eine Fugenmasse auf Zementbasis nach Anleitung des Herstellers anrühren und mit einem Gummiflitscher auf die geflieste Fläche auftragen. Die Fugenmasse abwechselnd in waagerechter und senkrechter Richtung mit der Kante des Geräts in die Fugen drücken. Wenn alle Fugen gefüllt sind, mit der Kante über die Fliesen fahren, um möglichst viel überschüssige Fugenmasse von der Oberfläche der Fliesen zu entfernen.

2 Die Fugen glätten. Die Fugenmasse etwa 10 Minuten trocknen lassen. Dann mit einem feuchten Schwamm in kreisenden Bewegungen über die Fliesen wischen. Den Schwamm wiederholt in einem Eimer mit klarem Wasser ausspülen – niemals in der Badewanne oder im Waschbecken, da die Fugenmasse die Rohrleitungen verstopfen könnte. Die Fliesen abreiben, bis die überschüssige Fugenmasse entfernt ist. Die Fliesen trocknen lassen und mit einem trockenen Baumwolltuch nachpolieren. Rauhe Stellen in der Fugenmasse mit dem Stiel einer alten Zahnbürste glätten.

Anschlußfugen abdichten

1 **Die Dichtungsmasse auftragen.** Die Kante des Sanitärobjekts zunächst mit einem vom Hersteller der dauerelastischen Dichtungsmasse empfohlenen Grundiermittel streichen. Die Spritzdüse der Dichtungsmassen-Kartusche schräg so abschneiden, daß die Öffnung ungefähr so breit wie die abzudichtende Fuge ist. Die Dichtungsmasse in die Fuge spritzen. Damit ein ebenmäßiger Strang entsteht, die Kartusche langsam unter gleichmäßigem Druck an der Fuge entlangführen. Bei senkrecht verlaufenden Fugen die Kartusche von unten aufwärts führen *(kleine Zeichnung).*

2 **Die Dichtungsmasse glätten.** Solange die Dichtungsmasse noch weich ist, überschüssige Strangenden mit einem Universalmesser wegschneiden. Einen Finger in mit Spülmittel versehenes Wasser tauchen – dabei Gummihandschuhe tragen – und so über die Dichtungsmasse streichen, daß eine glatte, leicht nach innen gewölbte Fuge entsteht.

Raffinierte Effekte mit Spiegelwänden

Mit einer Spiegelwand lassen sich optisch sehr wirkungsvolle Effekte erzielen: Kleine Räume werden scheinbar größer und Räume mit wenig Sonnenlicht durch die Reflexion der Lichtstrahlen heller. Ist die Wand günstig plaziert, kann man unter Umständen sogar einen hübschen Fensterausblick mitten in das Zimmer holen. Allerdings ist bei der Montage der Spiegel größte Sorgfalt geboten – die zerbrechliche Wandverkleidung muß absolut sicher befestigt werden und so exakt ausgerichtet sein, daß das Spiegelbild keinerlei Verzerrungen aufweist.

Im allgemeinen werden Spiegel mit gefederten Klammern, Schienen oder Aufhängern aus Metall an der Wand angebracht. Fachgerecht ausgeführt, sind diese Methoden der Befestigung sicher und zuverlässig; zudem ist durch einen gewissen Abstand zwischen Spiegel und Wand für eine ausreichende Hinterlüftung gesorgt, so daß eine – durch Feuchtigkeit hervorgerufene – Verfärbung der rückseitigen Silberschicht verhindert wird. Vorteilhaft ist an dieser Montageart auch, daß man die Spiegel bei einem Wohnungswechsel oder bei einer Renovierung leicht wieder abnehmen kann.

Bei einigen neueren Montageverfahren werden die Spiegel unmittelbar auf Stoß aneinandergesetzt, so daß für die herkömmlichen Halterungen kein Raum bleibt. In diesem Fall werden die Spiegel entweder durch vorgebohrte Löcher mit speziellen Spiegelschrauben an die Wand montiert *(S. 50)* oder direkt an die Wand geklebt; die Spiegel sind dann mit der Wand fest integriert. Da geklebte Spiegel aber ohne Beschädigung nur sehr schwer wieder zu entfernen sind, sollte man sich vorher gut überlegen, ob man diese Art der Anbringung wählt.

Am einfachsten lassen sich Spiegel fest installieren, wenn man leichte Spiegelfliesen verwendet, die in den verschiedensten Ausführungen und Größen in Sanitärfachgeschäften und Baumärkten erhältlich sind. Für Flächen, die häufig mit Wasser bespritzt werden, wie etwa in Duschbädern, sind sie jedoch ungeeignet, da sowohl der Kleber als auch die Silberschicht auf der Rückseite der Fliesen mit der Zeit Schaden nehmen. Vorteilhaft an diesen Glasfliesen ist, daß man sie nötigenfalls mit einem Glasschneider mit Hartmetallrädchen selbst zuschneiden kann. Alle anderen Spiegel sind so dick, daß sie vom Glaser zugeschnitten werden müssen.

Zum Verkleben der leichten Spiegelfliesen empfliehlt sich doppelseitiges Klebeband, das in Rollen oder auch bereits zugeschnitten im Handel erhältlich ist. Einige Fliesentypen werden auch schon mit auf der Rückseite befestigtem Klebeband geliefert. Damit das Band einwandfrei haftet, muß der Untergrund ganz glatt und sauber sein und darf nicht aus Vinyl bestehen. Sobald man die Schutzfolie abgezogen hat, sollte man das Klebeband nur noch sehr vorsichtig an den Rändern festhalten, denn selbst die hauteigenen Fette an den Fingern können seine Klebkraft beeinträchtigen.

Leichte Spiegelfliesen haben allerdings den Nachteil, daß das Spiegelbild häufig leicht verzerrt wiedergegeben wird. Um eine einwandfreie Spiegelqualität zu erhalten, sollten die Fliesen nur auf absolut ebenen Flächen verlegt werden. Weist der Untergrund Unebenheiten auf, ist es ratsam, die Wand zunächst mit Spanplatten zu verkleiden, die auf einer Lattenkonstruktion befestigt werden *(S. 11–14)*.

Für eine höherwertige Spiegelqualität muß man dickere und teurere Spiegel verwenden, die mit einem speziell für die Befestigung von Spiegeln entwickelten Kunstharzkleber an der Wand angebracht werden. Diese speziellen Kleber sind so zusammengesetzt, daß sie nicht mit der Silberschicht des Spiegels reagieren und dauerelastisch bleiben. Wegen dieser Eigenschaft können auch leichte Erschütterungen dem Spiegel nichts anhaben. Die Elastizität wird noch zusätzlich durch die Art des Auftragens begünstigt: Etwa 60 Prozent der Wandfläche wird mit zahllosen kleinen Kleberhäufchen bedeckt. Es empfiehlt sich, beim Kauf des Spiegels in einem Fachgeschäft den für den jeweiligen Zweck am besten geeigneten Kleber zu verlangen und vor der Anwendung die Herstelleranweisungen auf dem Etikett sorgfältig durchzulesen.

Große Spiegel zu transportieren und anzubringen ist schwierig, da sie schwer an Gewicht und unhandlich sind. Man sollte daher Spiegel, die größer als 1 m^2 sind, besser von einem Fachmann anliefern und montieren lassen. Auf jeden Fall empfiehlt es sich, beim Tragen einen Helfer hinzuzuziehen, und grundsätzlich ist darauf zu achten, daß der Spiegel senkrecht gehalten wird. Trägt man ihn waagerecht, kann es passieren, daß er aufgrund seines Eigengewichts in der Mitte durchbricht. Falls einem der Spiegel aus der Hand rutscht, sollte man auf keinen Fall versuchen, ihn aufzufangen, sondern möglichst schnell beiseite springen.

Natürlich ist es möglich, Spiegel über die gesamte Fläche einer Wand anzubringen. Da bei einer unregelmäßigen Wand aber an den Abschlußkanten Probleme auftreten könnten, sollte man vorsichtshalber einen Randstreifen einplanen. In der Regel ist der Betrachter später von dem Spiegelbild so abgelenkt, daß ihm ein schmaler unbedeckter Randstreifen gar nicht ins Auge fällt.

Spiegelfliesen ankleben

1 **Die Anordung festlegen.** Um die Reihen der 30 cm großen Spiegelquadrate absolut lot- und waagerecht auszurichten, mit Hilfe einer Wasserwaage zwei rechtwinklig aufeinandertreffende Führungslinien an die Wand zeichnen. Dazu zunächst für die senkrechte Linie die Breite der zu fliesenden Wandfläche ausmessen. Wenn sich die Breite genau oder annähernd in eine gerade Zahl von 30-cm-Abschnitten unterteilen läßt, die Mitte der Wand markieren. Läßt sie sich nur in eine ungerade Zahl von 30-cm-Abschnitten unterteilen, die Markierung eine halbe Fliesenbreite rechts oder links von der Wandmitte versetzt anzeichnen. Durch diese Markierung hindurch eine senkrechte Linie mit der Wasserwaage oder per Schnurschlag über die zu fliesende Fläche ziehen.

Vom oberen Ende der senkrechten Linie ausgehend, 30-cm-Abstände nach unten abmessen und etwa in Augenhöhe eine Markierung anbringen. Durch diese Markierung hindurch bis zu den beiden Seitenrändern der zu fliesenden Fläche eine waagerechte Linie ziehen.

Jeweils 2 cm von den Ecken entfernt doppelseitiges Klebeband auf den Rückseiten der Spiegelfliesen anbringen und fest andrücken.

2 **Die Fliesen verlegen.** Die Schutzfolie von den Klebebandstücken auf der ersten Fliese abziehen. Die Fliese in einer Ecke der sich schneidenden Führungslinien anlegen und die Fliese fest an die Wand drücken. Jeweils von der Wandmitte ausgehend, alle weiteren Fliesen ebenso verlegen.

Vor dem Kleben jeder Fliese bei noch abgedecktem Klebeband prüfen, ob sie auch wirklich exakt paßt. Falls eine Fliese nicht ganz glatt an die Kanten der beiden angrenzenden Fliesen stößt, die Fliese zunächst beiseite legen und einen Streifen schwarzes Klebeband unmittelbar neben die nicht ganz paßgenaue Fliesenkante an die Wand kleben. Dann die Fliese exakt an der anderen Kante ansetzen. Alle Flächen, die Teilfliesen erfordern, zunächst unbedeckt lassen.

3 **Randfliesen zuschneiden.** Die Breite des frei gebliebenen Randes ausmessen und mit einem Filzstift auf die Spiegelseite einer Fliese übertragen. Die Fliese mit der Spiegelseite nach oben auf die Werkbank legen und die Markierungslinie mit einem Glasschneider anreißen. Dabei am besten den Glasschneider zwischen Zeige- und Mittelfinger nehmen und das Schneidrad unter gleichmäßigem Druck über das Glas ziehen. Nicht ein zweites Mal über die Linie fahren.

Zum Schutz vor Splittern Arbeitshandschuhe überziehen und eine Schutzbrille aufsetzen. Die Fliese mit der Spiegelseite nach unten an zwei gegenüberliegenden Kanten festhalten und behutsam durchbrechen. Rauhe Bruchkanten mit einem Abziehstein glätten. Die Teilfliese an den Ecken mit quadratischen Klebebandstücken versehen und fest an die Wand drücken.

Einen Spiegel anschrauben

1 Die Position festlegen. Mit einem Helfer den Spiegel in der gewünschten Position an die Wand halten. Mit der Wasserwaage überprüfen, ob die Seiten senkrecht ausgerichtet sind. Dann durch die vorgebohrten Löcher Markierungen an die Wand zeichnen. Den Spiegel beiseite stellen und an den Markierungen im Durchmesser der Dübel Löcher vorbohren. In jedes Loch einen Dübel stecken.

2 Den Spiegel befestigen. Durch jedes Spiegelloch eine Schraube mit einer weichen Unterlegscheibe stecken. An der Rückseite des Spiegels auf jede Schraube eine Distanzscheibe setzen *(kleine Zeichnung)*. Während ein Helfer den Spiegel in der vorgesehenen Position hält, die Schrauben nacheinander langsam eindrehen. Die Schrauben nur so fest anziehen, daß die Unterlegscheiben sanft gegen den Spiegel gedrückt werden; zieht man sie zu fest an, kann der Spiegel zerbrechen. Die Zierkappen auf die Schraubenköpfe setzen.

Größere Spiegel mit Kleber und Klammern anbringen

1 **Halterungen für große Spiegel.** Zum Ausrichten der unteren Spiegelkante eine waagerechte Führungslinie an der Wand ziehen. Auf dieser Linie die Seitenkanten der einzelnen Spiegel markieren. Für jede Spiegelunterkante zwei J-förmige Klammerhalterungen so auf der Führungsslinie mit Dübeln befestigen, daß der Abstand zwischen den beidenKlammern genauso groß ist wie der zwischen einer Klammer und der entsprechenden Seitenmarkierung.

Von der unteren Linie ausgehend, die Spiegelhöhe nach oben abtragen und mit Hilfe der Wasserwaage eine obere Führungslinie anzeichnen. Genau oberhalb der unteren Klammern die gefederten oberen Klammern so anbringen, daß sie bündig mit der oberen Führungslinie abschließen. Die Klammern mit Dübeln an der Wand befestigen.

Auf jeweils 1000 cm^2 Spiegelfläche vier 2 cm dicke Kleberhäufchen auftragen; dabei rundum einen 6 cm breiten Rand lassen.

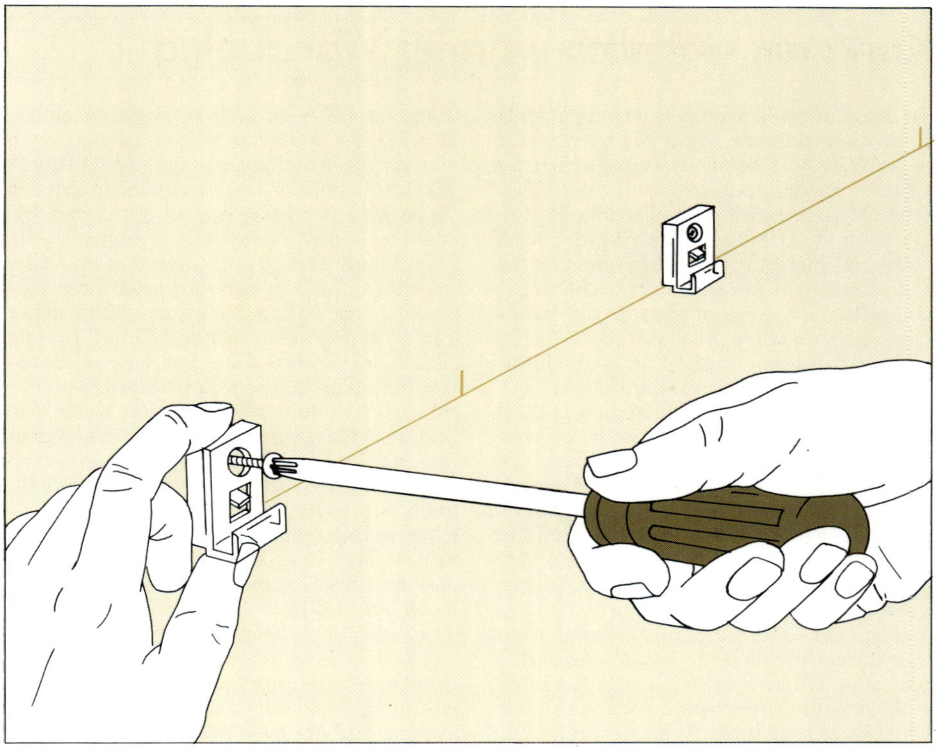

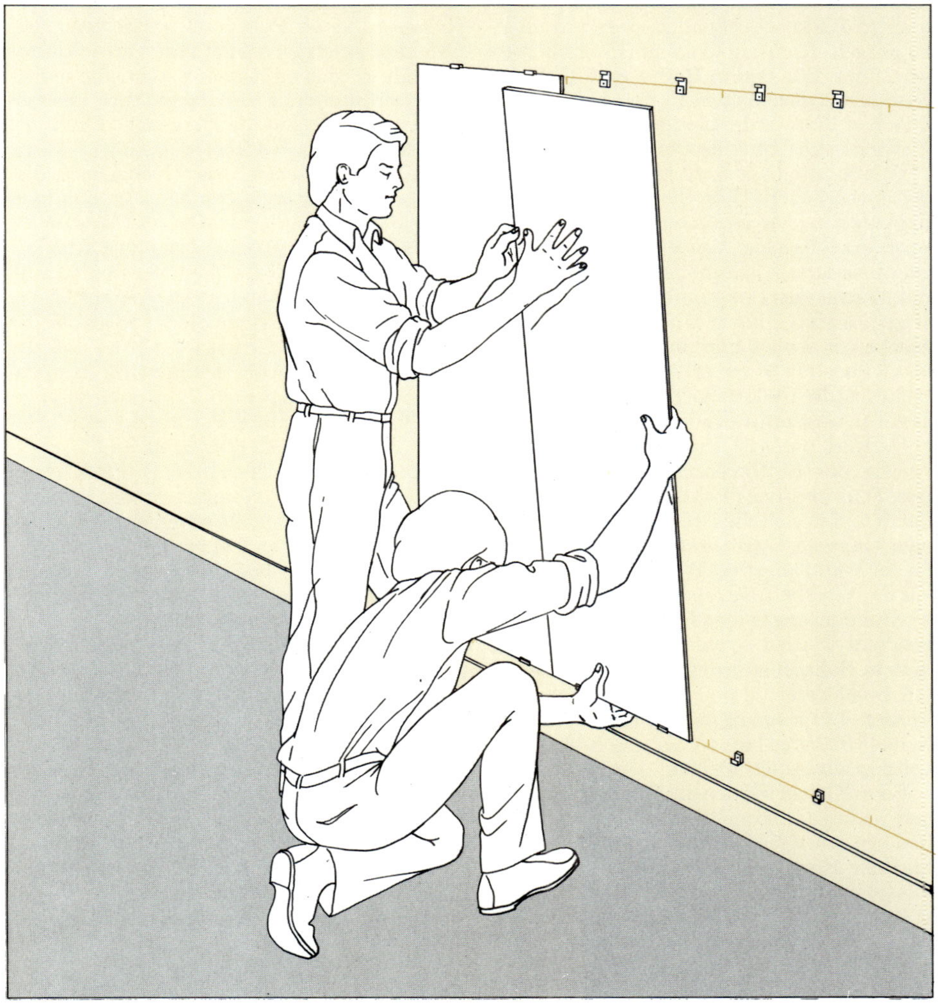

2 **Die Spiegel anbringen.** Während der Helfer den Spiegel an einer Seite am Rand festhält und zugleich von vorn abstützt, die obere Spiegelhälfte leicht nach vorn kippen und den Spiegel am unteren Rand in die J-förmigen Klammern heben. Die gefederten oberen Klammern hochschieben und den Spiegel an die Wand zurückkippen. Von unten ausgehend, den Spiegel unter gleichmäßigem Druck so in den Kleber drücken, daß der Abstand zur Wand überall gleichmäßig 0,5 cm beträgt. Die obere Klammer einrasten lassen.

Die weiteren Spiegel nacheinander jeweils an der Kante des zuletzt montierten Spiegels ansetzen. Darauf achten, daß die Spiegel ganz gleichmäßig in den Kleber gedrückt werden, damit ihre Spiegelflächen absolut eben sind.

Kork: ein wohnlich-warmer Wandbelag

Zu den Wandbelägen, die sich zunehmender Beliebtheit erfreuen, zählt Kork, ein natürlicher Werkstoff, der aus der Rinde einer vorwiegend an der spanischen und portugiesischen Mittelmeerküste wachsenden Eichenart stammt. Das vielfältige Angebot reicht von feinkörnigem Preßkork, wie man ihn von Pinnwänden her kennt, bis hin zu ausdrucksvoll geflammten, marmorierten oder geometrischen Strukturen. Das Material ist in Inneneinrichtungs- und Malergeschäften ebenso erhältlich wie in Baumärkten.

Wandbelag aus Kork bietet sich z. B. als stilvolle Ergänzung zu einer vornehmen Wohnzimmereinrichtung an. Aber auch für Küchen und Kinderzimmer ist der Belag geeignet. Hier kann er gleichzeitig als Pinnwand praktisch genutzt werden. Kork ist einfach anzubringen, leicht sauberzuhalten und verfügt über hervorragende Wärme- und schalldämmende Eigenschaften.

Die große Vielfalt an Strukturen ergibt sich aus unterschiedlichen Herstellungsverfahren. Zum Teil wird die Rinde der Korkeiche einfach in dünnen Schichten abgeschält. Üblicher ist es jedoch, die Rinde in größere oder kleinere Stücke zu zerkleinern oder sie zu zermahlen und anschließend wieder zusammenzupressen. Korktapeten sind gewöhnlich etwa 2 mm dick und in Rollen erhältlich. Sie werden im allgemeinen in den für Tapeten üblichen Standardmaßen geliefert und sind meistens auf Papier kaschiert.

Wandplatten aus Kork gibt es nicht nur in den natürlichen Beige-Braun-Tönen, sondern auch in allen möglichen anderen Farben sowie in zahlreichen Mustern. Die Oberfläche ist entweder nur geschliffen oder zusätzlich mit Wachs oder Polyurethan-Klarlack versiegelt. Korkplatten sind gewöhnlich in einer Stärke von 2 bis 5 mm und einer Größe von 30 x 30 bis 30 x 90 cm erhältlich. Bei der Berechnung des Bedarfs sollte man etwa 10 Prozent für Verschnitt dazugeben.

Da Kork porös ist, kommt es bei Veränderungen der Luftfeuchtigkeit zur Dehnung bzw. Schrumpfung des Materials. Um zu vermeiden, daß sich die Größe der Korkplatten oder -tapeten noch verändert, nachdem sie an der Wand angebracht sind, lagert man sie vor der Verarbeitung ausgepackt mindestens 48 Stunden lang in dem Raum, in dem sie angebracht werden sollen. Korktapeten sollte man in Bahnen ausgelegen und mit Gewichten beschweren, damit sie möglichst flach werden. Die Heizung in dem Raum sollte jeweils 48 Stunden lang vor und nach der Verarbeitung ausgestellt bleiben.

Beim Kleben werden die Platten oder Bahnen behutsam so nebeneinander angesetzt, daß ein winziger Zwischenraum frei bleibt und der Kork sich bei feuchter Witterung ausdehnen kann.

Korktapeten werden gewöhnlich mit einem Spezialkleber geklebt. Für Korkplatten empfehlen die meisten Hersteller die Verwendung eines Kontaktklebers. Bevor die einzelnen Platten angesetzt werden können, muß der auf die Wandfläche aufgetragene Kleber zunächst ablüften, bis er sich zäh anfühlt. Da Kontaktkleber kein Wasser enthalten, besteht nicht die Gefahr, daß die Platten an der Wand noch quellen oder schrumpfen. Andererseits sind sie in nicht ausgehärtetem Zustand leicht entzündlich und sollten daher nur in einem gut belüfteten Raum, in dem sich keine offenen Flammen oder glühende Zigaretten befinden, verarbeitet werden. Bei Flächen, die leicht feucht werden, ist die Verwendung eines wasserfesten Klebers angeraten, der in Fliesenfachgeschäften erhältlich ist. Damit die Verbindung einwandfrei hält, muß der Kleber über die ganze Wandfläche gleichmäßig aufgetragen werden. Zum Auftragen liegt dem Kleber häufig ein Zahnspachtel aus Kunststoff bei, man kann aber auch eine Zahnkelle mit möglichst V-förmiger 2- bis 3-mm-Zahnung verwenden.

Die Fläche, auf der die Korkplatten oder -tapeten angebracht werden sollen, muß eben, trocken und staubfrei sein. Mit Ausnahme von sehr kleinen Löchern und Rissen sind alle schadhaften Stellen vorher auszubessern. Neuer Putz muß mindestens zwei Monate durchgetrocknet sein. Poröse Untergründe werden mit einem Kleber oder mit einer verdünnten PVA-Grundierung überzogen, damit keine Feuchtigkeit durch die Wand an den Korkbelag gelangen kann. Glänzende Flächen, wie Hochglanzlackierungen, muß man aufrauhen; Tapeten und abblätternde Farbschichten sind abzuziehen und die Flächen anschließend zu glätten.

Wer sich die Möglichkeit offenhalten will, den Korkbelag später wieder zu entfernen, darf ihn nicht direkt auf die Wand kleben, da er sich kaum entfernen läßt, ohne daß der Untergrund dabei beschädigt wird. In einem solchen Fall bringt man ihn besser an einer abnehmbaren Unterkonstruktion oder an einem Raumteiler *(S. 60–63)* an.

Korkplatten werden häufig durch einen Wechsel von Platten unterschiedlicher Körnung zu einem Schachbrettmuster gelegt. Bevor man die Platten fest verklebt, sollte man überlegen, wie man sie anordnet. Zu diesem Zweck ist es sinnvoll, einige Platten zur Probe auf dem Fußboden auszulegen. Damit sie vom Farbton und von der Struktur her gut gemischt sind, empfiehlt es sich, dafür Platten aus mehreren Packungen zu verwenden. Zum Zuschneiden von Teilplatten benötigt man ein Universalmesser.

Innen- und Außenecken können mit Eckleisten eingefaßt werden. Hierfür eignen sich vor allem solche aus Holz, die man – wie auf S. 100 gezeigt – annagelt und dann passend zum Kork beizt. Falls die Platten noch nicht oberflächenbehandelt sind, kann man sie mit einer Versiegelung oder mit Klarlack überziehen oder auch mit Wachs bohnern, so daß sie sich auch feucht abwischen lassen.

Korkfliesen an der Wand anbringen

1 Kork schneiden. Ein Lineal als Führungsschiene benutzen und den Kork mit einem Universalmesser durchschneiden. Damit die Schnittkanten nicht bröckeln, zuvor entlang der markierten Schnittlinie einen Streifen Abdeckband auf den Kork kleben. Wenn der Korkbelag um Hindernisse herum verlegt werden muß, eine Papierschablone anfertigen und die Schnittlinie mit Kreide auf den Kork übertragen. Zum Schutz der Arbeitsfläche beim Schneiden eine Hartfaserplatte oder dicke Pappe unterlegen. Falls während des Verlegens an der Wand eine Platte bricht, die Stücke dort zusammenkleben; dank der Beschaffenheit des Materials ist die Bruchstelle später nicht mehr zu erkennen.

2 Die Plattenfläche ebnen. Wenn alle Platten aufgeklebt sind, mit einem Nudelholz über die gesamte verlegte Fläche rollen. Dabei mit festem, gleichmäßigen Druck arbeiten, damit alle Luftblasen beseitigt werden und die Rückseite jeder Platte glatt an der Wand anliegt. Besondere Sorgfalt ist an den Kanten geboten, wo eine schlechte Kleberverbindung später unangenehm auffallen würde. Das Nudelholz stets diagonal zu den Platten über die Fläche rollen.

Große Korkbahnen kleben

Mit Holzleisten sichern. Damit großflächige Korkbahnen flach an der Wand anliegen, etwa im Abstand von jeweils 1,50 m Holzleisten provisorisch über den Belag an die Wand nageln, bis der Kleber abgebunden hat. (Bei Verwendung eines Kontaktklebers ist dies nicht nötig, da die Verbindung mit dem Andrücken bereits hergestellt ist.)

Zum Einfassen eines Korkbelags, der die Wandfläche nur zu einem Teil bedeckt, am besten dünne gefälzte Profilleisten verwenden.

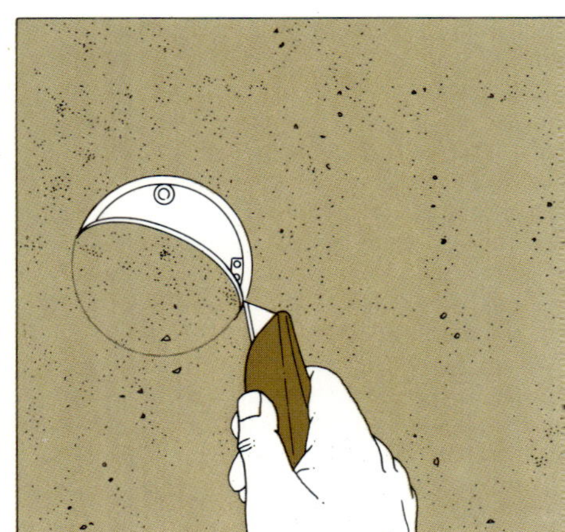

Aussparungen schneiden. Um eine Aussparung für einen Elektroanschluß in eine flexible Korktapete zu schneiden, zunächst die Hauptsicherung herausdrehen, die Abdeckung von Steckdosen und Lichtschaltern abschrauben. Dann die Korkbahn über die unter Putz liegenden Gehäuseteile kleben. Nachdem die ganze Bahn verklebt ist, das Gehäuse ertasten und mit dem Universalmesser jeweils eine Aussparung von der Größe und Form des Gehäuses ausschneiden. Wenn der Kleber vollkommen trocken ist, die Abdeckung wieder anbringen.

Der rustikale Charme von rohem Mauerwerk

Zu den dauerhaftesten, strapazierfähigsten Wandverkleidungen, die sich dem Heimwerker bieten, zählen Verblendriemchen (zuweilen auch Flachverblender genannt). Diese leichten Platten aus gebranntem Ton, die entweder scheibenweise von Originalziegeln abgeschnitten oder aber einzeln geformt werden, strahlen die Wärme und den natürlichen Charme richtiger Ziegel aus, sind aber weitaus preiswerter und aufgrund ihres dünnen Formats und geringen Gewichts raumsparender und leichter zu verarbeiten als diese. Preislich können sie sogar mit den Ziegelimitationen aus Kunststoff oder gipsähnlichen Materialien *(S. 57)* konkurrieren.

Verblendriemchen sind in verschiedenen Farbtönen und Oberflächenstrukturen – z. B. genarbt oder gesandet – erhältlich; ihre Dicke variiert zwischen 8 und 25 mm. Am gebräuchlichsten sind die flachen Platten vom Format der Längs- und Querseiten – d. h. Läufer und Binder – eines Vollziegels. Sie werden wie richtige Ziegel in bestimmten, traditionellen Mustern, den sogenannten Verbänden gesetzt. Um den Eindruck einer echten Ziegelwand zu erhöhen, werden die Fugen anschließend mit Zementmörtel gefüllt. Kleinere und unregelmäßige Formate muß man sich mit Hilfe einer Fliesenzange selbst zuschneiden. Für einen rustikalen, natursteinähnlichen Effekt kann man selbst zugeschnittene größere und kleinere Riemchen miteinander kombinieren.

In der Regel werden Verblendriemchen quadratmeterweise abgepackt verkauft. Spezielle L-förmige Eckriemchen für Außenecken sind dagegen einzeln erhältlich. Für spezielle Anforderungen, etwa für Kamine, werden bisweilen abgepackte Sätze angeboten, die neben den auf den jeweiligen Zweck zugeschnittenen Riemchen eine ausführliche Arbeitsanleitung enthalten.

Dünne Riemchen können auf jeder Art von Wand verlegt werden. Mit einem Fliesenkleber oder einem vom Hersteller zu beziehenden Spezialmörtel angebracht, haften sie auf nahezu jeder glatten, trockenen Fläche. Voraussetzung ist, daß die Wand sauber, eben und nicht tapeziert ist. Farbanstriche müssen dort, wo die Farbe blättert, mit Sandpapier abgeschliffen und ansonsten mit einem spitzen Werkzeug aufgerauht werden, damit der Kleber besser haftet. Fußleisten muß man entfernen, Fenster- und Türrahmen jedoch nicht. Bei Verwendung dicker Riemchen kommt man nicht umhin, sämtliche Steckdosen von einem Elektriker so weit vorverlegen zu lassen, daß ihre Abdeckungen mit dem neuen Wandbelag bündig abschließen. Bei dünnen Riemchen genügt es im allgemeinen, die Steckdosendeckel mit längeren Schrauben anzubringen.

Damit die – gewöhnlich 8 bis 10 mm großen – Abstände zwischen den Riemchen gleichmäßig geraten, empfiehlt es sich, beim Verlegen der einzelnen Reihen Abstandhalter einzusetzen. Als Abstandhalter kann man handelsübliche Fugenkreuze verwenden; aber auch Holzdübel oder entsprechend zugeschnittene Sperrholzstreifen sind dafür geeignet. Beim Verlegen sollte man stets einen Eimer mit Wasser zur Hand haben, um während der Arbeit die Werkzeuge abzuspülen und überschüssigen Kleber von den Verblendern abwaschen zu können.

Wie richtige Ziegel können auch Verblendriemchen mit einem Ziegelreiniger, wie beispielsweise Natriumphosphat, gesäubert werden. In der Küche, wo mit Fettablagerungen zu rechnen ist, sollte man die Verblender mit einem durchsichtigen Tiefgrund auf Polyurethanbasis überziehen.

Mauerverbände getreu nachbilden

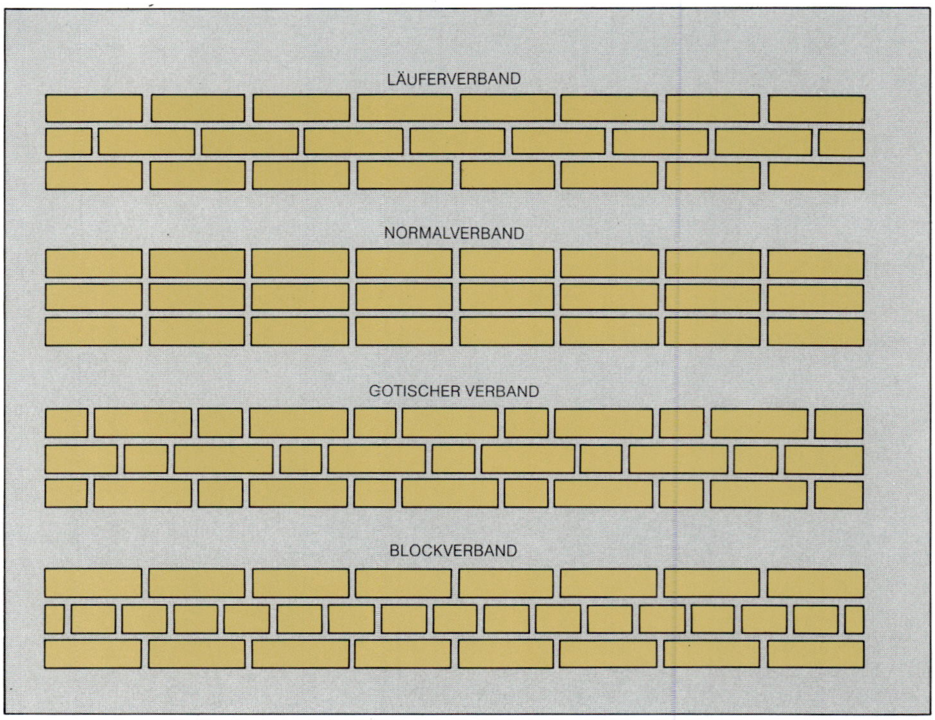

Die Anordnung festlegen. Verblendriemchen lassen sich in fast allen den herkömmlichen Verbandsarten entsprechenden Anordnungen verlegen. Am gängigsten ist der Läuferverband, bei dem Läufer, d. h. Längsseiten, versetzt übereinander angeordnet werden. Andere beliebte Verbände sind der Normalverband, bei dem Läufer direkt übereinandergesetzt werden, der Gotische Verband, bei dem jeweils Läufer und Binder, d. h. Querseiten, nebeneinander abwechseln, und der Blockverband, bei dem Läufer und Binder in abwechselnden Reihen übereinandergesetzt werden.

Die Anzahl der benötigten Riemchen hängt von der Anordnung ab. Zur Ermittlung des genauen Bedarfs, die Riemchen entlang der Wand, für die sie bestimmt sind, auf dem Fußboden probeweise auslegen; dabei für die Mörtelfugen 8 bis 10 mm große Abstände berücksichtigen.

Verblendriemchen verlegen

1 Reihen markieren. Sollen die Riemchen über die gesamte Wandfläche verlegt werden, zunächst an einer Ecke der Wand die waagerechten Reihen markieren. Bei einem unebenen Boden an der höher liegenden Ecke der Wand beginnen. Ist die Wand von einem Fenster oder einer Tür unterbrochen, die Oberkante des Fenster- oder Türrahmens oder die Unterkante des Fensterrahmens als Ausgangspunkt wählen, damit eine Riemchenzeile ganzer Breite mit der dazugehörigen Mörtelfuge an die Rahmenkante grenzt. Für die Mörtelfugen 8 bis 10 mm große Abstände berücksichtigen.

Von den Markierungen an der Ecke ausgehend, mit Hilfe von Richtlatte und Wasserwaage quer über die Wand waagerechte Linien ziehen.

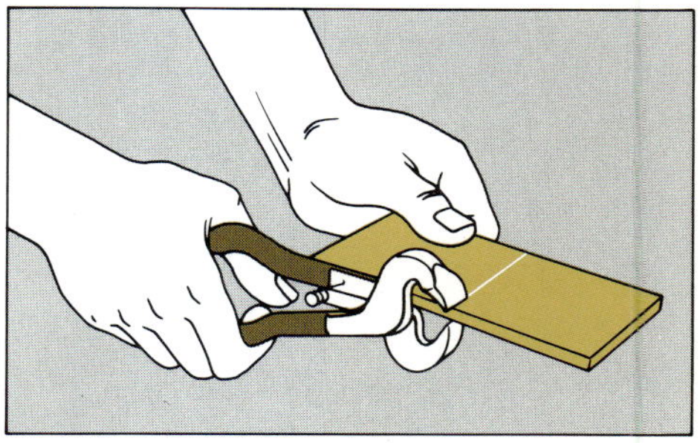

2 Die Riemchen zuschneiden. Zur Herstellung von Binderformaten oder paßgenauen Formaten um Installationen herum die Schnittlinie auf der Rückseite des Riemchens markieren. Mit der Fliesenzange das Riemchen entlang der Schnittlinie durchtrennen und, falls nötig, die Schnittkante glattfeilen. Beim Schneiden von Riemchen grundsätzlich eine Schutzbrille tragen.

3 Die Anordnung festlegen. Zunächst an einer Ecke der Wand von unten nach oben Riemchen setzen; dabei die Oberkante jedes Riemchens an der jeweiligen Führungslinie ausrichten. An einer Innenecke – entsprechend der gewählten Anordnung – abwechselnd Binder und Läufer setzen. Außenekken mit L-förmigen Eckriemchen einfassen *(kleine Zeichnung)*. An einer Wand, die sowohl eine Innenecke als auch eine Außenecke hat, zuerst die Außenecke verblenden.

Entsprechend der Herstelleranweisung Kleber auftragen und die Riemchen mit einer leichten Drehbewegung an die Wand setzen. Damit die Mörtelfugen gleichmäßig geraten, Abstandhalter gewünschter Stärke verwenden.

Wenn alle Eckriemchen verlegt sind, Reihe für Reihe fertigstellen; dabei unten an der Wand beginnen und erforderliche Teilfliesen, wie in Arbeitsgang 2 beschrieben, passend zuschneiden.

Einen Kamin verblenden

Einen Bogen verblenden. L-förmige Eckverblender so an der Außenkante des Bogens ansetzen, daß die Binderseite nach vorn weist. Zunächst genau in der Mitte, dann an beiden Seiten des Bogens ein Riemchen setzen. Schließlich die beiden Bogenhälften fertigstellen. Die Flächen zwischen dem Mittelverblender und den beiden Eckverblendern so ausfüllen, daß die V-förmigen Mörtelfugen gleich breit sind. Den Kleber den Herstelleranweisungen entsprechend auftragen.

Einen Kaminsockel verblenden. Zunächst die Seiten des hervorstehenden Sockels verblenden; dabei die Verblender so anordnen, daß eine Reihe ganzer Riemchen mit der Oberkante des Sockels bündig abschließt; eventuell erforderliche Teilriemchen unten anbringen. Den Sockelplattenrand so verblenden, daß die Riemchen mit denen der senkrechten Reihen fluchten und dem Verbandsmuster entsprechen. Die Sockelplatte in einem beliebigen Muster ausfüllen.

Fugen mit Mörtel füllen

1 **Den Mörtel aufbringen.** Wenn der Kleber abgebunden hat, die Abstandhalter entfernen und Fugenmörtel zum Füllen der Fugen zwischen den Riemchen anmischen. Fertigmörtel läßt sich besser verarbeiten, wenn man 1 oder 2 Eßlöffel Geschirrspülmittel zusetzt. Es ist auch möglich, Mörtel aus 1 Teil Portlandzement und 5 Teilen Sand selbst anzumischen. Die Mischung hat dann die richtige Konsistenz, wenn sich der Abdruck einer in den Mörtel gedrückten Kelle etwa 1 Minute hält. Sind die Ränder der Vertiefung krümelig, noch etwas Wasser dazugießen. Um sicherzugehen, daß alle Mörtelfugen den gleichen Farbton haben, stets so viel Mörtel anrühren, daß alle Fugen in einem Arbeitsgang damit gefüllt werden können.

Eine Kelle voll Mörtel in die Mitte eines Mörtelbretts *(S. 27)* geben. Mit einer kleinen Spitzkelle einen etwa 1 cm breiten Mörtelstrang abtrennen. Dann die Kante der Kelle an die Unterkante der Fuge halten, den Mörtel in die Fuge schieben und mit der Kelle fest hineindrücken. Überschüssigen Mörtel auf der Oberfläche der Riemchen sofort mit einem sauberen, feuchten Tuch wegwischen. Zuerst alle waagerechten Fugen, danach die senkrechten Fugen füllen.

2 **Die Fugen ausarbeiten.** Wenn sich der Mörtel nach etwa 20 Minuten trocken und krümelig anfühlt, ihn so glätten und verdichten, daß seine Oberfläche etwa 3 mm hinter der Riemchensichtfläche liegt. Zu diesem Zweck einen konvexen Fugenglätter verwenden – ein Spezialwerkzeug, das den Mörtel beim Hineindrücken gleichzeitig gegen die Riemchenkanten preßt. Zunächst die senkrechten, dann die waagerechten Fugen ausarbeiten. Überschüssigen Mörtel mit dem Fugenglätter abschaben, solange er noch weich ist. Wenn der Mörtel – gewöhnlich nach 1 bis 2 Stunden – vollkommen ausgehärtet ist, die Riemchen und die Fugen mit einer harten Bürste oder einer Drahtbürste kräftig abbürsten, um Mörtelreste zu entfernen.

Kunststoffverblender im Ziegel-Look

Die preiswerten, leichten und feuersicheren Ziegelimitationen aus Kunststoff oder gipshaltigen Materialien wirken nahezu so echt wie Verblendriemchen aus gebranntem Ton. Die besten dieser nachgebildeten Riegel sind etwa ebenso dick wie Verblendriemchen und auch in ihrer Farbe und Struktur derart ähnlich, daß man erst, wenn man sie berührt, merkt, daß sie nicht aus Ton sind.

Ziegelimitationen sind ebenso einzeln als riemchengroße Verblender wie als kombinierte Formstücke erhältlich, die auf zwei oder mehr Seiten – z.B. Flach- und Läuferseite, Läufer- und Binderseite oder Flach-, Läufer- und Binderseite – das Aussehen von Ziegelsteinen haben und zum Verblenden von Kanten und Ecken bestimmt sind. Einige Verblender aus Kunststoff sind außerdem biegsam und gut zum Verblenden gewölbter Flächen, wie Bögen oder Nischen, geeignet.

Imitierte Verblender sind leichter zu verarbeiten als echte Ziegelsteine, da sie sich problemlos mit einem Universalmesser schneiden und mit einem Kleber an der Wand befestigen lassen, der dank seiner mörtelartigen Struktur und Färbung ein Verfugen der Zwischenräume überflüssig macht. Der Kleber beginnt erst nach 10 bis 30 Minuten zu erhärten, so daß noch genügend Zeit zum Korrigieren bleibt; vollständig abgebunden hat er erst nach etwa 60 Minuten. Da die Abbindezeit und das für die Verarbeitung erforderliche Werkzeug von Fabrikat zu Fabrikat variieren kann, sollte man stets die Anweisungen des Herstellers beachten.

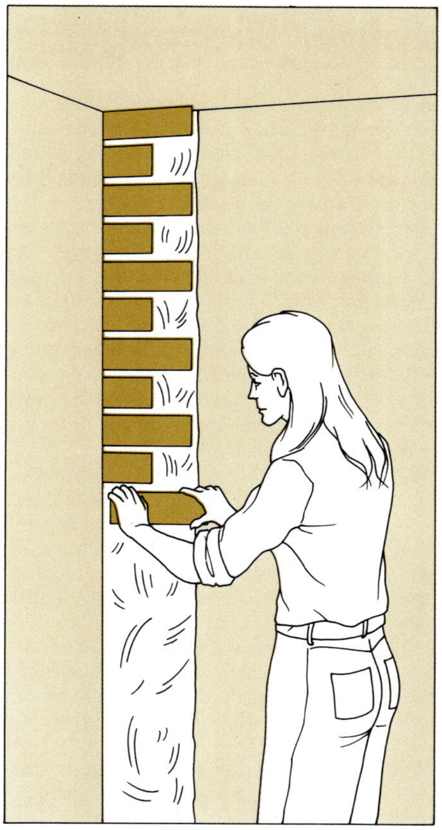

1 Die Anordnung festlegen. An einer Innenecke beginnen und Kleber auf einer Breite von der Länge eines Verblenders auftragen. Dann von der Oberkante der Wand ausgehend, die Verblender untereinander auf die Kleberschicht setzen; dabei für einen Läuferverband – wie hier – abwechselnd Verblender voller und halber Länge, also Läufer und Binder, verwenden. Für einen Normalverband nur volle Längen untereinanderreihen; zuvor allerdings prüfen, ob die Ecke genau lotrecht ist. An einer Außenkante L-förmige Eckverblender verwenden und sie entweder gleichmäßig untereinandersetzen oder so anbringen, daß sich jeweils kurze und lange Schenkel abwechseln.

Vor dem Ansetzen die einzelnen Verblender zusätzlich mit Kleber versehen. Dann die Verblender fest an die Wand drücken, bis rundherum an den Rändern der Kleber hervorquillt. Den Kleber an den Kanten mit einem Dübel oder einer kleinen Fugenkelle verstreichen und glätten.

2 Die Wand fertigstellen. Von der Ecke ausgehend, oben an der Wand beginnen und auf einer Fläche von 1 bis 2 m² Kleber auftragen. Dann die Verblender wie in Arbeitsgang 1 beschrieben setzen; dabei zum exakten Ausrichten entweder einer quer über die Wand gespannten Schnurlinie folgen oder mit Richtlatte und Wasserwaage arbeiten. Weitere Flächenabschnitte mit Kleber bedecken, die Verblender darauf verlegen und absolut waagerecht ausrichten. Den letzten Verblender in jeder Reihe mit einem Universalmesser passend zuschneiden.

Eine Ziegelwand als dekorativer Blickfang

In älteren Häusern bestehen die Innenwände oft aus verputzten roten Ziegelsteinen. Vielfach ist es möglich, diese Putzschicht einfach abzuschlagen und so einem Raum durch die reizvolle Färbung und Struktur des freigelegten Mauerwerks eine rustikale, behagliche Note zu geben.

Der ganze Vorgang umfaßt nicht mehr als vier Arbeitsschritte: Zunächst wird der Putz entfernt. Dann bessert man die Fugen mit neuem Mörtel aus. Im dritten Arbeitsgang wird die Wand mit Säure abgewaschen, und zu guter Letzt überzieht man sie mit einer Grundierung. Allerdings ist die Arbeit mit viel Staub verbunden und zieht sich – wegen der erforderlichen Trocknungszeit zwischen den einzelnen Arbeitsgängen – mindestens über zehn Tage hin. Bevor man sich entschließt, eine Ziegelsteinwand freizulegen, sollte man daher auf jeden Fall in einer unauffälligen Ecke einen kleinen Abschnitt Putz entfernen, um zu prüfen, ob das darunterliegende Mauerwerk hinsichtlich Farbe, Struktur und Anordnung überhaupt als Blickfang geeignet ist. Zu bedenken ist außerdem, daß bei einer großen Wandfläche die Qualität der verwendeten Steine recht unterschiedlich sein kann. Im Zweifelsfall muß die bereits freigelegte Wandfläche wieder neu verputzt werden *(S. 26–32)*.

Soll eine ganze Wand freigelegt werden, sind einige umfangreichere Vorbereitungen zu treffen. Da die Arbeit sehr viel Staub mit sich bringt, ist es besser, möglichst alle Möbel, Vorhänge und Teppiche aus dem Raum zu entfernen bzw. Schränke, die nicht entfernt werden können, auszuräumen. Die Ritzen der Schranktüren und nach Möglichkeit auch die aller Zimmertüren, die in andere Räume des Hauses führen, sollten sorgfältig mit Abdeckband überklebt werden. Wenn sich der Arbeitsbereich nicht auf diese Weise abtrennen läßt, kann man zum Schutz vor Staub auch von der Decke bis zum Boden reichende feste Kunststoffplanen anbringen. Handelt es sich um mehrere Planen, sollten sie sich an der Seite um etwa 20 cm überlappen. In jedem Fall müssen zur bestmöglichen Belüftung des Arbeitsbereichs alle Fenster weit geöffnet sein.

Besondere Sorgfalt ist geboten, wenn der Putz von einer Wand abgeklopft werden soll, an der Steckdosen und Schalter installiert sind. Grundsätzlich muß vor Beginn der Arbeit die Hauptsicherungen herausgedreht werden. Anschlüsse an eine andere Wand zu verlegen oder Steckdosen und Schalter tiefer in die Wand einzulassen muß ebenfalls vorher erledigt werden, ist aber einem Elektriker zu überlassen. Zu bedenken ist auch, daß unter dem Putz möglicherweise Leitungen liegen, die andere Bereiche des Hauses mit Strom versorgen. Entfernt werden müssen außerdem alle Fußleisten und sonstigen Hindernisse an der Wand, ausgenommen die Tür- und Fensterrahmen. Sie werden nur abgenommen, wenn geplant ist, sie der Ebene der freigelegten Wand anzupassen.

Zum Schutz des Bodens wird eine 0,25 mm starke Polyäthylen-Abdeckplane ausgelegt. Nur Planen dieser Qualität sind trittfest und widerstandsfähig genug gegen verdünnte Salzsäure und herabfallenden Putz. Um sicherzugehen, daß weder Putzbrocken noch Säure unter die ausgelegte Plane gelangen und den Bodenbelag beschädigen, sollte man die Plane mit breitem Abdeckband unten an der Wand befestigen.

Erfahrungsgemäß muß das Mauerwerk neu ausgefugt werden. In alten Häusern kann der ursprüngliche Fugenmörtel als Bindemittel Pferdehaar – leicht zu erkennen an den faserigen Rändern der Mörtelfugen – enthalten. Zum Ausbessern eines solchen Mörtels verwendet man am besten Fertigmörtel, der sowohl im Fachhandel wie in Baumärkten erhältlich ist. Weicht der neue Mörtel farblich zu sehr von dem alten ab, ist zu überlegen, ob man nicht besser die gesamte Wand neu verfugt.

Weiße Flecke auf den Ziegeln, sogenannte Ausblühungen, die von dem im Putz und Fugenmörtel enthaltenen Kalk herrühren, lassen sich mit verdünnter Salzsäure beseitigen. Die Säure entfernt eine Vielzahl von Flecken, alte wie neue, ist jedoch mit äußerster Vorsicht anzuwenden. Bei ihrer Verdünnung muß man sich strikt an die Angaben auf dem Etikett halten. Beim Umgang mit Salzsäure ist eine ausreichende Belüftung des Raumes ebenso unumgänglich wie das Tragen einer Atemschutzmaske, einer Schutzbrille und von robusten Gummihandschuhen (keine Textil- oder Plastikhandschuhe).

Säurespritzer auf der Haut müssen sofort unter fließendem Wasser abgespült werden. Außerdem ist während des gesamten Reinigungsvorgangs größte Aufmerksamkeit geboten: Sobald man in der Nase oder in den Augen ein Stechen verspürt, muß man umgehend den Raum verlassen, Augen und Nase gründlich spülen und die Arbeit so lange unterbrechen, bis sich die ätzenden Dämpfe verflüchtigt haben.

Nahezu jedes alte Mauerwerk neigt dazu, sich zu zersetzen, und lagert Staub ab. Um diesen Prozeß zu stoppen, kann man die Wand mit einem Grundiermittel – gewöhnlich einer Grundierung auf Latex- oder Silikonbasis – überziehen. Beliebt sind vor allem seidenmatte Grundierungen, da sie nach dem Trocknen unsichtbar sind. Für Küchen und Bäder werden dagegen zumeist wachshaltige Grundiermittel verwendet; die Flächen glänzen dann zwar ein wenig, sind aber auch einfacher sauberzuhalten.

1 **Den alten Putz abschlagen.** Atemschutzmaske und Schutzbrille aufsetzen und – vom unteren Ende der Wand ausgehend – mit einem Maurerhammer den Putz losbrechen. Den Hammer so halten, daß seine Schlagfläche im Winkel von ungefähr 45 Grad auf die Wand trifft, und jeden Hammerschlag etwa 15 cm über der jeweils letzten Bruchkante ansetzen. Dadurch wird der Putz auf schonende Weise in handlichen Stücken entfernt, ohne daß das darunterliegende Mauerwerk in Mitleidenschaft gezogen wird. Hartnäkkig haftenden Putz sowie Putz aus schlecht zugänglichen Bereichen, wie z. B. Ecken und Tür- und Fensterbekleidungen, mit der Finne des Hammers herauslösen.

2 Das Mauerwerk abbürsten. Mit einer Drahtbürste Putzreste und losen Fugenmörtel entfernen und die Oberfläche der Ziegel unter festem Druck aufrauhen, damit die Salzsäure und die Grundierung gut eindringen können.

Fertigmörtel mit Wasser anmischen und Fugen und Löcher damit füllen. Um den neuen Mörtel dem alten farblich anzupassen, nach Anweisung des Herstellers Sand hinzufügen. Die Struktur des neuen Mörtels wird rauher, wenn man mit einer harten Bürste daraufklopft.

Den neuen Mörtel mindestens 48 Stunden abbinden lassen, bevor man die Wand mit der verdünnten Säure abwäscht.

3 Die Wand mit Säure reinigen. Atemschutzmaske und Schutzbrille aufsetzen und Gummihandschuhe überziehen. 1 Teil Salzsäure in einen Plastikeimer geben, der bereits die dem empfohlenen Mischungsverhältnis entsprechende Wassermenge enthält. Die verdünnte Säure mit einer harten Bürste auf die Wand auftragen; dabei in alle Richtungen bürsten und möglichst wenig Säure verspritzen. Bilden sich auf der Plastikplane Säurelachen, diese mit alten Zeitungen aufsaugen. Die abgewaschene Wandfläche zweimal mit klarem Wasser nachbehandeln. Die Wand mindestens eine Woche trocknen lassen, bevor man sie mit einer Latex- oder Silikongrundierung überzieht.

4 Fugen abdichten. Alle Fugen und Lücken, wie etwa an den Verbindungsstellen zwischen Mauerwerk und angrenzenden verputzten Wandflächen, mit Dichtungsmasse – je nach Art der verwendeten Grundierung auf Latex- oder Silikonbasis – füllen. Man kann damit auch die Fuge zwischen Fußleiste und Wand abdichten. Zum Füllen der Zwischenräume um Tür- und Fensterrahmen herum Mörtel verwenden.

Leichte Raumteiler als Sichtschutz

Die Errichtung einer Wand muß nicht unbedingt mit ausgiebigem Messen, Sägen, Loten und Hämmern verbunden sein. Es ist durchaus möglich, mit einer festmontierten Stellwand, die sich ohne großen Aufwand anfertigen läßt, einen Raum zu unterteilen oder sogar einen ganz neuen Raum zu schaffen. Ein solcher Raumteiler kann aus biegesteifen Paneelen bestehen, die in einen Holzrahmen eingesetzt werden, oder aus Gipskartonplatten, die man an einem Metallrahmen befestigt *(S. 64–65)*. Um einen aus Holzrahmen und vorgefertigten Paneelen bestehenden Raumteiler anzufertigen, braucht man nicht mehr als die einfachen Grundtechniken der Holzbearbeitung zu kennen.

Für die Paneele des Raumteilers ist eine Vielfalt von Materialien geeignet. Biegesteife Kunststoffplatten werden in einer ganzen Palette von Farben und in verschiedenen Transparenzgraden angeboten. Kunststoffummanteltes Drahtgeflecht und Lochblech sind ebenfalls in verschiedenen Farben und Designs erhältlich, desgleichen Hartfaserlochplatten. Platten aus Hartschaum haben zudem noch schallschluckende Eigenschaften, sind aber wenig strapazierfähig und von daher kaum für Raumteiler geeignet, die dann und wann auch unsanfter Behandlung standhalten müssen.

Etwas teurer sind verschiedene Arten von Rohr- und Holzgeflecht, die in Bahnen oder Matten verkauft werden, sowie Spiegel oder Glas, die in Form von Platten oder Fliesen im Handel sind. Wer sich für Glas entscheidet, sollte auf jeden Fall das stabilere Sicherheitsglas oder armiertes Glas verwenden. Man kann natürlich auch ein schmiedeeisernes Gitterwerk von einem Kunstschmied entwerfen und anfertigen lassen, das man dann in den Rahmen einsetzt, oder den Rahmen mit einer zwischen zwei Stangen gespannten Stickarbeit oder einem handgewebten Läufer ausfüllen. Originell und zudem recht preiswert in der Herstellung ist ein Raumteiler aus geflochtenem Sägefurnier, an dem sich Zimmerpflanzen üppig emporranken.

Wenngleich es in erster Linie eine Frage des persönlichen Geschmacks ist, welches Material man für den Rahmen wählt und wie man den Rahmen zusammensetzt, muß doch auch die Beschaffenheit des Paneels berücksichtigt werden. Die hier gezeigten Rahmen sind aus 19 x 75 mm starken Brettern zusammengesetzt und für leichte, dünne Paneele aus Kunststoff oder Hartfaser bestimmt. Für schwerere Paneele sind unter Umständen 50 x 50 mm oder 60 x 80 mm starke, in einzelnen Fällen eventuell sogar 100 x 100 mm starke Kanthölzer erforderlich.

Bei dem hier gezeigten Raumteiler-Grundtyp für Paneele bis zu 6 mm Dicke wird das Paneel auf einer Seite von einer 50-mm-Leiste und auf der anderen Seite von einer Viertelstableiste im Rahmen gehalten. Dadurch wirkt der Raumteiler relativ zierlich, hat allerdings zwei unterschiedlich aussehende Seiten. Bei Verwendung von Paneelen, die dicker als 6 mm sind und in entsprechend stärkerem Rahmen eingesetzt werden müssen, ist es üblich, auf beiden Seiten Viertelstableisten anzubringen. Der Raumteiler ist dann stabiler, aber auch klobiger.

Die Höhe des Rahmens hängt davon ab, ob der Raumteiler vom Boden bis an die Decke reichen oder ob er über dem Boden sowie unter der Decke durchbrochen sein soll. Damit der Rahmen für einen durchgehenden Raumteiler beim Aufrichten nicht an der Decke schrammt, sollte er etwa 6 mm kürzer sein als die Raumhöhe. Ein Spielraum ist auch bei den Innenmaßen des Rahmens zu berücksichtigen: Damit sich das Paneel leichter einsetzen läßt, sollte der Rahmen etwa 3 mm breiter als das Paneel sein.

Vier Grundformen. Die ganz oben links gezeigte Form ist ein einfaches Rechteck, das vom Boden bis zur Decke reicht. Bei dem H-förmigen Rahmen daneben bleibt oben und unten jeweils ein Zwischenraum frei. Beide Modelle lassen sich verbreitern, indem man entweder zwei oder mehrere Elemente aneinanderfügt oder mehrere schmale Paneele in einen breiteren Rahmen setzt *(unten links)*. Das Paneel unten rechts ist mit Bilderdraht an Decke und Boden befestigt.

Den Rahmen bauen

1 **Den Rahmen zusammensetzen.** Die Rahmenteile an den Ecken mit Holzleim und Stauchkopfnägeln verbinden. Ob sie auf Gehrung oder auf stumpfen Stoß zusammengesetzt werden, hängt vom Rahmentyp ab. Für einen rechteckigen Rahmen 19 x 75 mm starke Bretter an den Enden im Winkel von 45 Grad auf Gehrung schneiden und Leim auf die Schnittkanten auftragen. Die Teile zusammensetzen und in eine Eckzwinge einspannen. Die Verbindung von beiden Seiten mit Stauchkopfnägeln verstärken. Für einen H-förmigen Rahmen die Bretter stumpf aneinanderleimen und zusätzlich durch schräg gesetzte Nägel verbinden *(kleine Zeichnung).* Auf der Rückseite des Rahmens 2,5 cm von allen vier Innenkanten entfernt eine Linie anreißen. Vier 50 mm breite Leisten so auf Gehrung zuschneiden, daß ihre Außenkanten genau so lang sind wie die angerissenen Linien.

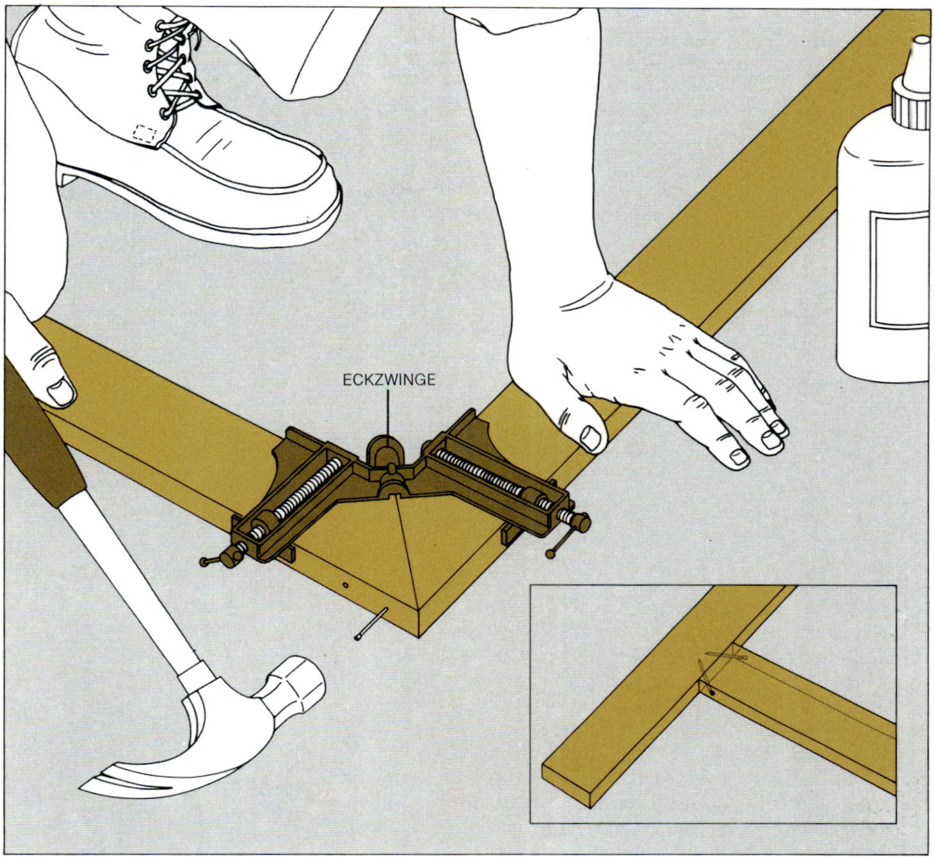

2 **Einen Falz bilden.** Auf der Rückseite des Rahmens zwischen den Innenkanten und den angerissenen Linien Holzleim auftragen. Die Leisten an den Linien ausrichten, d. h. 2,5 cm über die Innenkanten hinausragen lassen und aufkleben. Jeweils im Abstand von 15 cm mit Stauchkopfnägeln zusätzlich befestigen. Dann den Rahmen umdrehen und das für den Raumteiler vorgesehene Paneel so einsetzen, daß es auf den Leisten aufliegt.

3 Das Paneel befestigen. Vier 12-mm-Viertelstableisten oder ähnliche Leisten den Maßen der Rahmeninnenkanten entsprechend auf Gehrung zuschneiden. Die Leistenstücke auf die Paneelkanten setzen und mit Leim und schräg eingeschlagenen Stauchkopfnägeln *(linke kleine Zeichnung)* am Rahmen befestigen. Ist das Paneel dicker als 6 mm und der Rahmen dicker als 19 mm, das Paneel auf der Rückseite nicht mit Leisten sichern, sondern auf beiden Seiten Viertelstableisten anbringen *(rechte kleine Zeichnung)*.

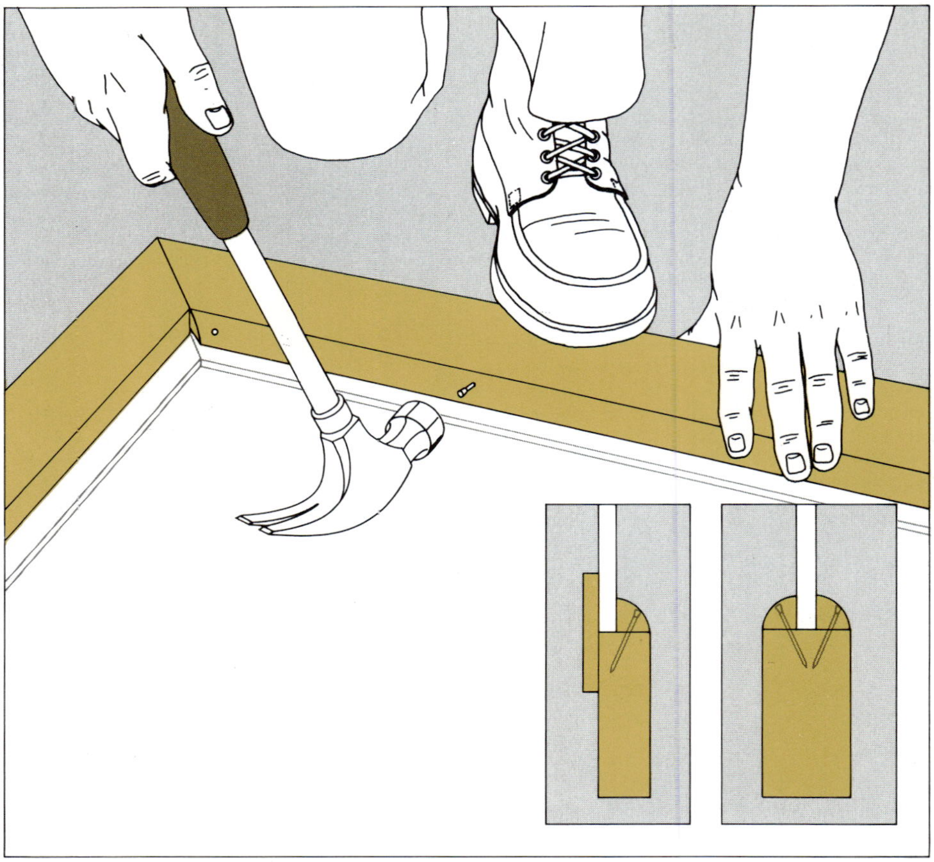

Mehrere Elemente aneinanderfügen

Die Elemente verbinden. Um zwei gerahmte Paneele zu verbinden, die beiden Rahmen auf Stoß aneinanderlegen und die Stoßfuge mit einer Leiste abdecken. Die Leiste auf die Länge der senkrechten Rahmenhölzer zuschneiden und mit Leim und – jeweils im Abstand von 15 cm – mit Stauchkopfnägeln befestigen. Dann den Rahmen umdrehen und auf der anderen Seite der Stoßfuge eine entsprechende Leiste anbringen.

Es ist auch möglich, zwei oder mehr Paneele in einen einzigen, breiten Rahmen einzusetzen *(S. 60, unten links)*, der durch senkrechte 19 x 75 mm dikke Bretter unterteilt ist. Die senkrechten Bretter werden auf stumpfen Stoß am Rahmen befestigt.

Die Raumteiler montieren

Einen Rahmen aufhängen. Soll der Raumteiler direkt an einem Deckenbalken angebracht werden, zwei Ösenschrauben in den Deckenbalken schrauben; sonst die beiden Ösenschrauben mit Dübeln oder Kippdübeln an der Decke befestigen. Am Rahmen zwei entsprechende Ösenschrauben anbringen und den Raumteiler daran mit Bilderdraht aufhängen. Den Rahmen am Boden auf die gleiche Weise befestigen.

Einen H-förmigen Rahmen anbringen. Den Raumteiler provisorisch aufstellen und an der Decke Bezugslinien für zwei Metallwinkel anzeichnen. Die Metallwinkel direkt an den Deckenbalken schrauben bzw. bei einer Betondecke mit Dübeln, bei einer verkleideten Holzbalkendecke mit Kippdübeln befestigen. Den Raumteiler aufstellen und jeweils den senkrechten Arm des Metallwinkels an den Rahmen schrauben *(kleine Zeichnung).* Am Boden ebenso mit Metallwinkeln befestigen.

Den Rahmen an Leisten befestigen. Eine an einem Ende auf Gehrung geschnittene Profilleiste mit Kleber und Schrauben an der Decke befestigen. Die Leiste muß an der Unterseite genau so breit wie der Rahmen sein, und das Profil soll nach unten weisen – genau andersherum als bei der Verwendung am Boden. Den Raumteiler so aufstellen, daß er gegen die Leiste stößt, und durch die Leiste hindurch Nägel in den Rahmen schlagen. Auf der anderen Seite des Raumteilers eine entsprechende Leiste anbringen und danach die frei liegende Stirnseite des oberen Rahmenholzes mit einem an beiden Enden auf Gehrung geschnittenen Leistenstück abdecken *(kleine Zeichnung).*

Den Raumteiler am Boden mit schräggesetzten Nägeln oder Schrauben oder ebenso wie an der Decke mit Leisten befestigen.

Eine Unterkonstruktion aus Metall

Kompakter und schalldämmender als ein Raumteiler *(S. 60–63)* ist zweifellos eine Trennwand. Sie läßt sich besonders schnell und ohne allzu großen Arbeitsaufwand errichten, wenn man statt einer Unterkonstruktion aus 60 x 80-mm-Kantholz eine Konstruktion aus Metallprofilen verwendet. Obgleich die Metallprofile so dünnwandig sind, daß man sie mit einer Metallschere schneiden kann, ist die fertige, mit Gipskartonplatte verkleidete Wand ebenso stabil wie eine vergleichbare Holzständerwand. Da sie außerdem schmaler ist, kann man sie auch ohne weiteres zum Zweck der besseren Schalldämmung als Vorsatzschale vor eine bereits vorhandene Wand setzen *(S. 116)*.

Die Metallprofile sind in zwei Grundformen erhältlich: mit einem C-förmigen Querschnitt als Ständer für Wände und mit einem U-förmigen Querschnitt für den Anschluß an Boden und Decke. Die Seiten der U-Profile an Boden und Decke sind leicht nach innen gewinkelt, so daß die senkrecht eingesetzten Ständer darin festklemmen. Bei einigen Ausführungen sind die C-Profile mit Löchern zum Verlegen von Kabeln versehen.

Eine Ständerkonstruktion aus Metall wird in der gleichen Reihenfolge zusammengesetzt wie ein Holzrahmen. Zunächst werden die U-Profile ausgemessen, zugeschnitten und an Boden und Decke befestigt. Ist der Boden sehr uneben, setzt man das Profil auf ein Kantholz entsprechender Länge; zur besseren Trittschalldämmung kann man noch einen Mineralwollstreifen unterlegen. Danach werden die einzeln ausgemessenen C-Profile in das Bodenprofil eingesetzt, und zwar jeweils im Abstand von 62,5 cm, was der halben Breite der Gipskartonplatten entspricht. Soll die fertige Gipskartonwand gefliest werden, rechnet man einen Ständerabstand von 41,6 cm. In der Regel werden die Ständer vom Gewicht und Druck der Gipskartonplatten in ihrer Position gehalten; nur um einen Türrahmen herum werden sie verschraubt.

Die Profilhersteller weisen meist auf die Türart hin, die für das jeweilige Profilsystem am besten geeignet ist. Außerdem bieten sie spezielle Verankerungen an *(gegenüberliegende Seite unten)*, die sowohl den als Türpfosten dienenden Ständern verstärkten Halt geben als auch verhindern, daß die Konstruktion bei Erschütterungen Schaden nimmt. Für zusätzliche Stabilität der Konstruktion um den Türbereich herum sorgen Holzlatten, die zur Aussteifung in die Ständerprofile hineingeschoben werden.

Bei der Anbringung der Gipskartonplatten verfährt man in der auf S. 20 beschriebenen Reihenfolge; allerdings sollte man hier die gegenüberliegenden Platten fugenversetzt montieren. Zur Befestigung der Platten verwendet man Schnellbauschrauben.

Die Metallunterkonstruktion errichten

1 Die Position markieren. Für die Position des Bodenprofils per Schnurschlag zwei – im Abstand der Profilbreite – parallel verlaufende Linien auf dem Boden markieren. Dann von den Endpunkten der Linien ausgehend, auf den beiden angrenzenden Wänden mit Hilfe von Wasserwaage und Richtlatte die Position der Wandprofile anzeichnen *(unten)*. Die Endpunkte dieser Linien wiederum per Schnurschlag verbinden und damit die Position des Deckenprofils markieren.

2 Das Bodenprofil setzen. Das Bodenprofil zwischen den Linien auf dem Boden ausrichten und jeweils im Abstand von 60 cm festschrauben; bei einem Holzboden Schnellbauschrauben, bei Beton Dübel und Schrauben verwenden. Falls unter das Profil eine Sperrschicht gesetzt worden ist, durch die Schicht hindurchbohren und die Dübel mit Kunstharzkleber bestreichen.

3 Das Deckenprofil anbringen. Das Deckenprofil entlang den Schnurlinien an der Decke ausrichten und befestigen. Verläuft das Profil quer zu den Deckenbalken oder direkt unter einem Deckenbalken, für die Montage Schnellbauschrauben oder Holzschrauben verwenden; verläuft es dagegen an einer mit Gipskarton verkleideten Decke zwischen zwei Deckenbalken, Kippdübel oder Klappdübel verwenden.

Sofern die Deckenbalken noch frei liegen, jeweils im Abstand von 60 cm Riegel zwischen die Balken nageln und das Profil daran befestigen.

4 Die Ständer einsetzen. Die Ständerprofile 8 mm kürzer als die Höhe der neuen Wand zuschneiden. Jeden Ständer zunächst um 90 Grad verdreht in das Boden- und Deckenprofil einsetzen und dann in die richtige Position drehen. Den ersten Ständer unmittelbar an der Wand genau zwischen den Markierungslinien aufstellen und an der Wand befestigen. Die folgenden Ständer jeweils so plazieren, daß ihr Abstand 62,5 cm beträgt. Zum Ausrichten der Ständer eine Wasserwaage benutzen.

Die Türöffnung einplanen

Einen Türrahmen bauen. Zur Errichtung eines Stützrahmens für eine Fertigtür zunächst aus dem Bodenprofil ein Stück von der Breite der Einbautür herausschneiden und die beiden Profilenden mit Ankerplatten am Boden befestigen. Dann die Türöffnung auf dem Deckenprofil markieren und durch das Profil hindurch zwei sogenannte Teleskop-Kopfstücke an der Decke montieren *(kleine Zeichnung)*. Zwei 30 mm breite Latten, die 5 mm dünner sind als die Ständerprofile, 0,5 cm kürzer als die Ständer zuschneiden und zur Aussteifung in die Ständerprofile einsetzen. Die verstärkten Ständer dann – mit der geschlossenen Seite zur Öffnung gerichtet – auf die Ankerplatten montieren und jeweils am oberen Ende durch die ovalen Löcher an den Kopfstücken befestigen. Das Profil für den Sturzriegel an den Enden umbiegen und so an die Ständer zu beiden Seiten der Öffnung schrauben, daß die Unterseite des Sturzriegels auf der Höhe des oberen Türfutters liegt. Abschließend zwei Profile so zuschneiden, daß sie genau zwischen Sturzriegel und Deckenprofil passen, und als Hilfsständer zur Befestigung der Gipskartonplatten einsetzen.

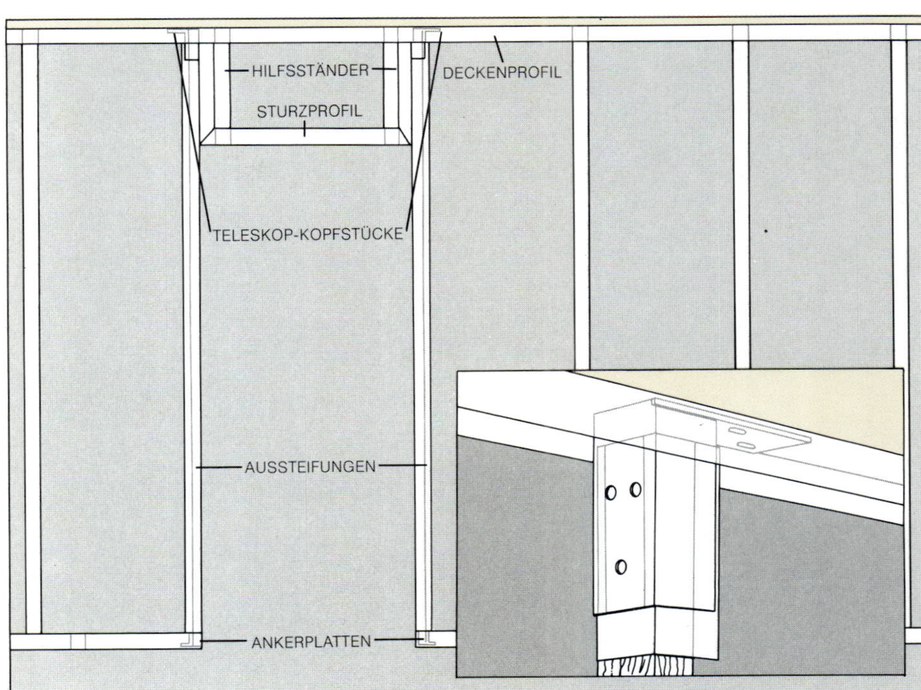

3 Die gediegene Holzverkleidung

Verkleidung mit Massivholzbrettern. Nut-und-Feder-Einrichtungen an den Kanten erleichtern das Verkleiden mit Massivholzbrettern. Die Bretter werden in der Regel mit schräg durch die Federn geschlagene Nägel an der Holzunterkonstruktion befestigt; die Nagelköpfe verschwinden in der Nut des nächsten Brettes. Die Profilierung der Bretter sorgt für ein Spiel von Licht und Schatten auf der fertigen Wandverkleidung.

Seit dem Mittelalter, als riesige Wälder sich über ganz Europa erstreckten und Bauholz im Überfluß lieferten, hat man Holz als praktisches Material für Wandverkleidungen geschätzt. Die ersten Holzverkleidungen bestanden aus einfachen rohen Nadelholz- oder Eichenbrettern, die an Leisten auf einer Wand aus Ziegeln, Bruchstein oder Holz befestigt waren. Aus urtümlicher Rustikalität entwickelte sich kultivierte Vornehmheit. Auch die Handwerkskunst des Tischlers wurde verfeinert, und die Wandtäfelung aus Holz erhielt über die reine Zweckmäßigkeit hinaus auch eine dekorative Funktion: Verbindungen und Kanten wurden durch Zierleisten verdeckt, und die Flächen phantasievoll ausgestaltet. Verschiedene nationale Ausprägungen entwickelten sich.

In Deutschland waren im 16. Jahrhundert komplizierte Einlegearbeiten aus kontrastierenden Hölzern üblich. Die Engländer und Holländer ließen ihre Holzverkleidungen vorzugsweise unbehandelt oder gaben ihnen einen farblosen Anstrich, die Franzosen bemalten sie, etwa mit Landschaften oder mit Porträts. Als gegen Ende des 17. Jahrhunderts in einigen vornehmen Häusern Frankreichs Räume einfach mit farblos lackierter Eiche getäfelt wurden, bezeichnete man diesen Stil als *bois à la capucine,* denn sie wirkten so schlicht wie die Zelle eines Kapuzinermönchs.

Die Schönheit dieser Täfelungen war vorwiegend das Verdienst einzelner Handwerksmeister, die alle Verbindungen und die Feinheiten der Oberflächengestaltung von Hand arbeiteten. Als sich jedoch seit Anfang unseres Jahrhunderts die Wälder Europas rasch lichteten, Holz knapper wurde und man für qualifizierte Handwerksarbeit immer mehr Geld bezahlen mußte, verzichtete man mehr und mehr auf Holztäfelungen.

Zum Glück für den modernen Hausbesitzer hat die Technik hier Lösungen gefunden. Die Ausrüstung moderner Sägewerke hat die Kosten für die Herstellung einer Massivholzverkleidung erheblich reduziert. Heute werden Bretter statt von Hand mit Maschinen bearbeitet, und ihre Kanten sind bereits so vorgeformt, daß sie sehr einfach senkrecht, waagerecht oder auch diagonal anzubringen sind. Auch dekorative Profile für die Holztäfelungen werden heute in Minutenschnelle von Maschinen hergestellt.

Darüber hinaus ist durch die Entwicklung der Spanplatte die Holzverkleidung für breite Käuferschichten erschwinglich geworden. Die industriell hergestellten Paneeltafeln, die gewöhnlich in Breiten bis zu 65 cm und Längen bis zu 260 cm angeboten werden, sind oft mit einem Echtholzfurnier beschichtet. Diese Furniere – die dünnsten sind nur 0,55 mm stark – werden mit Spezialmessern spiralförmig geschält und dabei in langen Bahnen wie Papierhandtücher von einem Stamm, der auf einer Drehbank rotiert, abgewickelt. Ein einziger großer Baum liefert bis zu 8000 m^2 Furnier. Diese in Massen hergestellten Holzverkleidungen sind billiger als solche aus Massivholz und auch leichter anzubringen; daher sind sie beim zeit- und kostenbewußten Verbraucher hochgeschätzt.

Neben Täfelungsplatten auf Spanplattenbasis sind auch Platten auf Sperrholz- und Hartfaserbasis im Handel. Sie sind flexibler als jene. Ebenso wie Spanplatten sind auch Sperrholz- und Hartfaserplatten furniert erhältlich. Aus Gründen der Preisersparnis werden alle Platten aber auch oft statt mit einem Echtholzfurnier nur mit einer Kunststoffkaschierung, auf die ein Holzmuster aufgedruckt ist, angeboten.

Zwar ist es um den Baumbestand unserer Wälder nicht mehr allzugut bestellt, doch gibt es heute Ersatz, und kein Heim braucht auf die Wärme und die Eleganz der Holztäfelung zu verzichten.

Täfelung mit Paneelen

Um einen Raum zu täfeln, muß man nicht unbedingt Profilbretter *(S. 80–91)* verwenden. Preisgünstiger und rascher anzubringen sind Täfelungsplatten oder Paneele, die – sofern sie mit einer Holzmaserung versehen sind – dem Raum die gleiche stilvolle Atmosphäre vermitteln. Die Platten werden meist wie Gipskartonplatten auf einer Unterkonstruktion aus Latten befestigt *(S. 11–14)*.

Neben ihren vielen Vorzügen haben dünne Täfelungsplatten aus Holzwerkstoffen jedoch auch einige Nachteile, die ihren Einsatz auf bestimmte Räume, wie Wohn- oder Arbeitsräume, beschränken. Sie sind aufgrund ihres Aufbaus leichter entflammbar und stoßempfindlicher als Gipskartonplatten und meist auch teurer als diese.

Die Platten bestehen aus einem Spanplatten-, Sperrholz- oder Hartfaserkern, der entweder mit einem Holzfurnier versehen oder mit einer Kunststoffolie, auf die eine Holzmaserung aufgedruckt ist, kaschiert ist.

Dünne Täfelungsplatten sind gewöhnlich in Stärken von 3 bis 4 mm im Handel. Neben dem verwendeten Material ist auch diese geringe Stärke dafür mitverantwortlich, daß sie von allen gängigen Wandbelägen den geringsten Feuerwiderstand bieten.

Brandschutzfachleute warnen daher davor, Täfelungsplatten besonders in brandgefährdeten Bereichen bzw. Fluchtwegen, wie Eingängen, Treppenhäusern, Küchen oder Hobbywerkräumen, großflächig auf Kanthölzer oder Latten zu verlegen. Sie empfehlen statt dessen, die Platten in solchen Räumen entweder direkt auf die verputzte Wand zu montieren oder zunächst 12,5-mm-Gipskartonplatten auf die Holzunterkonstruktion zu montieren. Werden darauf nun die Platten befestigt, so sollten die Fugen der Gipskartonplatten und der Täfelungsplatten nicht auf denselben Latten liegen. Die Zwischenschicht aus Gipskarton erhöht nicht nur den Feuerwiderstand, sie verbessert auch die Stoßfestigkeit und die Schalldämmung.

Dünne Täfelungsplatten sind in Breiten von etwa 60 cm erhältlich. Ist die Wand höher als die Platten – die gewöhnlich bis zu einer Länge von 260 cm im Handel sind –, kann man nach einer der auf S. 79 gezeigten Methoden vorgehen. Furnierte und kunststoffkaschierte Platten gibt es in verschiedenen Farbtönen und Maserungen, oft haben sie senkrechte Ziernuten, so daß sie wie einzeln zusammengesetzte Bretter aussehen. Die Abstände zwischen den Ziernuten können regelmäßig oder unregelmäßig sein.

Um festzustellen, wie viele Platten insgesamt gebraucht werden, wird die Breite der Wand ausgemessen und durch die Plattenbreite geteilt. Manche Lieferfirmen raten, für Türen und Fenster entsprechend viel Plattenmaterial abzuziehen, wobei sie davon ausgehen, daß die ausgeschnittenen Stücke anderswo eingesetzt werden können, doch in der Praxis passen sie meist nirgendwo.

Die Platten sollen nach dem Kauf mindestens 48 Stunden in dem Raum, in dem sie später angebracht werden, mit dazwischengelegten Hölzern aufgestapelt werden, damit sie sich der Temperatur und der Luftfeuchtigkeit des Raumes anpassen können. Das verringert später die Gefahr, daß sie aufquellen oder schwinden.

Furnierte Platten mit unregelmäßiger Maserung stellt man vor der endgültigen Montage erst einmal probeweise nebeneinander an der Wand auf und legt danach die Anordnung fest. Auf manchen Platten ist die Maserung prägnanter, oder das Furnier fällt etwas heller oder dunkler aus. Kunststoffkaschierte Täfelungsplatten dagegen sind makellos und fast identisch, sie können in beliebiger Reihenfolge montiert werden.

Die Platten können mit flach geführtem Fuchsschwanz oder mit einer elektrischen Säge geschnitten werden. Der Tischler führt an Platten lange, gerade Schnitte meist mit der Handkreissäge aus; für kurze, gerade Schnitte oder Kurven verwendet er eine Stichsäge. Um zu verhindern, daß das Material beim Schneiden splittert, empfiehlt es sich, entweder Abdeckband auf die Schnittlinie zu kleben oder die Schnitte von der Rückseite der Platten aus durchzuführen.

Befestigt werden die Platten mit Nägeln, Heftklammern oder Kleber bzw. mit Kleber und zusätzlich mit Nägeln oder Heftklammern. Aufgeklebte Platten können allerdings nur sehr schwer ohne Beschädigung wieder entfernt werden. Zum Kleben der Platten auf Latten ist PVA-Leim geeignet, zum Anbringen auf Putz oder Mauerwerk ist ein spezieller Baumontagekleber erforderlich; in jedem Fall ist die mitgelieferte Gebrauchsanleitung genau zu beachten. Zum Nageln verwendet man am besten Stauchkopfnägel, deren Köpfe versenkt werden, oder sogenannte Colour pins, die in verschiedenen – zum Holz oder zur Holzimitation passenden – Farben erhältlich sind.

Einmal montiert, braucht die Plattentäfelung kaum Pflege, sie wird von Zeit zu Zeit mit einem feuchten Tuch und einem milden Reinigungsmittel abgewischt. Kratzer lassen sich nicht entfernen, doch auf Furnier können sie mit einer passenden Beize verdeckt werden. Wenn die Oberfläche der Platte nicht durchstoßen ist, hilft oft ein farbloses oder eingefärbtes Wachs, das mit einem feuchten Tuch hineingerieben wird. Tiefere Schrammen werden mit Holzspachtel oder Holzkitt in passender Farbe verschlossen. Manche Täfelungsplatten dunkeln im Laufe der Jahre nach oder bleichen durch Licht und Luft aus; hängen Bilder dicht an der Wand, so bleiben die Flächen dahinter unverändert. Das läßt sich vermeiden – zumindest werden die Übergänge zwischen den ausgebleichten bzw. nachgedunkelten und den unveränderten Flächen gemildert –, wenn Reißbrettstifte oder Pinnägel in die Rückseite des Bilderrahmens gedrückt werden, so daß zwischen Bild und Wand ein Zwischenraum von einigen Millimetern entsteht.

Vier gängige Grundtypen von Paneelen

Auswahl der Täfelungsplatten. Die Tabelle unten soll bei der Auswahl des Plattenmaterials für den jeweils vorgesehenen Täfelungszweck helfen. Senkrecht sind 4 gängige Plattenarten aufgeführt, daneben ihre hervorstechendsten Eigenschaften. Alle aufgeführten Arten bestehen aus einem dünnen Basismaterial aus Holzwerkstoff. Ob die Holzmaserung auf der Täfelung echt ist oder eine photographische Nachbildung ist vielleicht weniger entscheidend als die Wirkung und der praktische Nutzen des jeweiligen Materials.

Plattenart	Aufbau	Vorteile	Nachteile
Spanplatte	Kernschicht aus gepreßten und verleimten Holzspänen mit aufgeklebter Kunststoffolie in verschiedenen Holzreproduktionen.	Relativ leicht an Gewicht und daher einfach zu verlegen. Oberfläche pflegeleicht.	Relativ geringe Stabilität; läßt wegen des hohen Leimanteils Sägen schnell stumpfen; erfordert Hartmetall-Sägeblatt.
Holzfaserplatte	Kernschicht aus gepreßtem Faserbrei aus Nadelholz, Raps oder Flachs, der durch Verfilzung und Verleimung zusammengehalten wird. Sichtseite mit einer Kunststoffschicht in Weiß oder verschiedenen Holzreproduktionen beklebt. Rückseite weist meist Siebnarbung auf.	Leicht und flexibel; kann man gewölbten Flächen anpassen. Oberfläche pflegeleicht.	Geringe Stabilität. Läßt Sägen stumpfen.
Sperrholzplatte	Kernschicht aus kreuzweise aufeinandergeleimten – d. h. abgesperrten – Furnieren. Die Zahl der Schichten ist immer ungerade.	Stabiler als gleich dünne Span- oder Holzfaserplatten; wegen Absperrung geringes Schwinden, Quellen und Reißen; gut nagelbar, auch an Rändern; flexibel, kann man daher gewölbten Flächen anpassen. Oberfläche pflegeleicht.	Splittert bei unsachgemäßer Bedienung der Säge.
Furnierte Sperrholzplatte	Schichtaufbau wie oben. Beidseitige Deckschicht aus Edelholzfurnier; meist oberflächenbehandelt; auch gebeizt erhältlich.	Sieht am besten aus; jede Platte hat ihr eigenes Maserungsbild.	Oberfläche empfindlicher als bei kunststoffbeschichteten Platten.

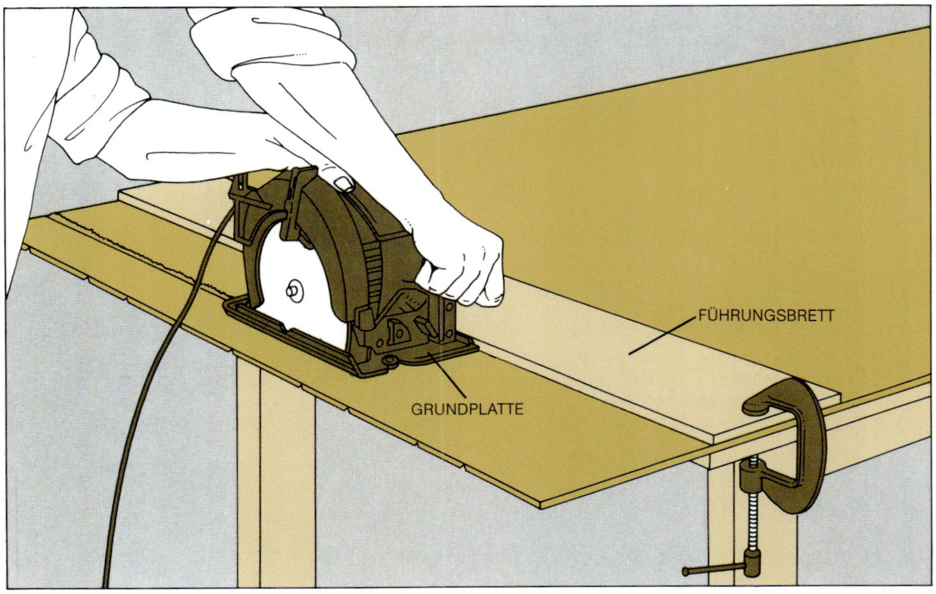

Platten für eine Wand ausmessen und zuschneiden

1 Die Platten zuschneiden. An mehreren Stellen von der Decke bis zum Boden messen und die Platten auf das niedrigste Maß zuschneiden. Wird eine Handkreissäge benutzt, den Abstand von der linken Sägeblattseite bis zur linken Kante der Sägegrundplatte ausmessen und in diesem Abstand von der Schnittlinie ein gerades Brett auf die Platte legen und festspannen. Das Brett beim Schneiden als Sägeführung benutzen.

2 Eine Platte anreißen. Die Platte an einer inneren oder äußeren Wandecke an die Wand halten, mit der Wasserwaage senkrecht ausrichten und an einigen Stellen provisorisch an die Unterkonstruktion heften. Ein 25 x 25-mm-Leistenstück von etwa 10 cm Länge am oberen Ende der Platte an die Decke anlegen. An der Unterkante der Leiste mit einem Bleistift entlangfahren und eine Linie über die Platte ziehen *(rechts)*. Die Platte abnehmen und an der Rißlinie absägen oder -hobeln.

3 Die erste Platte senkrecht ausrichten. Wird Leim benutzt, diesen in 3 mm breitem Zickzackstrang auf die Latten bzw. auf die Wand unter den Plattenkanten auftragen. Auf Zwischenlatten den Leim jeweils im Abstand von 15 cm in 8 cm langen Strängen und auf die Wand jeweils im Abstand von 40 cm in senkrechten Strängen auftragen. Die Platte aufstellen und durch Unterlegen von Klötzen bis zur Decke anheben. Prüfen, ob die Außenkante senkrecht ist. Die Platte am oberen Rand provisorisch anheften.

4 Die Platte befestigen. Die Platte an die Wand drücken und an den Klebestellen mit der Faust daraufschlagen, um eine feste Verbindung herzustellen. Falls Leim auf die Sichtfläche gelangt ist, diesen mit einem feuchten Tuch abwischen. Die Platte an den Rändern im Abstand von 15 bis 20 cm, an den Zwischenlatten alle 30 cm mit Stauchkopfnägeln befestigen. Die Köpfe versenken.

5 Weitere Platten anbringen. Ehe die zweite Platte angebracht wird, mit einem Filzstift in der Farbe des Plattenmaterials an der Kante der Platte entlangfahren und so die darunterliegende Latte bzw. die Wand einfärben. So fällt die Fuge nicht auf, falls die Platten später schwinden. Die weiteren Platten ebenso anbringen wie die erste; jede Platte an der vorhergehenden ausrichten, falls nötig, die Kanten passend zuschneiden.

6 Eine Platte in der Ecke einpassen. Zuerst die Platte für die Ecke auf die richtige Höhe zuschneiden, dann die erforderliche Breite ermitteln. Dazu an der Decke und am Boden den Abstand von der Ecke des Raumes bis zur Kante der zuletzt angebrachten Platte messen. Diese Maße am oberen und unteren Ende auf die Platte übertragen, und zwar so, daß die fabrikgeschnittene Kante an der vorangehenden Platte anliegt. Die beiden Markierungen per Schnurschlag verbinden und die Platte entlang der Schnurlinie abschneiden. Falls nötig, die Schnittkante passend zu der Ecklattenkante behobeln und die zugeschnittene Platte ebenso anbringen wie die übrigen.

Die erste Platte der angrenzenden Wand wie oben in Arbeitsgang 1 bis 4 beschrieben anbringen und mit der Wasserwaage senkrecht ausrichten. Falls es sich hierbei um einen kurzen Wandabschnitt von weniger als einer Plattenbreite handelt, die Platte passend zuschneiden und einpassen; dabei darauf achten, daß die fabrikgeschnittene Kante senkrecht ausgerichtet wird. Die Eckfugen mit Leisten abdecken *(S. 100)*.

Aussparungen für Rohre vornehmen

Um ein Rohr herum täfeln. Zunächst den Rohrmittelpunkt feststellen; dann vom Boden bzw. von der Kante der zuletzt angebrachten Platte aus bis zum nächstgelegenen Punkt am Rohr messen. Den halben Rohrdurchmesser hinzufügen und von dem senkrechten Maß 0,5 cm – als Spiel am Boden – abziehen. Diese Maße auf die Rückseite der Platte übertragen und den Schnittpunkt anstechen.

Die Aussparung immer ein wenig größer ausschneiden, als der Durchmesser des Rohres beträgt. Aussparungen bis 10 cm Durchmesser werden mit der Lochsäge gearbeitet. Hartfaserplatte kann man in einem Arbeitsgang von der Sichtfläche aus durchsägen. Span- und Sperrholzplatten nur so weit bohren, bis die Zentrierspitze der Lochsäge *(kleine Zeichnung)* die Oberfläche der Platte durchstößt. Die Säge herausziehen, die Platte umdrehen und das Loch von der anderen Seite aus fertigstellen; so kann das Material allenfalls auf der Rückseite splittern. Bei Aussparungen über 10 cm Durchmesser den Umfang auf der Plattenrückseite mit dem Zirkel anzeichnen, unmittelbar innerhalb der Linie ein kleines Loch bohren und den Ausschnitt mit der Stichsäge fertigstellen.

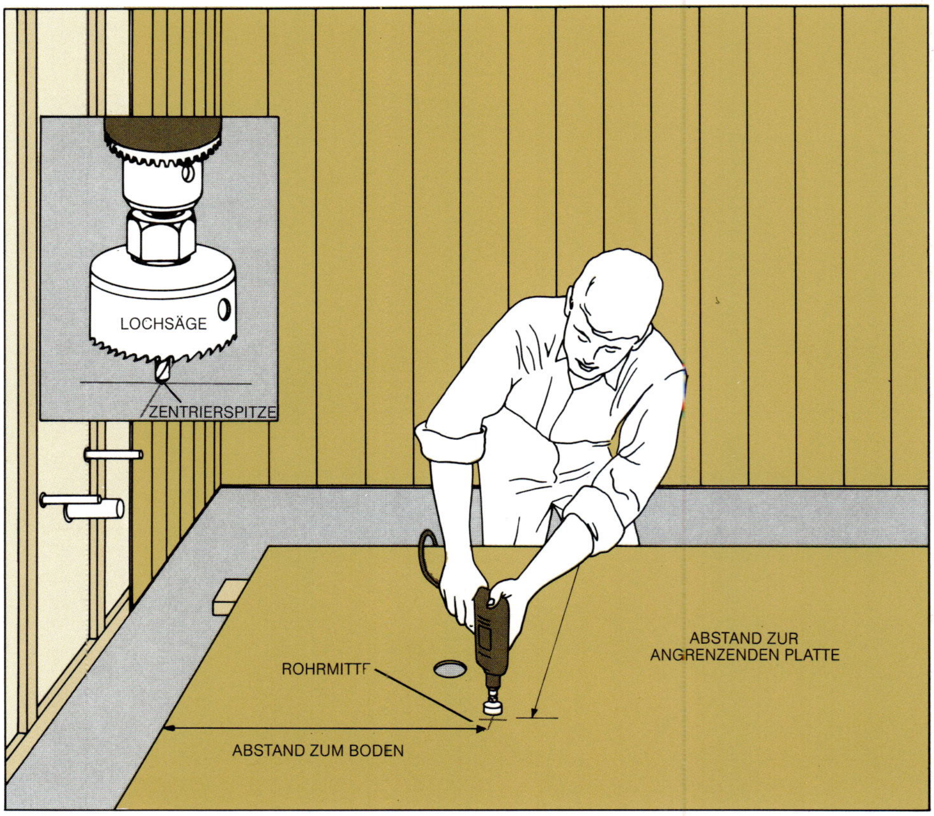

Täfelungen an Türen und Fenstern

Ein Futter verbreitern. Wenn die Täfelung auf Türen oder Fenster stößt, die bündig mit der Wandfläche eingesetzt sind, muß das Futter verbreitert werden. Zunächst die Bekleidungen entfernen. Dann um die Öffnung herum Latten anbringen *(S. 11)*. Aus 19-mm-Brettern drei Futterteile zuschneiden – zwei seitliche und ein oberes. Die Breite der Futterteile muß der Dicke der Latten sowie der Täfelungsplatten entsprechen. Die Futterteile mit Stauchkopfnägeln auf die Kanten des alten Futters nageln *(rechts)*.

Die Täfelungsplatten an die Futterverbreiterung stoßen lassen, für vorspringende Kanten einer Fensterbank Ausklinkungen schneiden. Auf die Verbreiterung und die Plattenkanten Zierbekleidungen nageln, um die Fugen zu verdecken.

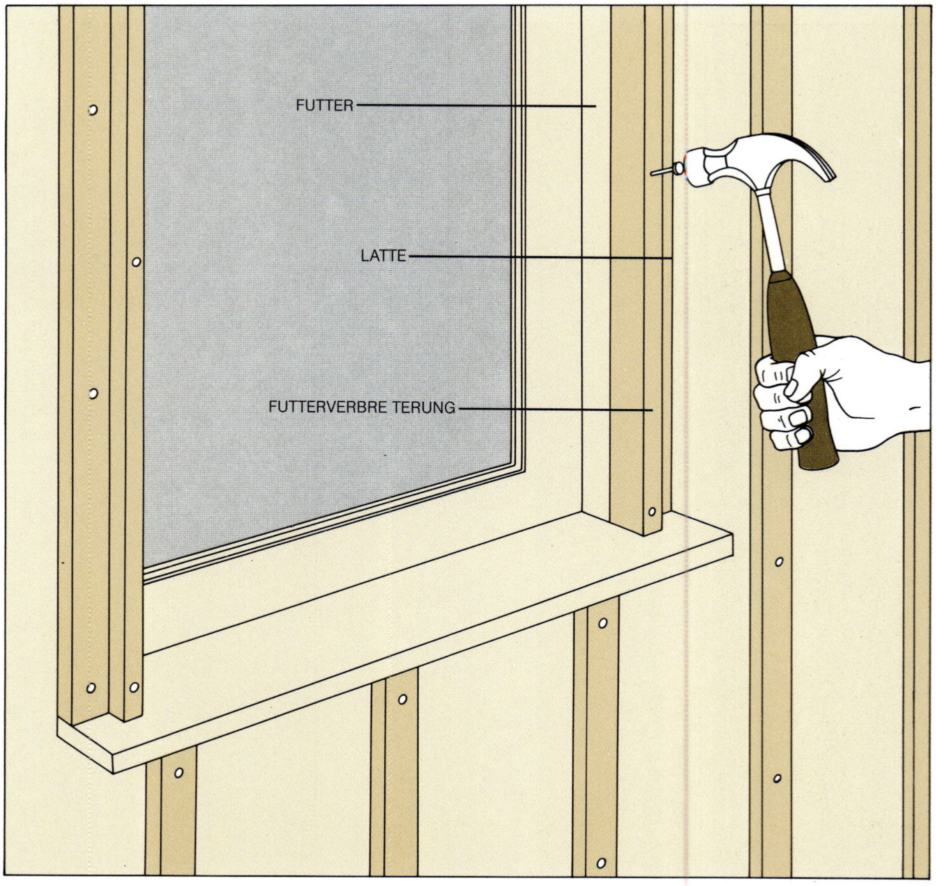

Eine Leibung vertäfeln

1 **Die Leibung einlatten.** Zunächst auf der Wandfläche Latten bündig mit den Kanten der Öffnung befestigen *(S. 11–14)*. Danach innen an der Leibung, um den Tür- bzw. Fensterrahmen herum, Latten befestigen; dann an der Außenkante an der Leibung Latten bündig mit der Wandlattung anlegen und darauf festnageln *(kleine Zeichnung)*. In den Ecken der Leibung – bei einer tiefen Leibung auch jeweils im Abstand von 40 cm dazwischen – Latten anbringen. Wenn Latten von 24 x 48 mm das Öffnen des Fensters behindern, dünnere Latten verwenden oder die Täfelungsplatten mit Kontaktkleber direkt in die Leibung kleben.

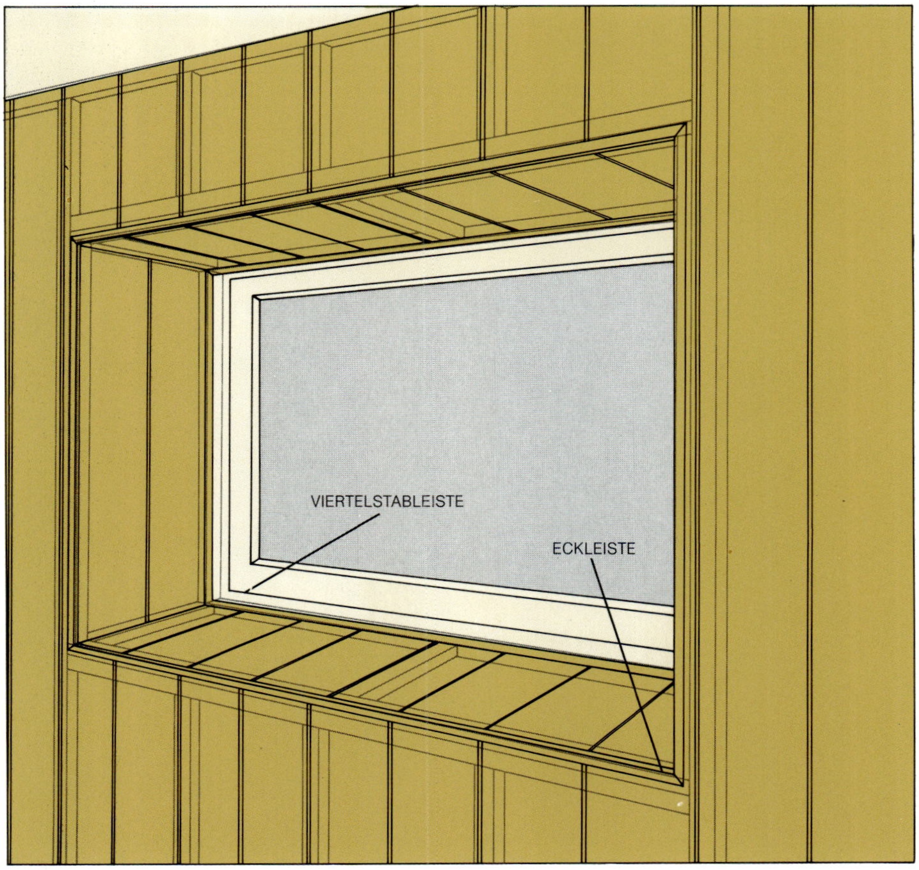

2 **Die Leibung verkleiden.** Die waagerechten Teile der Leibungsverkleidung aus den Resten der senkrechten Wandverkleidung herstellen und passend zuschneiden. Im oberen und unteren Teil der Leibung die zugeschnittenen Plattenteile so verlegen, daß die Ziernuten bzw. Fugen mit denjenigen der senkrechten Wandverkleidung übereinstimmen. Dazu den Abstand von einer Nut in der senkrechten Platte zum Rand der Fensteröffnung messen und dieses Maß, von der entsprechenden Nut ausgehend, auf die waagerechte Platte übertragen.

Viertelstableisten auf die Fugen zwischen Fensterrahmen und Platten nageln oder leimen, die Außenkanten der Öffnung mit Eckleisten abdecken *(S. 100)*.

Die Kurve für einen Fensterbogen konstruieren

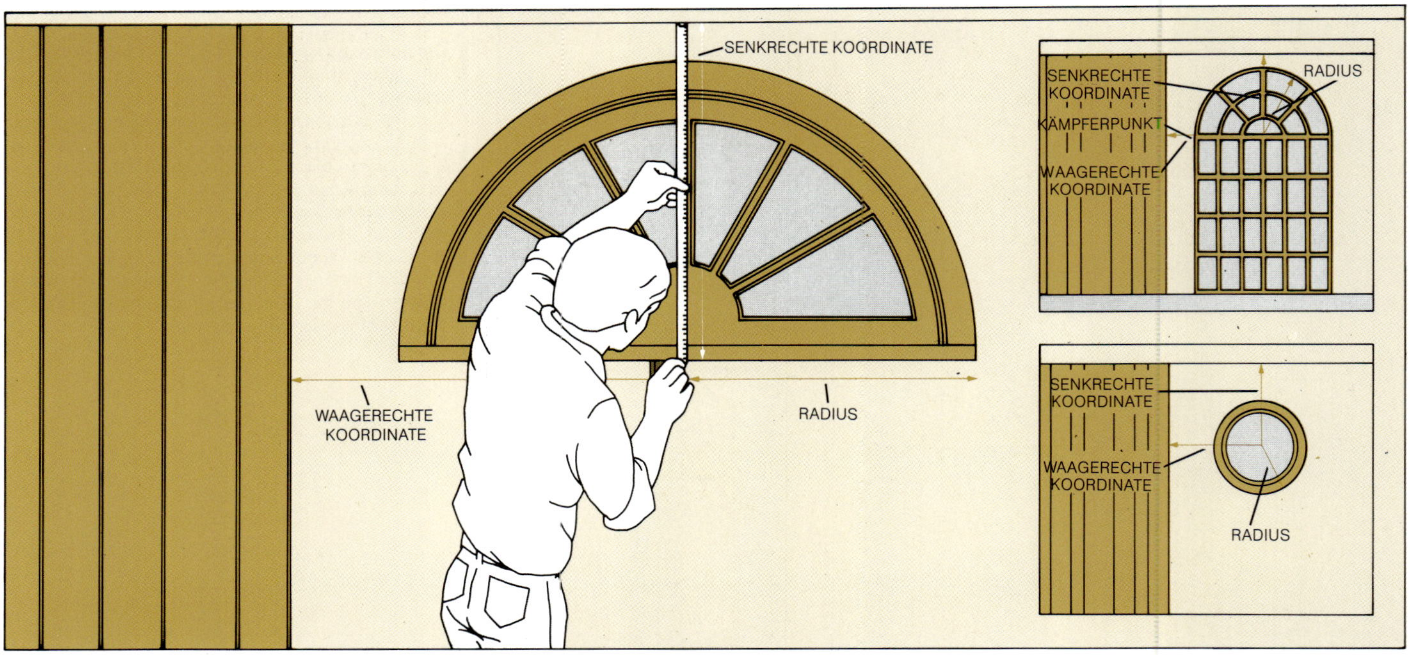

1 **Die Abstände ausmessen.** Um eine Platte an ein kreisrundes oder halbkreisförmiges Fenster anzupassen, die Bekleidung entfernen und den geometrischen Mittelpunkt des Grundkreises ermitteln. Dann bei einem halbkreisförmigen Fenster den Abstand von der Decke zur Unterkante des Fensterrahmens ausmessen, anschließend den Abstand von der Mitte der Rahmenunterkante zur Kante der zuletzt befestigten Platte messen. Von dem senkrechten Maß 0,5 cm als Spiel abziehen und mit diesen beiden Maßen als Koordinaten den Kreismittelpunkt auf der Platte konstruieren.

Ist der Halbkreis Teil eines Fensters mit geraden Seiten *(obere kleine Zeichnung),* als erstes die Mitte der Halbkreisgrundlinie errechnen und den Radius ermitteln. Dazu zunächst das Metermaß an die Innenseite des Rundbogenfensters halten, und den Punkt, an dem die Krümmung des Rahmens beginnt – den sogenannten Kämpferpunkt –, bestimmen. Dann den Abstand vom Kämpferpunkt bis zur zuletzt befestigten Platte messen und zum Radius addieren. Als nächstes den Abstand von der Decke bis zum Mittelpunkt messen. Wiederum 0,5 cm vom senkrechten Maß als Spiel abziehen und aus diesen waagerechten und senkrechten Koordinaten den Mittelpunkt des Halbkreises auf der Platte konstruieren.

Bei einem kreisförmigen Fenster den Punkt ermitteln, der der zuletzt befestigten Platte am nächsten liegt *(untere kleine Zeichnung).* Von diesem Punkt aus zur Decke messen und 0,5 cm als Spiel abziehen. Dann den Abstand von diesem Punkt zur letzten Platte messen und zu diesem Maß den Radius des Kreises addieren. Aus diesen waagerechten und senkrechten Koordinaten den Kreismittelpunkt auf der Platte konstruieren.

2 **Die Kurve zeichnen.** In den auf der Platte konstruierten Kreismittelpunkt einen Nagel einschlagen und das eine Ende einer Schnur daran festbinden. Den Radius des Kreises bzw. Halbkreises auf der Schnur abmessen und am Endpunkt einen Bleistift befestigen. Den Bleistift im Bogen herumziehen und so den Umriß des Fensterrahmens nachzeichnen. Wenn das Fenster größer ist als eine Plattenbreite, zwei auf die Höhe des Raumes zugeschnittene Platten so aneinanderlegen, wie sie später befestigt werden sollen, und den Fensterbogenumriß auf beiden zusammen markieren.

Den Umriß eines Halbkreis- oder Rundbogenfensters mit den geraden Linien abschließen. Die Bogenschnitte mit der Stichsäge, gerade Schnitte mit der Handkreissäge ausführen. Das ausgeschnittene Stück als Schablone zur Herstellung der Lattenunterkonstruktion, die den Fensterbogen umgibt, verwenden *(Arbeitsgang 3).*

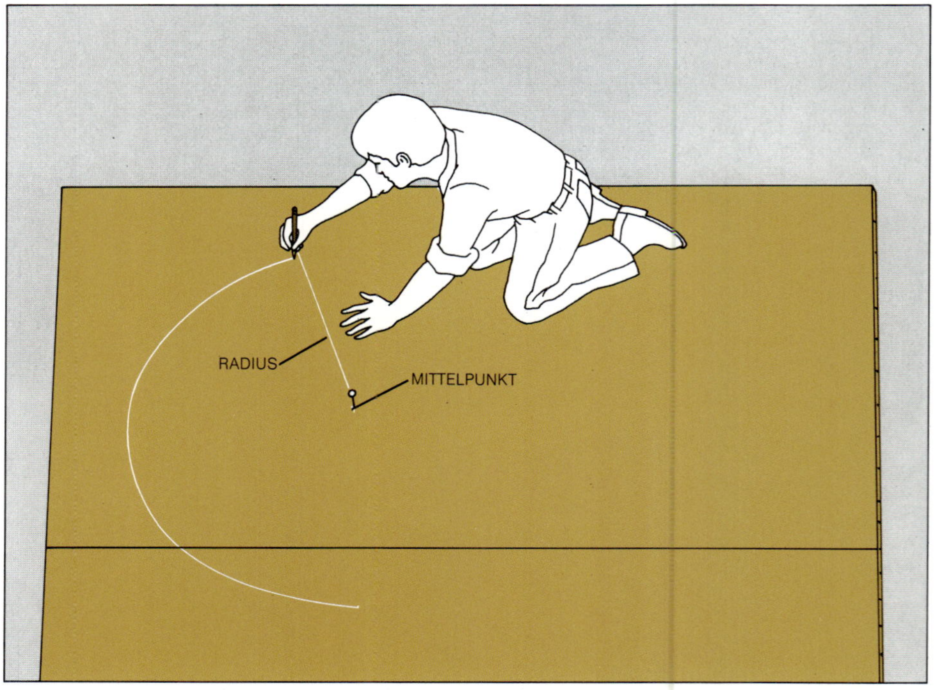

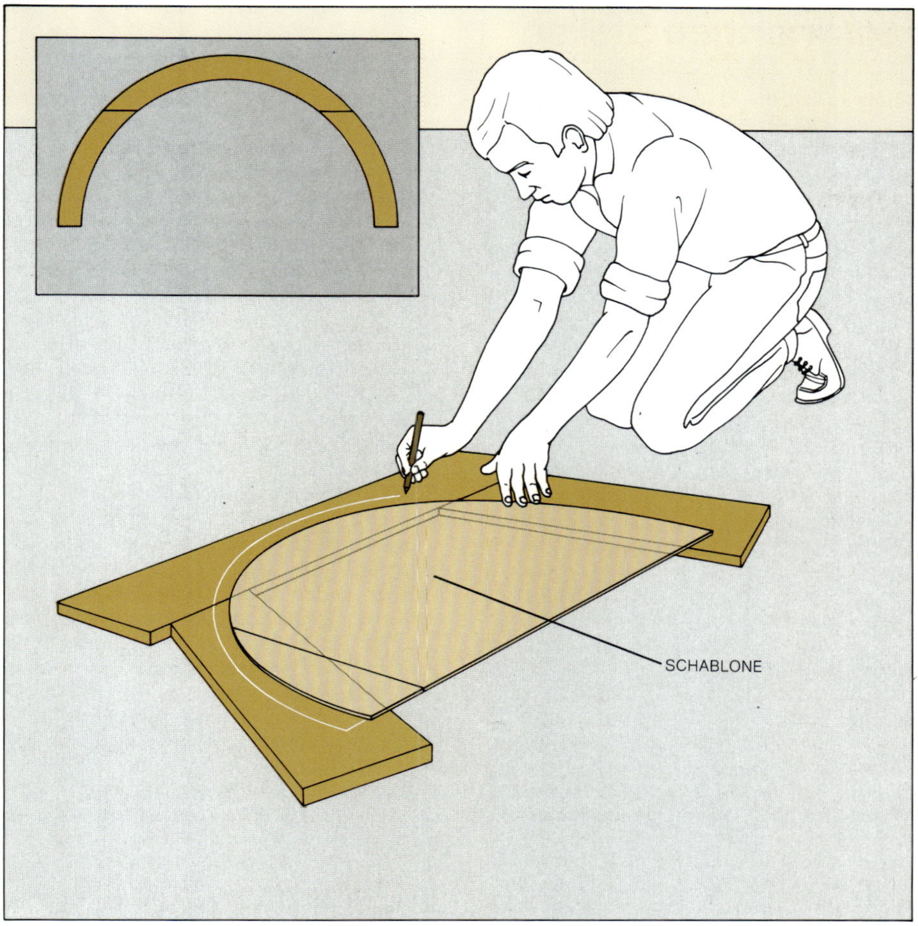

3 Die Latten zuschneiden. Besteht die Schablone aus zwei Teilen, diese mit Klebeband verbinden. Drei Bretter von 25 x 225 mm etwa in der Form des Bogens aneinanderlegen, die Schablone darauflegen und die Bretter so verschieben, daß überall mindestens 5 cm über den Rand der Schablone vorstehen. Die Kante der Schablone auf den Brettern anreißen und 5 cm außerhalb dieser Rißlinie parallel dazu eine zweite Kurve anzeichnen *(links)*. Nach diesen Rißlinien die Latten mit der Stichsäge zuschneiden *(kleine Zeichnung)*.

Platten unregelmäßigen Öffnungen anpassen

Eine Schablone herstellen. Mit Klebeband ein großes Stück Pauspapier über der Öffnung so befestigen, daß eine Seite an der zuletzt verlegten Platte, eine andere an der Decke anliegt. Das Papier an die Öffnung halten und den Umriß mit dem Bleistift nachzeichnen. Das Papier abnehmen und die angezeichnete Fläche mit der Schere ausschneiden, das übrige dient als Schablone. Diese nun auf die Platte, die zugeschnitten werden soll, auflegen, so daß die waagerechte und senkrechte Seite an den entsprechenden Plattenkanten anliegen, und die Umrisse auf die Platte übertragen. Die Platte ausschneiden und anbringen; dazu den ausgeschnittenen Teil, wie oben beschrieben, als Schablone für die Unterkonstruktion benutzen.

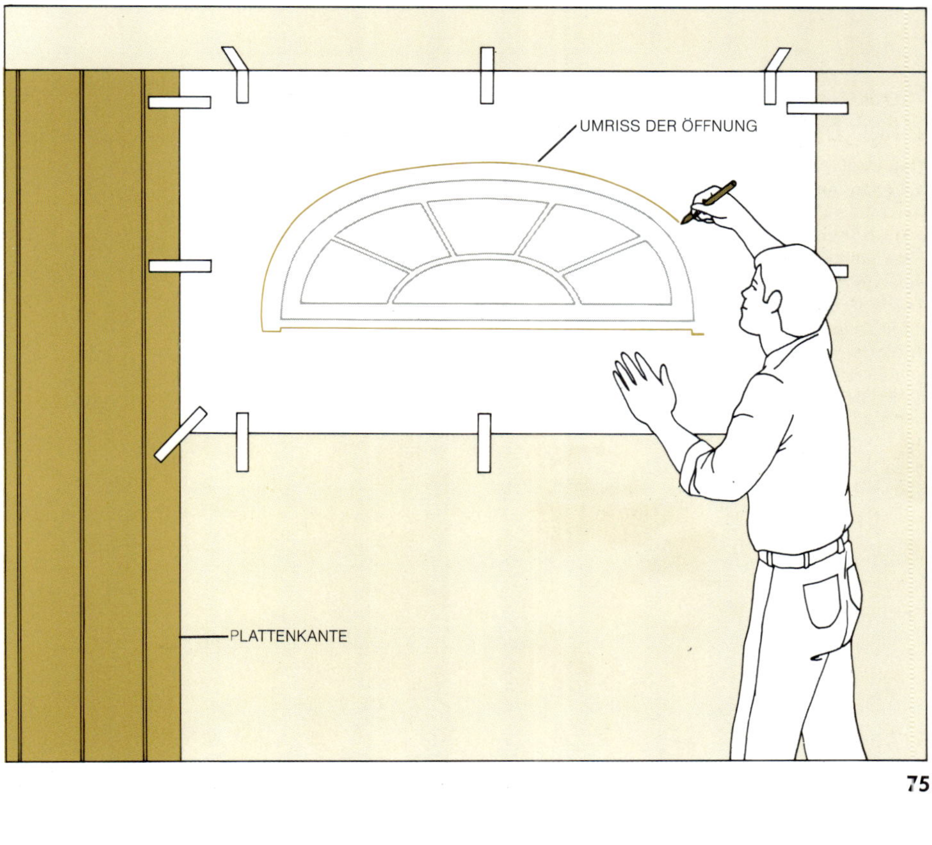

Paßgenaues Verlegen an schwierigen Stellen

Wände lassen sich nicht immer säuberlich in ebene Rechtecke unterteilen. Immer wieder bleiben Flächen mit problematischen Formen übrig: der dreieckige Wandabschnitt über oder unter einer Treppe, die Wand, die an eine schräge Decke stößt, Flächen, die beispielsweise durch einen gemauerten Kamin unterbrochen werden, sowie abgerundete Ecken und gewölbte Wände.

In allen diesen Fällen ist es notwendig, die Platten auf besondere Weise zuzuschneiden: manchmal diagonal, manchmal in Kreisbögen oder auch in völlig unregelmäßigen Formen. Um unregelmäßige Fugen oder Ecken zu verdecken, ist es unter Umständen unumgänglich, die dazu erforderlichen Leisten selber anzufertigen.

Wohl am häufigsten kommt es vor, daß man Wandverkleidungen an Treppen anpassen muß. Die Platten müssen dann passend zum Verlauf der Treppenwange zugeschnitten werden. Die Wange verläuft in der Neigung, die sich naturgemäß aus der Breite der Trittstufen und der Höhe der Setzstufen – den senkrechten Verbindungsteilen zwischen den Trittstufen – ergibt.

Zum Anreißen der Schnittlinien werden die Täfelungsplatten flach nebeneinander auf dem Boden ausgelegt, dann wird der Neigungswinkel der Treppenwange mit der Schmiege auf die Fläche übertragen *(unten und gegenüberliegende Seite oben).*

Meist muß nur eine Kante einer Plattenfläche der Treppe angepaßt werden: die Unterkante über der Treppe und die Oberkante unter der Treppe. Doch manchmal, wenn z. B. über der Wange ein Handlauf an der Wand befestigt ist, werden die obere und die untere Kante im gleichen Winkel zugeschnitten, so daß sich ein Parallelogramm ergibt. Über der Treppe kann man die Täfelung auf der Linie enden lassen, die dem Verlauf der Decke des darunterliegenden Raumes folgt, und diese Abschlußlinie mit einer Leiste verdecken. Die Täfelung kann aber auch bis zur Decke des Treppenaufgangs bzw. des darüberliegenden Geschosses geführt werden.

In letzterem Fall ist die zu verkleidende Wand höher als die handelsüblichen Plattenformate. Um dieses Problem zu lösen, gibt es mehrere Möglichkeiten, die sich auch auf andere überhohe Wände anwenden lassen. Fehlen nur maximal 7 cm Höhe, kann man am unteren Rand der Verkleidung einen Streifen frei lassen, der durch eine Fußleiste – montiert auf einer Unterlage in der Stärke der Platten – verdeckt wird.

Genügt das nicht, können die Platten waagerecht übereinander angebracht werden; die senkrechten Fugen an den Enden werden durch Leisten verdeckt. Die Platten können auch in senkrechter Lage übereinandergesetzt und die waagerechten Fugen mit Leisten kaschiert werden. Eine weitere Möglichkeit besteht darin, die Platten im Fischgrätenmuster zu verlegen, wodurch man ebenfalls Höhe gewinnen kann.

Für ein Fischgrätenmuster *(S. 79)* werden senkrecht gemusterte Platten schräg zugeschnitten und schräg montiert. Es spielt dabei keine Rolle, ob die Ziernuten in regelmäßigen oder in unregelmäßigen Abständen angeordnet sind. Durch die Schrägstellung der Platten geht etwas an Breite verloren; die Unterkonstruktion muß also entsprechend bemessen werden.

Um Platten an gewölbte Flächen anzupassen, gibt es ebenfalls ein spezielles Zuschnittsverfahren, und zwar wird die Rückseite der Platten gekerbt, d. h. in regelmäßigen Abständen werden flache Nuten eingeschnitten *(gegenüberliegende Seite unten).* Die Platte kann dann sanft nach hinten gebogen werden. Das Verfahren läßt sich allerdings nur bei Sperrholz anwenden; Hartfaserplatte läßt sich kaum, Spanplatte überhaupt nicht biegen, ohne zu brechen. Die dünnsten Sperrholzplatten – aus nur 3,6 mm starkem sogenannten Flugzeugsperrholz – lassen sich sogar ohne Kerben etwas biegen.

Platten einer Treppe anpassen

1 **Den Winkel der Wange messen.** Die Wasserwaage am Ende der Treppenwange senkrecht auf den Boden setzen und daran entlang vom Wangenende aufwärts auf der Wand eine senkrechte Bleistiftlinie ziehen. Die Schmiege auf den Winkel einstellen, den diese Linie mit der Wange bildet *(rechts),* und die Schmiege feststellen. Den Abstand von der zuletzt befestigten Platte bis zur Wange sowie vom Boden bis zum Anfang der Wangenoberkante messen und diese Maße auf die Sichtfläche der nächsten Platte übertragen.

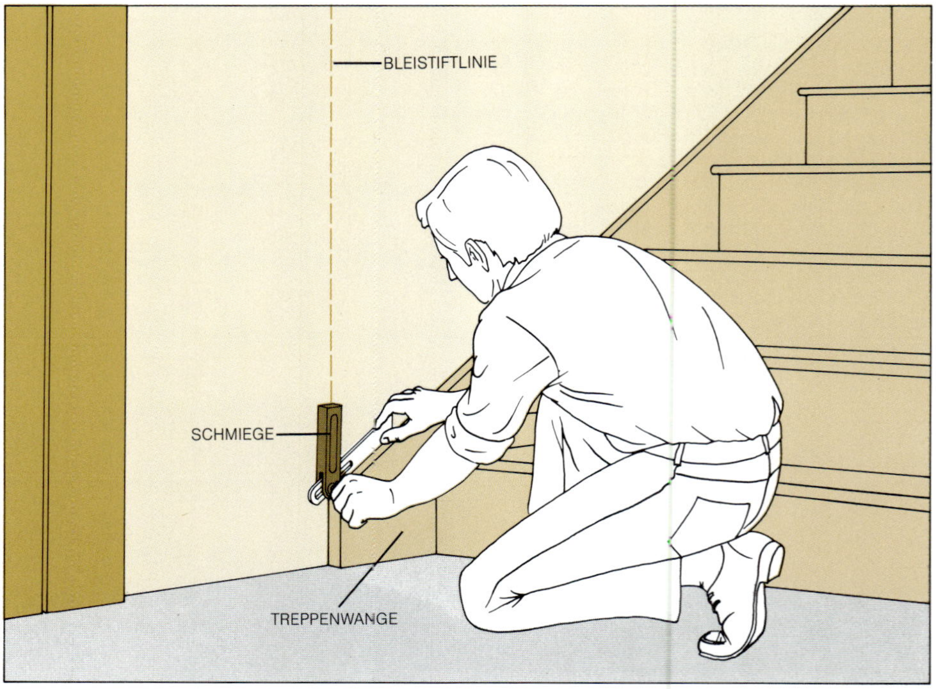

2 **Den Winkel auf die Platte übertragen.** Die festgestellte Schmiege an den Punkt anlegen, der den Anfang der Wangenkante markiert. Mit Bleistift und Metermaß die Wangenkante auf der Platte anzeichnen *(rechts)*.

Die übrigen Platten, die montiert werden sollen, mit der Sichtfläche nach oben bündig an die erste Platte anlegen. Die schräge Linie verlängern, bis sie die Oberkante einer Platte schneidet. Die Platten entlang dieser Linie mit der Handkreissäge oder der Feinsäge hinab bis zur Unterkante der ersten Platte abschneiden.

Sperrholzplatten biegsam machen

Eine Platte einkerben. Um eine Platte an einer gekrümmten Wandfläche anzupassen, in die Rückseite der Platte mit der Handkreissäge eine Reihe flacher Nuten schneiden. Dazu die Säge auf die halbe Plattenstärke einstellen. Die ganze Platte mit der Sichtfläche nach unten auf eine feste Arbeitsfläche legen, damit sie nicht durchbricht. Auf der Rückseite ein Brett, das so lang ist wie die Platte, als Sägeführung festspannen. Die Führung nach jedem Schnitt versetzen. Die Kerben im Abstand von etwa 2,5 cm einschneiden; dabei darauf achten, daß die Kerben von den Nuten auf der Vorderseite mindestens 2,5 cm entfernt liegen. Die erste Hälfte der Platte von der einen Seite des Arbeitstisches her einkerben, dann von der anderen Tischseite her die zweite Hälfte kerben.

Die gekerbte Platte vorsichtig an die gewölbte Wand drücken. Läßt sich die Platte nicht genügend biegen, jeweils genau in der Mitte zwischen zwei Kerben weitere Kerben sägen.

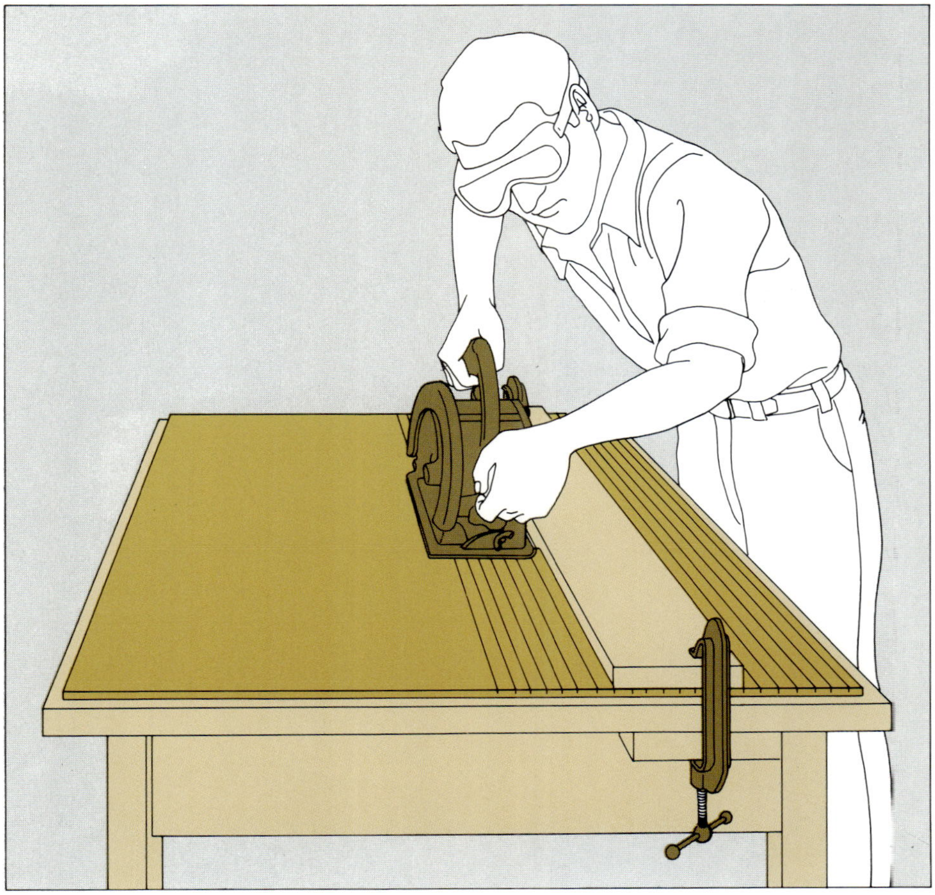

Eine Platte unregelmäßigen Formen anpassen

1 Für den Grobschnitt maßnehmen. Reicht die Täfelung bis auf eine Plattenbreite an ein Objekt mit unregelmäßigem Umriß, z. B. an einen mit Natursteinen gemauerten Kamin, heran, den Abstand von der Plattenkante bis zu dem am weitesten entfernten Punkt der Kaminseitenkante messen. Dieses Maß auf die Platte, die zugeschnitten werden soll, übertragen und durch diesen Punkt hindurch die erste senkrechte – vorläufige – Schnittlinie anzeichnen. Für die waagerechte Schnittlinie das Maß von der Decke bis zum Kaminsims auf die Platte übertragen, als Spielraum unter der Decke 0,5 cm abziehen. Das durch diese Maße entstandene Rechteck ausschneiden.

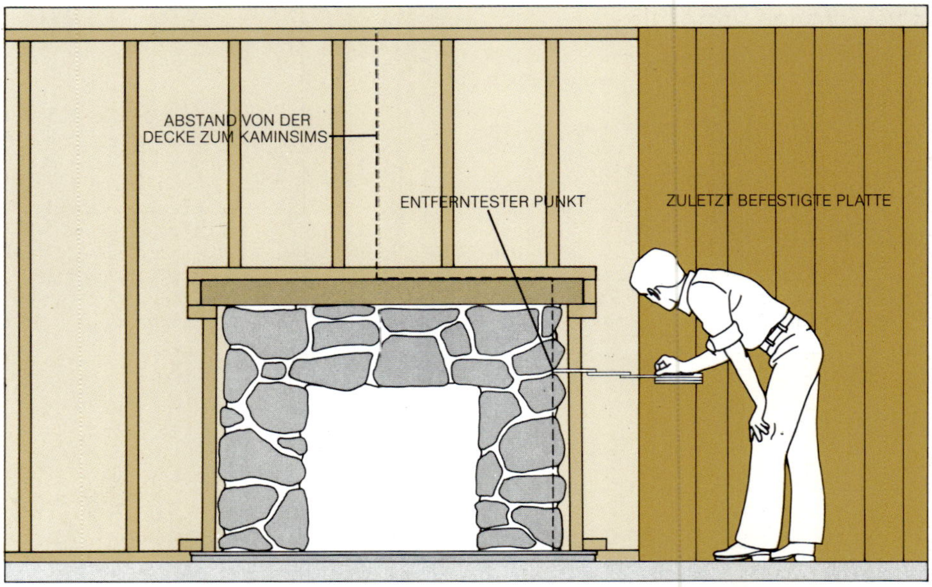

2 Die Platte anreißen. Die Platte mit der soeben geschnittenen vorläufigen Seitenkante an das Ende des Kaminsimses halten, die andere Kante – sie überlappt die zuletzt befestigte Platte – senkrecht ausrichten. Die Zeichenspitze eines Zirkels an die Schnittkante der Platte, die Nadel des Zirkels am entferntesten Punkt am Kamin anlegen (an demselben Punkt, der in Arbeitsgang 1 als Maß benutzt wurde). Den Zirkel in dieser Position arretieren. Von der Oberkante des Kaminsimses abwärts mit fast waagerecht gehaltenem Zirkel den Umriß des Kamins auf die Platte übertragen. Die Platte entlang dieser Rißlinie mit der Stichsäge paßgenau zuschneiden und anschließend befestigen.

Im allgemeinen wird die Täfelung über dem Kamin fortgeführt und muß auch auf der anderen Seite angepaßt werden. Zunächst von der zuletzt befestigten Platte aus eine Plattenbreite abmessen und an diesem Punkt eine senkrechte Linie ziehen. Dann von dieser Linie bis zum entferntesten Punkt an der noch nicht vertäfelten Seite des Kamins messen. Nach dem oben beschriebenen Verfahren den Umriß auf die Platte übertragen und ausschneiden *(kleine Zeichnung)*.

Hohe Wände vertäfeln

Waagerechte Stoßfugen abdecken. Will man eine Wand vertäfeln, die höher ist als die Täfelungsplatten, eine zweite Reihe passend zugeschnittener Platten auf die untere Reihe setzen. Darauf achten, daß das Muster der unteren Reihe oben fortgeführt wird. Die waagerechte Fuge zwischen den beiden Reihen mit einer auf die Holzart und Farbe der Täfelung abgestimmten Profilleiste oder einem passend zugesägten 25-mm-Brett abdecken.

Senkrechte Stoßfugen abdecken. Eine andere Möglichkeit, eine hohe Wand zu vertäfeln, besteht darin, die Platten statt senkrecht waagerecht zu verlegen. Die Ziernuten der nebeneinanderliegenden Platten ausrichten und die Stoßfugen mit zur Täfelung passenden Leisten oder Brettern abdecken. Bei kleineren Wänden – wie hier gezeigt – eventuell jeweils zwischen zwei Stoßfugen zusätzliche senkrechte Leisten anbringen, um die lange Horizontale der Platten zu unterbrechen.

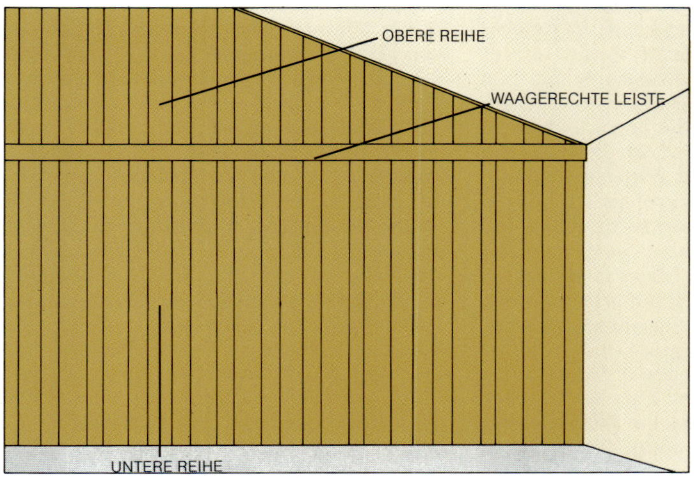

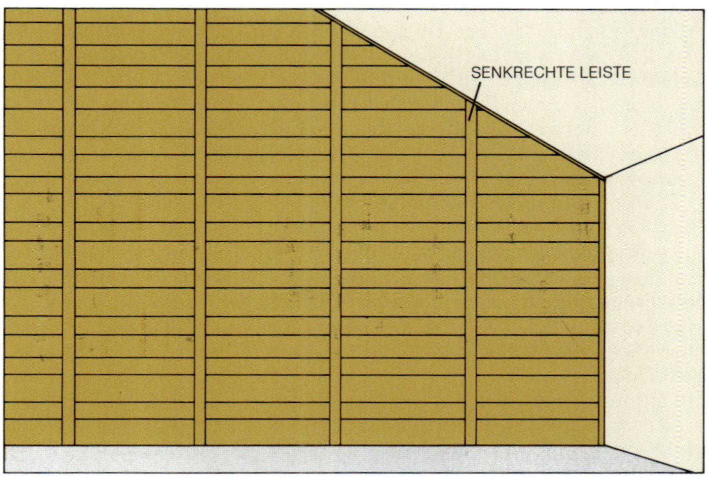

Ein Fischgrätenmuster herstellen

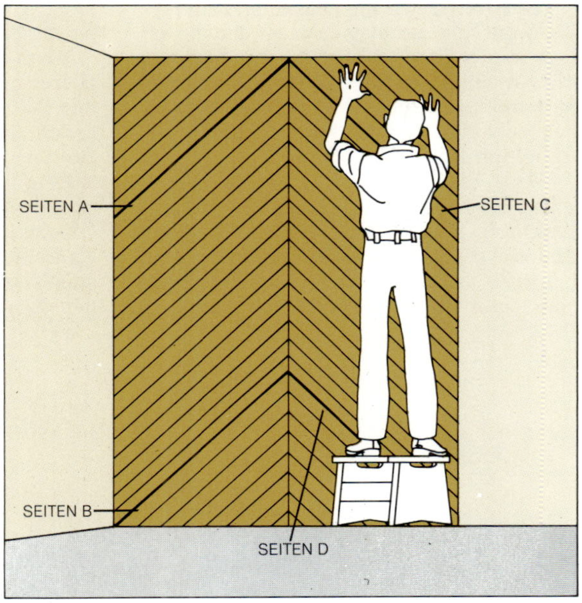

1 Die Platten anreißen. Auf der Sichtfläche der Platte jeweils den Mittelpunkt der beiden Längsseiten anzeichnen und diese jeweils mit einer gegenüberliegenden Ecke verbinden. Die beiden Diagonalen halbieren und die Halbierungspunkte mit den anderen beiden Ecken der Platte verbinden. Die beiden Dreiecke oben und unten als Verschnitt beiseite legen. Die Seiten der übrigen Plattenstücke mit Seite A und Seite B bezeichnen *(kleine Zeichnung)*. Eine zweite Platte ebenso anreißen, jedoch die Richtung der Diagonalen umkehren und die Seiten mit C und D bezeichnen. Beide Platten entlang den Rißlinien zuschneiden *(S. 69)*.

2 Die Teile zusammensetzen. Die Plattenteile so zusammensetzen, daß zwei aneinandergelegte A-Seiten auf der oberen Hälfte und zwei B-Seiten auf der unteren Hälfte eines neuen Rechtecks liegen. Mit den C- und D-Seiten aneinander ein zweites Rechteck bilden; die Nuten laufen hier entgegengesetzt zum ersten Rechteck. Weitere Rechtecke paarweise ebenso im Fischgrätenmuster anbringen.

Profilholzbretter: einfach zu verlegen

Ein holzgetäfelter Raum wirkt freundlich, warm und behaglich. Ob Sie sich für gediegene Eiche entscheiden oder rustikale helle Fichte vorziehen – Bretter sind einfach zu verarbeiten, dauerhaft und geben dem Raum eine stilvolle Atmosphäre, die von anderen Wandbelägen kaum erreicht wird.

Viele Hölzer eignen sich für Wandverkleidungen, von den Laubhölzern z. B. sind Eiche, Esche, Rüster und Mahagoni sehr beliebt. Unter den Nadelhölzern sind nordische Kiefer, Fichte, Lärche, Oregon Pine und Hemlock verbreitet. Die Preise differieren erheblich, Nadelholz kostet meist weniger als Laubholz. Um einen Raum auch preisgünstig mit edlen Hölzern wie Kirsche, Walnuß oder Teak zu verkleiden, kann man furnierte Spanplattenbretter verwenden.

Die Holzart und die Laufrichtung der Verkleidung – senkrecht, waagerecht oder diagonal – beeinflussen das Aussehen des fertigen Raumes am stärksten, aber auch andere Faktoren sind wichtig. Massivholzbretter gibt es mit gehobelter oder mit sägerauher Oberfläche. Auch die Maserung beeinflußt die Wirkung: Eine schlichte Maserung wirkt ruhig und elegant, eine astreiche Maserung eher rustikal. Gehobelte Bretter gibt es üblicherweise in Dicken von 12 bis 28 mm und in Breiten von 80 bis etwa 225 mm; oft werden zum Beleben einer Fläche verschiedene Breiten gemischt. Über 150 mm breite Bretter schwinden und krümmen sich leichter.

Die Brettkanten können scharfkantig gesägt oder aber schlicht bis aufwendig profiliert sein, außerdem können sie gefälzt oder mit Nut und Feder versehen sein. Bretter mit Nut und Feder sind am leichtesten zu verarbeiten, besonders dann, wenn sie diagonal befestigt werden sollen.

Wenn die Entscheidung unter ästhetischen Gesichtspunkten gefallen ist, muß die praktische Seite bedacht werden. Preise und Liefermöglichkeiten verschiedener Baumärkte oder Holzhandlungen sind zu vergleichen, und die Wandfläche, die verkleidet werden soll, muß in Quadratmetern ausgerechnet werden. Aus dieser Zahl die benötigten laufenden Meter an Brettern zu berechnen kann kompliziert sein, denn außer der durchschnittlichen Breite der Bretter spielt die Anordnung an der Wand eine Rolle und manchmal auch, ob es sich um Laub- oder Nadelholz handelt; der Holzhändler weiß hier sicher Rat. Auf das berechnete Maß müssen in jedem Fall 10 bis 20 Prozent für Verschnitt aufgeschlagen werden.

Ferner ist zu unterscheiden, in welcher Länge die Bretter eingekauft werden. Kauft man die Bretter als Kubikware, erhält man meist verschiedene Längen. Bei einer diagonalen Anordnung, für die lange und kurze Bretter gebraucht werden, ist diese Art des Einkaufs am günstigsten. Für eine senkrechte Anordnung ist es wahrscheinlich billiger, gleichmäßig lange Bretter zu bestellen, um weniger Verschnitt zu haben, auch wenn der Preis für den laufenden Meter höher liegt.

Sind Planung und Einkauf erledigt, kann die handwerkliche Arbeit beginnen. Sie erfordert nicht so sehr Spezialkenntnisse der Holzbearbeitung als vielmehr Sorgfalt und Geduld, denn Bretter sind trotz Normmaßen nie genau gleich. Eine leichte Wölbung oder Biegung, eine gewisse Kuppung, wie sie dem Holz eigen sind, lassen sich niemals ganz vermeiden. Damit alle Bretter genau senkrecht, waagerecht oder diagonal stehen, wird jedes einzeln abgemessen, geschnitten und eingepaßt, Unregelmäßigkeiten werden laufend bei der Arbeit ausgeglichen.

Wenn zu den normalen Eigenheiten des Holzes noch die Narben kommen, die Wind und Wetter im Laufe der Jahre hinterlassen haben, dann hat man die alten, verwitterten Bretter, die manchmal für besonders rustikale Einrichtungen verwendet werden. Wo solche Bretter verwendet werden, sind alle Überlegungen hinsichtlich Farbe, Maserung, Kantenform und Längen natürlich gegenstandslos. Die Bretter kommen direkt von einer alten Scheune oder einem Schuppen, ihr Zauber liegt in ihrem verwitterten Aussehen und in ihrer Unregelmäßigkeit. Man nimmt sie, wie sie kommen.

Da alte Bretter oft voller Nägel stecken, sind die Sägewerke meist nicht bereit, die Kanten für Verbindungen zu bearbeiten. Man verarbeitet die Bretter deshalb, wie sie sind, probiert verschiedene Anordnungen aus, so daß die Kanten möglichst passend aneinanderliegen. Damit Astlöcher und Fugen weniger auffallen, wird die Wand am besten vorher schwarz gestrichen oder mit schwarzem Filzpapier bezogen.

Im allgemeinen wird für die Täfelung einer Wand an Werkzeug nichts weiter benötigt als eine Handkreissäge oder eine Stichsäge mit feinem Blatt, um die Bretter zuzuschneiden (mit der Tisch- oder der Radialkreissäge geht es schneller), ferner ein Doppelhobel, um die Enden zu bestoßen, sowie einige Hilfsmittel, um gleichmäßige Linien zu erzielen: Zirkel, Wasserwaage, Lot und Schlagschnurgerät, Winkel sowie Prüfwinkel oder Gehrungsmaß. Um die Säge bei Gehrungs- oder Schifterschnitten zu führen, sind noch zwei Winkelanschläge von 45 Grad (Gehrungsanschläge) *(S. 87, Arbeitsgang 2)*, der eine nach rechts, der andere nach links geneigt, nötig.

Massivholzbretter sollten vor der Verarbeitung mindestens eine Woche lang in dem Raum lagern, in dem sie später angebracht werden. Sie werden lagenweise – mit Leisten dazwischen – gestapelt, damit sie sich der Temperatur und der Luftfeuchtigkeit des Raumes anpassen können. Sie verziehen sich dann nach dem Anbringen weniger.

Während sich die Bretter akklimatisieren, können die Wände schon mit einer Lattenunterkonstruktion versehen werden. Für eine senkrechte oder diagonale Täfelung ist eine waagerechte Lattung geeignet, wie sie auf S. 83 gezeigt ist, die Lattung für ein Fischgrätenmuster ist auf S. 90 dargestellt. Wie die Latten angebracht werden, ist auf S. 11–14 beschrieben, und für eine Wand mit Tür oder Fenster gilt die Beschreibung auf S. 72–75.

Ein Muster festlegen

Muster mit verschiedenen Wirkungen. Eine Holzverkleidung kann in verschiedenen Mustern angebracht werden. Die senkrechte Anordnung läßt einen Raum höher erscheinen. Mit glattem, poliertem Holz und schlichten Kanten wird eine strenge, klassische Form erzielt, derbere Hölzer mit komplizierten Profilen wirken dagegen rustikal.

Lebhafte Diagonal- oder Fischgrätenmuster passen am besten zu einer modernen Einrichtung. An den angrenzenden Wänden können die Bretter in derselben Richtung oder aber entgegengesetzt angeordnet werden, so daß ein Zickzackmuster entsteht. Diese Art Muster wirkt am besten auf Wänden mit wenigen Türen oder Fenstern.

Eine waagerechte Anordnung streckt den Raum optisch in der Tiefe und läßt die Decke niedriger erscheinen. In einem Raum mit schmalen, hohen oder mit schrägen Wänden kann dieser Effekt erwünscht sein, ein Raum mittlerer Höhe wirkt jedoch durch die waagerechte Anordnung unter Umständen bedrückend niedrig.

Abschlußleisten verdecken unschöne Fugen, wenn das Holz schwindet; Fachleute verzichten jedoch bei Wandtäfelungen meist darauf, Fuß- und Deckenleisten anzubringen, da diese von den klaren, kraftvollen Linien des Musters ablenken. Türen und Bekleidungen sollten aus dem gleichen Holz bestehen wie die Täfelung. Zierleisten, die an den Ecken auf Gehrung gefügt sind, bilden einen einfachen Abschluß um die Öffnung.

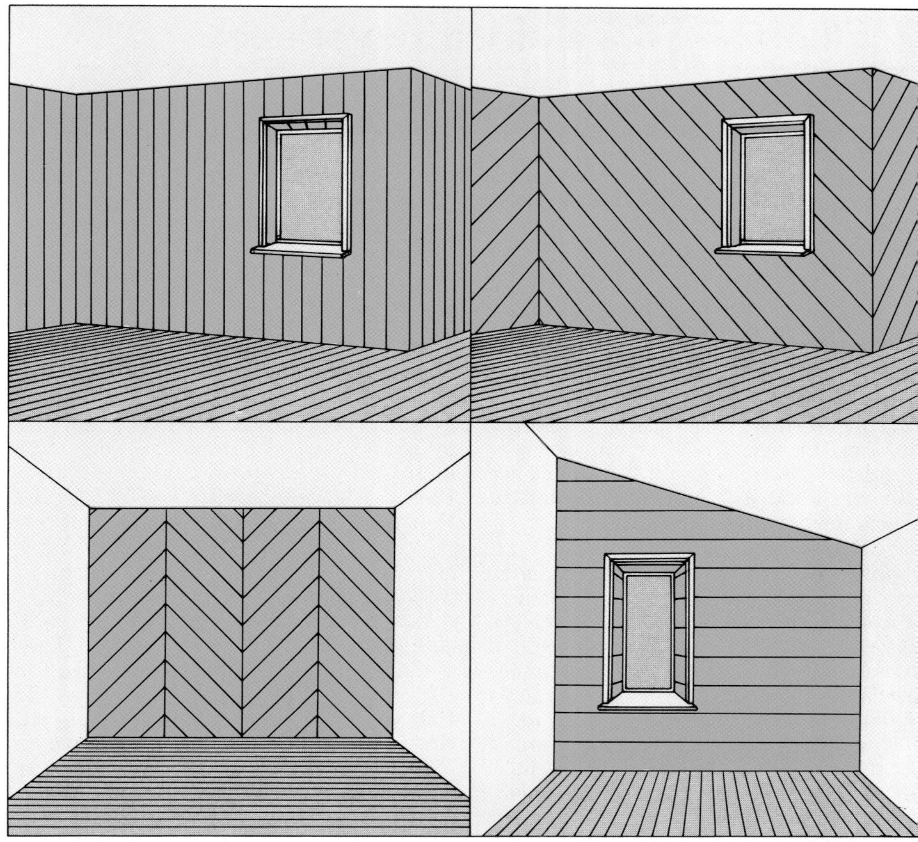

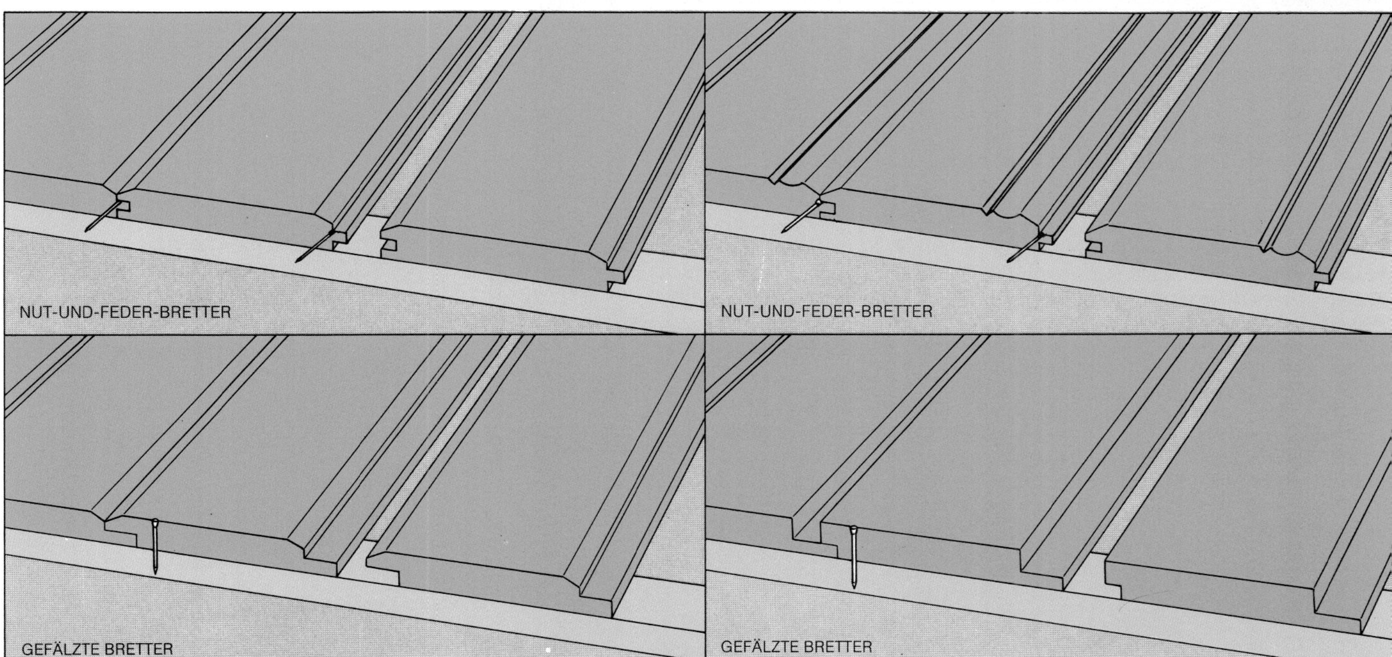

Gefräste Kanten für saubere Verbindungen. Saubere Verbindungen lassen sich herstellen, wenn man die Kanten fräst. Die Bretter haben dann etwas Spiel, wenn das Holz bei Änderungen im Raumklima „arbeitet". Am häufigsten sind Bretter mit Nut und Feder, die ineinandergreifen; sie lassen sich in jeder Anordnung leicht verarbeiten. Es gibt sie mit abgefasten Kanten – dann ergeben sich keilförmige Fugen zwischen den Brettern – oder mit runden oder sogar kompliziert geformten Kanten, um besondere dekorative Effekte zu erzielen. Solche Bretter werden entweder mit 35-mm-Stauchkopfnägeln schräg durch den Grund der Feder genagelt oder mit Profilbrettklammern, auch Montagekrallen genannt, auf der Lattung befestigt. Die Nagelköpfe werden versenkt.

Bretter mit Falz, die nicht ineinandergreifen, sich aber überlappen, sind in waagerechter oder senkrechter Anordnung leichter zu verarbeiten als bei einem diagonalen Muster. Gefälzte Bretter werden meist mit abgefasten Kanten geliefert, so daß sich eine keil- oder rinnenförmige Fuge ergibt, oder aber mit glatten Kanten. Gefälzte Bretter werden meist durch die Sichtfläche genagelt, da beim Nageln durch den Falz das dünne Holz leicht ausbrechen könnte. Die Nägel werden versenkt und die Löcher mit Holzkitt ausgefüllt.

Glattkantige Bretter anbringen. Die schlichte Stab-und-Brett-Verkleidung mit ihren glatten Kanten wirkt senkrecht oder waagerecht montiert recht modern. Sie besteht aus breiteren Brettern, die mit etwa 12 mm breiten Fugen verlegt sind, auf die – bzw. unter die – etwa 24 x 48 mm starke Stäbe genagelt sind. Bei der senkrechten Anordnung werden die Stäbe auch oft hochkant zwischen die Bretter gesetzt. Eine Variante der Stab-und-Brett-Verkleidung ist die Brett-auf-Brett-Verkleidung. Hier sind alle Elemente gleich breit und die erste Lage hat einen Fugenabstand von etwa einer halben Brettbreite. Falls es bei diesen Verkleidungen erforderlich sein sollte, in die Sichtfläche zu nageln, empfiehlt es sich – um ein Spalten des Holzes zu vermeiden –, die Nägel vorher zu stauchen, d. h. die Spitzen zu stumpfen, und möglichst weit von der Brettkante entfernt ins Holz zu schlagen. Die Nägel werden versenkt und mit Holzkitt verdeckt.

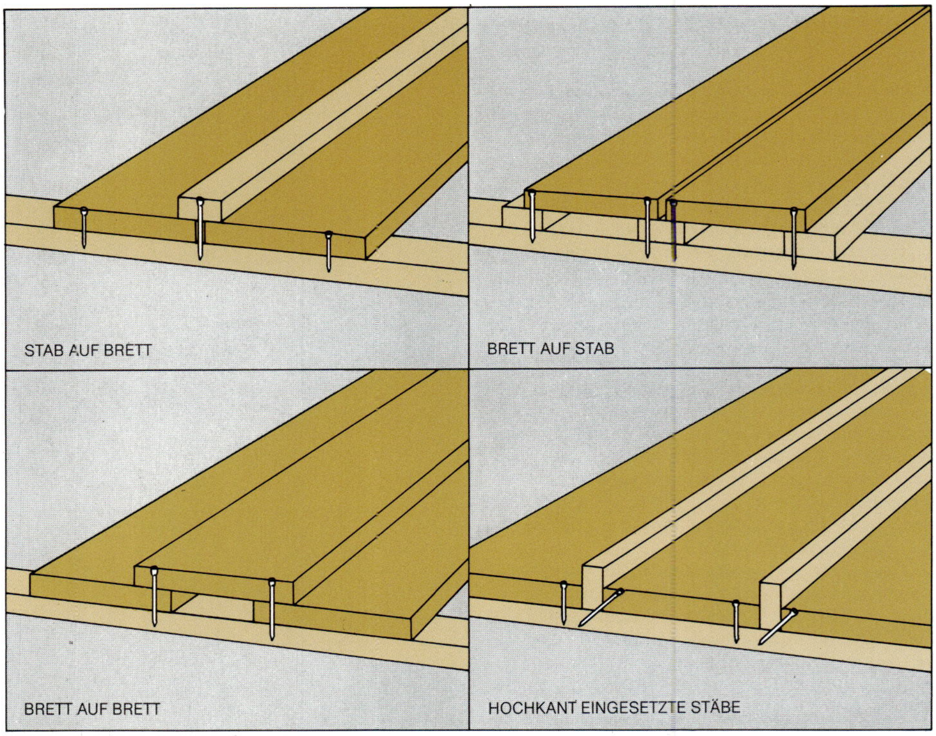

Verkleidungsbretter unsichtbar befestigen

Bretter mit Klammern befestigen. Statt mit Nägeln können Verkleidungsbretter auch mit Metallklammern angebracht werden. Diese Montageart hat den Vorteil, daß das Holz nicht splittern kann und daß die Befestigung später nicht zu sehen ist. Einseitige Profilklammern *(rechts)* dienen zur Befestigung von Nut-und-Feder-Brettern. Die Klammer wird über die hintere Nutwange geschoben und auf die Lattung genagelt oder geheftet. Dann wird die Feder des nächsten Brettes in die Nut geschoben und verdeckt so die Klammer. Die doppelseitige Klammer *(rechts unten)* wird nur für beiderseits genutete Bretter benutzt. Die Klammer wird über die hintere Nutwange des ersten Brettes geschoben und angeheftet oder – wie bei dieser Klammer – mit einem Nagel befestigt. Eine Einschubfeder wird über die Klammer in die Nut gesteckt, dann wird die hintere Nutwange des nächsten Brettes in das freie Ende der Klammer geschoben. Die Feder paßt exakt in die Nut auch des zweiten Brettes.

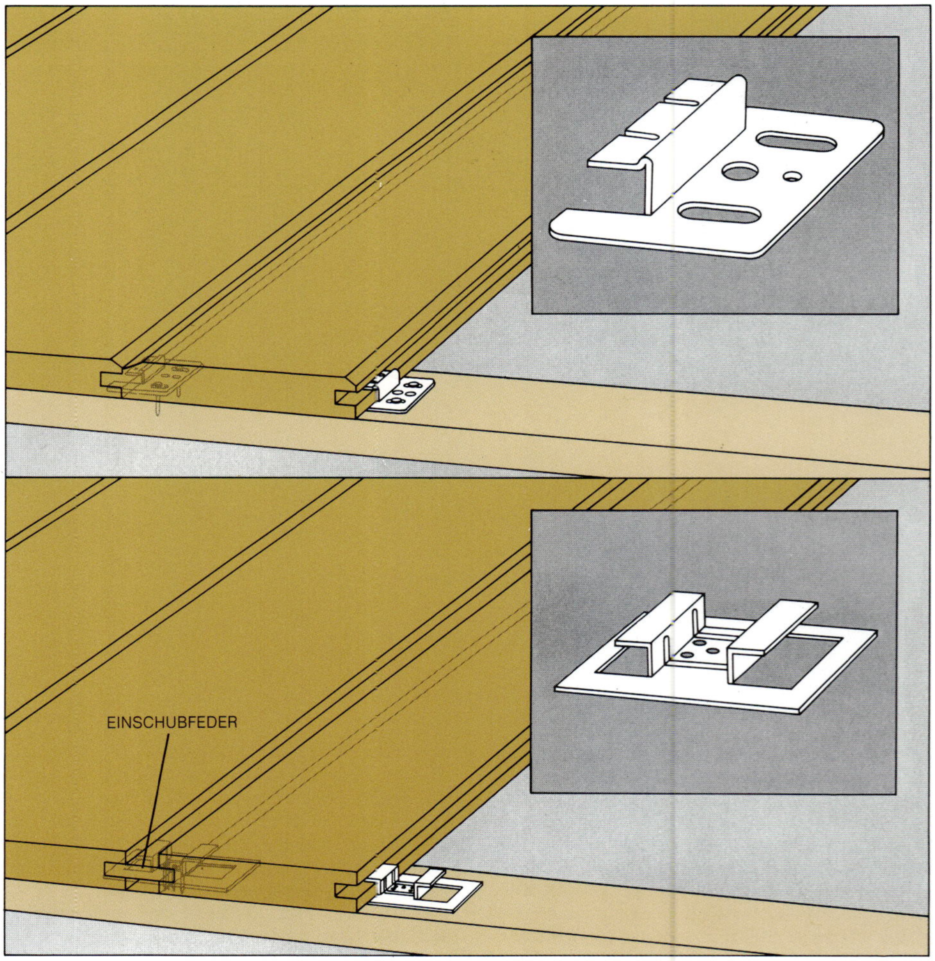

Profilbretter senkrecht anbringen

1 Im Lot beginnen. Den Raum mit einer Holzunterkonstruktion versehen *(S. 11–14)*. Damit das letzte Brett an der Wand nicht zu schmal wird, zunächst die Länge der Wand durch die Breite der Bretter – gemessen von genuteter Kante bis zum Grund der Feder – teilen. Bleibt für das letzte Brett weniger als eine halbe Brettbreite, feststellen, wieviel an der halben Breite fehlt, und dieses Maß von der Nutkante des ersten Brettes abschneiden.

Ein Brett auf die Wandhöhe an der Ecke, in der begonnen wird, zuschneiden und so ansetzen, daß es mit der genuteten Kante an die angrenzende Wand stößt. Senkrecht ausrichten. Schließt das Brett nicht bündig mit der Ecke ab – und wird die Fuge später nicht durch ein Brett an der angrenzenden Wand verdeckt –, das Brett passend zum Verlauf der Ecke anreißen *(S. 78, Arbeitsgang 2)* und die Kante bis zur Rißlinie abhobeln.

Wird das erste Brett an einer Außenecke montiert, wo die angrenzende Wand nicht verkleidet wird, die Nutkante abschneiden und die entstandene glatte Kante senkrecht an der Ecke ansetzen. Die Kante exakt anreißen und behobeln.

2 Das erste Brett annageln. Jeweils einen 35-mm-Stauchkopfnagel im Winkel von 45 Grad durch den Grund der Feder in jede waagerechte Latte treiben und die Nägelköpfe versenken. Ist das Brett breiter als 15 cm, zusätzlich etwas PVA-Leim auf die Brettmitte an den Stellen geben, an denen das Brett auf den Latten aufliegt.

3 Die Bretter einpassen. Um die Bretter der Deckenhöhe anzupassen, wird ein Brett kürzer als die durchschnittliche Deckenhöhe als Schablone zugeschnitten. Das Schablonenbrett auf den Boden setzen, dort, wo das nächste Brett montiert werden soll, und den Abstand von seinem oberen Ende bis zur Decke messen. Die Schablone bündig mit dem unteren Ende auf das Brett legen, das zugeschnitten werden soll, und das ermittelte Maß übertragen. Das Brett entlang dieser Linie abschneiden, mit der Nut auf die Feder des zuletzt montierten Brettes aufstecken und befestigen.

4 Nut und Feder zusammenfügen. Um zwei Bretter zusammenzufügen, die nicht glatt aneinandersitzen, ein etwa 30 cm langes Abfallstück eines Nut-und-Feder-Brettes als Treibklotz gebrauchen. Die Nut des Treibklotzes über die Feder des äußeren Brettes schieben und mit dem Hammer leicht auf die Kante des Klotzes schlagen, bis die Fuge geschlossen ist. Den Klotz an dem ganzen Brett entlangbewegen und so die Fuge schließen. Prüfen, ob das Brett senkrecht ist; falls nötig, oben oder unten ausgleichen. Dann das Brett annageln.

5 Um eine Öffnung herum täfeln. Wenn man beim Verkleiden auf eine mit Latten eingefaßte Öffnung, wie z. B. ein Fenster *(S. 72)*, stößt, ein Brett voller Länge auf das vorangehende Brett stecken, so daß seine Federkante die Öffnung überlappt. Auf der Rückseite des Brettes die Kanten der unmittelbar oberhalb und unterhalb der Öffnung befindlichen waagerechten Latten markieren und auf den Latten die Stellen anzeichnen, an denen die Federkante des Brettes die Latten überlappt. Das Brett wieder abnehmen. Den Abstand der Markierungen auf den Latten bis zur senkrechten Latte ausmessen. Diese Abstände auf das Brett jeweils an der oberen und unteren Markierung rechtwinklig zur Federkante übertragen und die beiden Eckpunkte dieser Linien durch eine dritte – parallel zur Federkante verlaufende – Linie verbinden. Unmittelbar innerhalb der von den Markierungslinien gebildeten Ecken 6-mm-Löcher durch das Brett bohren und den dazwischenliegenden Abschnitt aussägen; dabei den Querschnitt mit der Feinsäge, den Längsschnitt mit der Stichsäge ausführen.

Die kurzen Bretter, die über und unter der Öffnung angebracht werden, ausmessen und zuschneiden. Für die andere Seite der Öffnung ein langes Brett wie oben beschrieben zuschneiden. Wenn das Fenster in der Öffnung zurückspringt, auch die Leibung verkleiden *(S. 73)*, sofern das Öffnen des Fensters dadurch nicht behindert wird.

Ecken paßgenau arbeiten

Eine Außenecke auf Gehrung schneiden. Wird die Täfelung um eine Außenecke herumgeführt, das letzte Brett an der ersten Wand aufstecken, so daß die Federkante über die Ecke hinausragt. Die Wandecke auf der Rückseite des Brettes anzeichnen. Das Brett von der Wand nehmen und mit der Sichtfläche nach unten auf zwei Böcke legen und mit Zwingen befestigen. Das Blatt der Kreissäge so auf einen Winkel von 45 Grad einstellen, daß die Sichtfläche des Brettes breiter wird als die Rückseite, und an der Rißlinie entlang einen Gehrungsschnitt ausführen. Das Brett aufstecken und festnageln, so daß die Gehrung über die Wandecke vorsteht *(kleine Zeichnung)*.

Um das angrenzende Eckbrett auf Gehrung zu schneiden, zunächst auf der Rückseite die Breite anzeichnen; dann dieses Maß von der Federkante aus abtragen. Das Brett mit der Sichtfläche nach unten einspannen und an der Rißlinie entlang durchtrennen; dabei ist das Sägeblatt in Richtung auf die Nutkante gekippt. Ehe das Brett montiert wird, beide Kanten mit PVA-Leim bestreichen. Die Bretter mit Gehrungs-Kantenzwingen oder mit Gehrungs-Spannklammern fixieren, bis der Leim abgebunden hat. Die Kante glattschleifen.

Eine Innenecke verkleiden. Wenn das vorletzte Brett montiert ist, den Abstand vom Grund der Feder bis zur angrenzenden Wand messen, 3 mm für Spiel abziehen und entsprechendes Maß von der Federkante des Eckbrettes abschneiden. Die hintere Nutwange entfernen und das zugeschnittene Brett über das vorletzte schieben. Das erste Brett für die angrenzende Wand an das zugeschnittene Eckbrett halten und das Eckbrett dort markieren, wo die beiden Bretter einen Winkel bilden *(rechts)*. Die Dicke der vorderen Nutwange ausmessen und dieses Maß auf dem Eckbrett von der soeben gezogenen Rißlinie aus in Richtung auf die angrenzende Wand abtragen. Das Eckbrett herunternehmen und mit der Oberfräse eine entsprechende Nut in die Sichtfläche des Brettes schneiden. Das Eckbrett durch die Sichtfläche auf die Lattung nageln. Das erste Brett nach Entfernen der hinteren Nutwange auf das Eckbrett stecken.

Bretter diagonal verlegen

1 **Eine 45-Grad-Ausgangslinie markieren.** Etwa 15 cm von der Ecke entfernt, von der Decke zum Boden per Schnurschlag eine lotrechte Linie markieren und etwa 60 cm über dem Boden eine waagerechte Linie ziehen, die die lotrechte Linie schneidet. Vom Schnittpunkt aus auf beiden Linien 90 cm abtragen und die so gefundenen Punkte durch eine Diagonale verbinden. Diese nach beiden Seiten soweit wie möglich verlängern.

Diese Diagonale soll in der gewünschten Laufrichtung der Bretter und möglichst niedrig an der Wand liegen, da es leichter ist, von unten nach oben zu arbeiten, so daß man jedes folgende Brett mit der Nut von oben auf die Feder des voraufgehenden Brettes stecken kann. Andererseits sollte die Diagonale mindestens etwa 180 cm lang, also so lang sein, daß man einen exakten Winkel erhält, denn dadurch wird der Winkel für die ganze Wand festgelegt. Die Diagonale sollte nicht eine Tür- oder Fensteröffnung kreuzen.

Soll die Täfelung an einer angrenzenden Wand die Laufrichtung wechseln, so daß ein umgekehrtes „V“ entsteht, auf der zweiten Wand ebenfalls eine Ausgangslinie markieren. Dazu den Abstand von der Wandecke zum Fußpunkt der ersten Diagonale messen und dieses Maß unten auf der angrenzenden Wand abtragen. Die Diagonale zwischen diesem Punkt und dem oberen Ende der ersten diagonalen Ausgangslinie per Schnurschlag anzeichnen *(kleine Zeichnung)*.

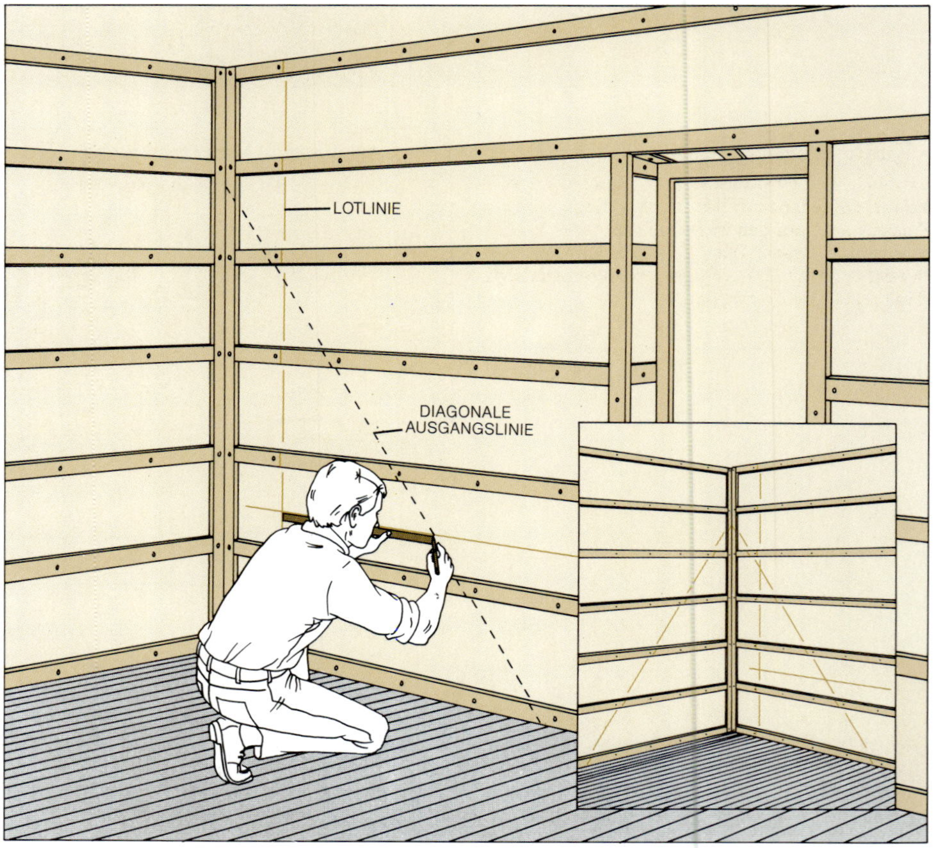

2 Die Bretter zuschneiden. Einen Gehrungsanschlag *(kleine Zeichnung)* auf dem Brett festspannen und die Enden des Brettes im Winkel von 45 Grad zuschneiden; darauf achten, daß die Richtung der Gehrung mit der Fläche übereinstimmt, an die das Ende des Brettes stößt. Um das erste Brett zuzuschneiden, die Länge der Ausgangslinie messen und auf die Nutkante des Brettes übertragen. Auf dieser Seite auch die Säge ansetzen. Zum Zuschneiden der folgenden Bretter am vorausgehenden Brett die Länge der Federkante ausmessen.

Wird für eine lange Diagonale mehr als eine Brettlänge benötigt, zwei Bretter auf Stoß zusammenfügen. Die Fuge leimen und mit einer auf die Rückseite geleimten und genagelten Leiste verstärken. Die Fugen versetzt anbringen.

3 Ein Winkelbrett zuschneiden. Wenn das Ende eines Brettes auf zwei zueinander rechtwinklige Flächen, z. B. die Decke und eine angrenzende Wand, trifft, das Brett zunächst passend zu einer der beiden Flächen (in unserem Beispiel mit der Wand) auf Gehrung schneiden. Dann den Abstand von dem zuletzt befestigten Brett bis zur Decke messen und dieses Maß von der Nutkante aus auf dem Gehrungsende abtragen. Von dieser Markierung aus mit dem Prüfwinkel eine Linie zur Federkante ziehen *(rechts)*. Entlang dieser Linie, die rechtwinklig zur Gehrungskante verläuft, den zweiten Schnitt –für die Decke – ausführen.

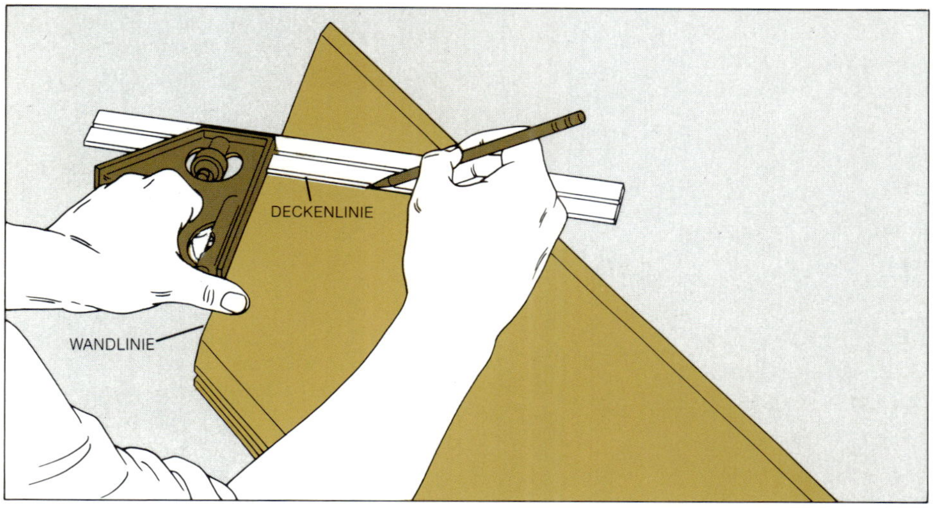

4 Den Winkel von 45 Grad einhalten. Nach jedem Ansetzen eines Brettes den Winkel prüfen. Dazu die beiden 30-cm-Markierungen eines Stahlwinkels an die Federkante des Brettes anlegen und die Wasserwaage auf den waagerechten Schenkel des Stahlwinkels legen. Das Brett so ausrichten, daß der Schenkel des Winkels genau waagerecht liegt, dann das Brett festnageln.

5 Eine Öffnung aussparen. Ein Brett ansetzen, so daß es an einer Ecke die Tür- oder Fensteröffnung überlappt, und den Winkel überprüfen *(S. 87, Arbeitsgang 4).* Die Kanten der beiden Unterkonstruktionslatten, die das Brett an der Öffnung kreuzen, auf der Rückseite des Brettes anzeichnen. Das Brett abnehmen und mit der Sichtfläche nach unten auflegen. Mit dem Stahlwinkel zwischen den beiden Markierungen einen rechten Winkel anzeichnen *(kleine Zeichnung),* das Dreieck mit der Stichsäge ausschneiden und danach das Brett annageln.

6 Bretter für eine Außenecke zuschneiden. Um das erste Brett anzubringen, das auf die Ecke trifft, zunächst wie üblich das Brett ansetzen. Am unteren Ende des Brettes den über die Wandecke hinausstehenden Teil auf der Rückseite anzeichnen. Das Brett abnehmen und mit der Sichtfläche nach unten auf zwei Böcke spannen. Die Kreissäge auf 45 Grad einstellen, so daß das Blatt in Richtung Verschnitt weist, und mit dem Gehrungsanschlag als Führung entlang der Rißlinie schneiden. So entsteht ein Schifterschnitt: eine Kante mit doppelter Gehrung. Das Brett aufstecken, so daß die Gehrungskante über die Wandecke vorsteht *(kleine Zeichnung),* und annageln.

An den folgenden Brettern das obere Ende zuschneiden, das untere Ende zunächst noch nicht auf Gehrung schneiden. Jedes Brett an das voraufgehende Brett ansetzen und den Überstand auf der Rückseite mit dem Bleistift anzeichnen; entlang dieser Linie auf jedem Brett den oben beschriebenen Schifterschnitt ausführen. Unmittelbar unter der Decke, wo das letzte Brett nur noch ein kleines Dreieck ist, das Brett mit Leim und Stauchkopfnägeln auf der Lattung befestigen.

7 Die unteren Bretter einpassen. Vom Ausgangsbrett aus abwärts arbeiten und hier die genutete Kante des vorangehenden Brettes als Maß zum Zuschneiden benutzen. Bei den kürzeren Brettern in Bodennähe an jedem Ende etwa 10 cm der Feder mit dem Universalmesser entfernen; das erleichtert das Einsetzen der Feder in die Nut des darüberliegenden Brettes.

Den Winkel überprüfen und das Brett annageln. Das dreieckige Abschlußbrett mit Leim und Stauchkopfnägeln befestigen.

An der angrenzenden Wand das Muster fortsetzen

Um eine Innenecke herum täfeln. Das erste Brett für die zweite Wand wie auf S. 87, Arbeitsgang 2 beschrieben zuschneiden; dabei die vorher gezogene Ausgangslinie als Maß benutzen. Das Brett an das entsprechende Brett an der angrenzenden Wand ansetzen, so daß in der Ecke ein umgekehrtes „V“ entsteht. Dann die folgenden Bretter zuschneiden und anbringen; immer darauf achten, daß jedes Brett auf gleicher Höhe wie das entsprechende Brett an der angrenzenden Wand ansetzt.

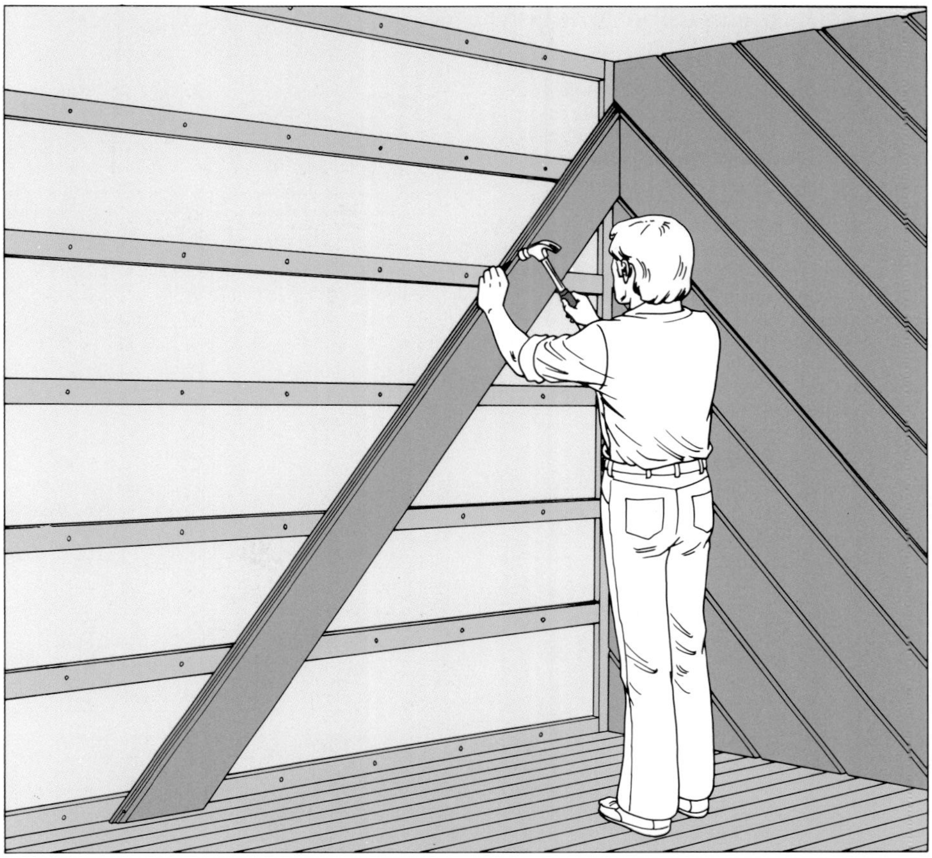

Um eine Außenecke herum täfeln. Wechselt das Diagonalmuster an einer Außenecke die Richtung, so daß ein „V“ entsteht, wird an der ersten Wand ein Bezugsbrett bestimmt. Den Abstand bis zu der Stelle, an der seine Unterkante die Decke berührt, auf die Decke an der angrenzenden Wand übertragen und von dort eine Diagonale zu dem Punkt ziehen, an dem die Unterkante des Bezugsbrettes auf die Wand trifft *(kleine Zeichnung).*

Ein Ende des ersten Brettes auf Gehrung schneiden und an der Decke anlegen; das andere Ende auf gleicher Höhe mit seinem Gegenstück an der angrenzenden Wand halten. Während ein Helfer das Brett an die Ausgangslinie – mit etwas Abstand zur Wand, um Platz für die vorspringende Gehrung seines Gegenstücks zu lassen – hält, auf der Rückseite die Linie für den Schifterschnitt mit dem Bleistift anzeichnen. Die Rißlinie auf die Vorderseite des Brettes übertragen.

Das Brett mit der Sichtfläche nach oben auf zwei Böcke spannen, die Kreisäge auf 45 Grad einstellen, so daß das Blatt vom Verschnitt fortweist, und entlang dem Diagonalanschlag – als Zugabe zum Nacharbeiten der Verbindung – etwas außerhalb der Rißlinie abschneiden. Die Schnittkante mit PVA-Leim bestreichen, das Brett anbringen und die Enden so lange mit Klebeband fixieren, bis der Leim abgebunden hat.

Die übrigen Bretter ebenso anreißen, zuschneiden und anbringen. Wenn alle Bretter befestigt sind, die Ecke mit einem Hobel abfasen.

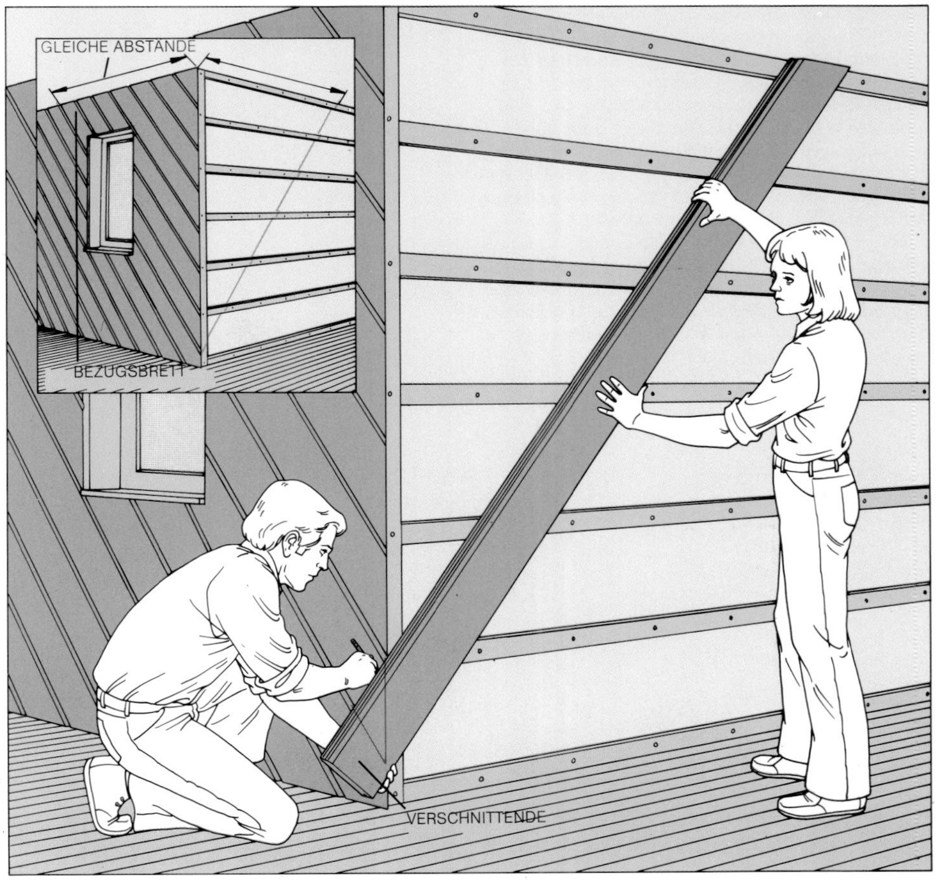

Ein Fischgrätenmuster verlegen

1 Die Unterkonstruktion anbringen. Soweit vorhanden, Fuß-, Bilder- und Deckenleisten entfernen und die Wand senkrecht in etwa 60 cm breite Abschnitte einteilen; die Einteilung per Schnurschlag markieren. Die Wand rundum mit 19 x 100 mm oder 22 x 100 mm starken Spanplattenstreifen einfassen und auf jeder Schnurlinie mittig ebenfalls solche Spanplattenstreifen anbringen. Jeden Streifen wiederum genau in der Mitte per Schnurschlag lotrecht markieren.

Eine 24 x 48-mm-Latte als Anschlagleiste für die auf Gehrung geschnittenen Enden der zweiten senrechten Bretterpartie auf den ersten Spanplattenstreifen heften. Dafür eine Latte mit absolut geraden Kanten auswählen und sie bündig mit der Schnurlinie anheften.

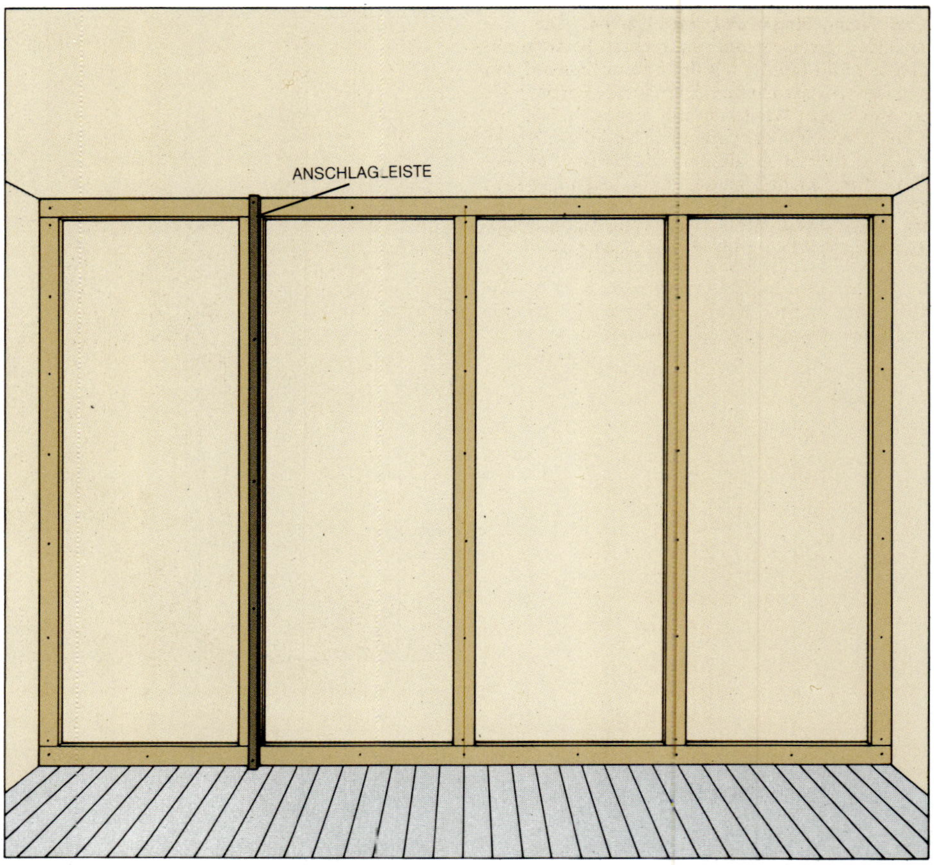

2 Das erste Brett befestigen. In der unteren Ecke des ersten Wandabschnitts beginnen. Das erste Brett zu einem gleichschenkligen, rechtwinkligen Dreieck zuschneiden und so anlegen, daß sich die beiden gleich langen Seiten am Boden bzw. an der Anschlagleiste befinden. Das Brett mit Leim und Nägeln befestigen. (Um die Schnittlinien für das Dreieck anzuzeichnen, einen Winkel, wie in der kleinen Zeichnung abgebildet, so auf das Brett legen, daß der rechte Winkel an der Nutkante liegt.)

Die diagonalen Bretter für den ersten Abschnitt wie auf S. 87–88, Arbeitsgang 2–6 beschrieben, ausmessen, zuschneiden und befestigen. Das eine Ende eines jeden Brettes bündig mit dem Boden bzw. der angrenzenden Wand, das andere Ende bündig mit der Anschlagleiste setzen.

3 Das Fischgrätenmuster fertigstellen. Die Anschlagleiste vom ersten senkrechten Streifen abnehmen und bündig mit der Schnurlinie auf den nächsten Streifen heften. Die nächste Partie Bretter anbringen: Wiederum mit einem Dreieck beginnen, jedoch in der gegenüberliegenden Ecke, so daß die Bretter in die andere Richtung laufen. Darauf achten, daß jedes Brett bündig mit seinem Gegenstück im ersten Abschnitt abschließt, so daß ein umgekehrtes „V“ entsteht. Die übrige Wand Abschnitt für Abschnitt ebenso verkleiden.

Oberflächenbehandlung für die Täfelung

Da Holz empfindlich ist gegenüber Abrieb, Schmutz und Feuchtigkeit, sollte man Holzverkleidungen mit einem Überzugsmittel schützen. Wachs- und ölhaltige Versiegelungen sind einfach anzuwenden und leicht zu erneuern. Sie ergeben eine matte bis stumpfe Oberfläche. Diese Überzüge bieten jedoch nur mäßigen Schutz und sind nicht wasserfest.

Für stärkere Beanspruchung sind Klarlacke geeignet, die es in unterschiedlichen Zusammensetzungen und von stumpf-matt bis hochglänzend gibt. Klarlack auf Polyurethanbasis (PUR-Lack) ist strapazierfähig, praktisch wasserundurchlässig und somit das richtige für Kinderzimmer oder Feuchträume. PUR-Lacke benötigen etwa 2 Stunden zum Trocknen und sind während dieser Zeit empfindlich gegenüber Staub und anderen Fremdkörpern, weshalb man auf einwandfreie Verarbeitungsbedingungen achten sollte. Nicht ganz so gute Schutzeigenschaften, dafür aber eine kürzere Trockenzeit haben Nitrocelluloselacke (NC-Lacke). Sie sind nur bedingt kratz- und wasserfest, bieten aber in Wohnräumen ausreichend Schutz. Beide Arten können mit dem Pinsel oder der Spritzpistole aufgetragen werden. Alle Klarlacke tönen das Holz ein wenig dunkler; sie sind auch pigmentiert erhältlich, um das Nachdunkeln des Holzes auszugleichen und vor UV-Strahlen zu schützen.

Lasuren haben gegenüber Klarlacken den Vorteil, daß sie keinen undurchlässigen Film über der Holzoberfläche bilden. Feuchtigkeit kann zwar eindringen, aber sie kann auch wieder abgegeben werden; daher sind Lasuren auch für Feuchträume geeignet. Zudem dienen Lasuren sowohl zur farblichen Gestaltung der Holzoberfläche als auch zum Schutz gegen Pilz-, Bakterien- und Insektenbefall. (Lasuren müssen immer vor dem Anbringen der Vertäfelung aufgetragen werden, damit auch die Rückseite des Holzes geschützt ist.)

Während die Behandlung des Holzes mit einem Überzugsmittel unbedingt ratsam ist, bleibt es weitgehend eine Frage des persönlichen Geschmacks, ob man eine gebeizte oder eine ungebeizte Verkleidung vorzieht. Durch das Beizen kann der natürliche Farbton des Holzes verändert, intensiviert oder die Altersfarbe von nachdunkelnden Hölzern vorzeitig erzielt werden.

Nadelhölzer erhalten durch Farbstoffbeize ein negatives, d. h. der Natur entgegengesetztes, Maserungsbild. Daher verzichtet man bei diesen Holzarten meist auf das Beizen oder überläßt es dem Fachmann, der durch (schwieriger zu handhabende) chemische Beizmittel ein positives Maserungsbild erzielen kann.

Je nach ihrem Lösungsmittel unterteilt man die Farbstoffbeizen in Wasser-, Öl- und Spiritusbeizen. Beizen auf Öl- oder Wasserbasis können relativ problemlos mit dem Pinsel oder – besser noch – mit einem Leinenballen aufgetragen werden; überschüssige Beize wird mit einem Lappen abgewischt. Wasserlösliche Beizen kommen in einer breiten Farbpalette als Pulver oder flüssiger Extrakt in den Handel und sind mit Wasser beliebig verdünnbar und untereinander mischbar. Dagegen darf ölhaltigen Beizen, die besonders für Laubhölzer mit grober Maserung geeignet sind, nur die vom Hersteller angegebene Benzinverdünnung zugegeben werden.

Spiritusbeizen sind schwieriger zu verarbeiten: Beim Auftrag mit dem Pinsel entsteht oft ein streifiges Bild, weil der Spiritus verdunstet, bevor die Pigmente gleichmäßig verteilt sind. Darum sollte möglichst mit einer Spritzpistole gearbeitet werden.

Das gebeizte Holz muß nach dem Trocknen mit einem Überzug aus Klarlack versehen werden, da die Farbstoffbeize weder lichtecht noch wasserfest ist. Nicht alle Lacke haften auf Beizen. Daher sollte man sich vom Fachhändler beraten lassen, welche Beizen und Lacke miteinander kombinierbar sind. Zu berücksichtigen ist auch, daß gebeiztes Holz nachdunkelt und der Überzugslack das Holz dunkler tönt.

Sowohl das Beizen als auch das Auftragen eines Überzugsmittels sollte möglichst vor dem Anbringen der Vertäfelung erfolgen, damit die Oberfläche gleichmäßig wird und bei Profilbrettern auch Nut und Feder mitbehandelt werden. Wer die Arbeit des Beizens und Überziehens scheut, kann bereits fertig oberflächenbehandelte Massivholzbretter kaufen, doch sind diese erheblich teurer als unbehandelte. Eine preiswertere Alternative bieten furnierte Täfelungsbretter, die ebenfalls schon oberflächenbehandelt erhältlich sind.

Die klassische Rahmentäfelung

Kaum eine Wandverkleidung erfordert soviel Tischlerkönnen und wirkt so gediegen wie die Rahmentäfelung. Rahmentäfelungen bestehen aus einem Rahmenwerk aus Stielen – senkrechten Hölzern – und Riegeln – waagerechten Hölzern –, in die meist rechteckige, an den Kanten abgeflachte Füllungen eingesetzt sind. Diese klassische Form der Wandverkleidung trifft man häufig noch in alten Rathäusern, Gerichtssälen oder vornehmen Landsitzen an, doch spricht nichts dagegen, auch sein Eigenheim damit zu zieren.

Mit den geeigneten Werkzeugen kann man eine echte Rahmentäfelung aus Massivholz herstellen. Um Zeit und Geld zu sparen, kann man aber auch Rahmenteile und sonstige Dekorelemente auf eine Verkleidung aus furnierter Spanplatte setzen und somit eine Rahmentäfelung imitieren. Rahmentäfelungen wurden ursprünglich stets aus Eiche, Fichte oder Kiefer hergestellt, heute kann man zwischen einheimischen und exotischen Hölzern wählen. Um kräftigere Farbtöne zu erreichen und die Maserung zu betonen, kann man das Holz auch beizen und farblos lackieren *(S. 91)*. Oder man bemalt die Täfelung, wie es in Frankreich vor allem zur Zeit Ludwigs XIV. üblich war.

Auch im Detail sind Variationen möglich. Bei einer Massivholztäfelung können die Rahmenkanten entweder scharfkantig belassen oder mit der Fräse profiliert werden. Bei einer auf Spanplatte aufgebauten Täfelung kann man in den Rahmeninnenseiten noch Profilleisten anbringen oder die Rahmen mit 3 mm starken Hartfaserplatten mit gefasten Kanten ausfüllen. Diese Fasen sind natürlich weniger tief als bei einer Massivholztäfelung, und der fertige Aufbau sollte eher einen deckenden Anstrich erhalten als gebeizt und mit Klarlack behandelt werden.

Beide Täfelungsarten erfordern eine sorgfältige Planung. Zunächst wird eine Maßstabszeichnung von der Wand angefertigt, in die alle Tür- und Fensteröffnungen, Schalter, Steckdosen und sonstigen vorspringenden Teile eingezeichnet werden. Dann skizziert man darauf die Täfelung. Bei einer verbreiteten Anordnung *(unten)* teilt man die Raumhöhe in drei Abschnitte ein, d. h. man bringt einen Riegel etwa in Bodenhöhe, den zweiten etwa 80 cm darüber, den dritten dicht über Türen und Fenstern und den vierten unmittelbar unter der Decke an. Eine andere, ebenfalls verbreitete Form – die sogenannte Brüstungstäfelung – endet etwa auf der Höhe der Fensterbrüstung.

Die einzelnen Paneele sollten nicht breiter als 60 cm sein, außer an Türen und Fenstern, wo der Rahmen sich über die ganze Breite der Öffnung erstrecken sollte. Der Rahmen sollte so geplant werden, daß Schalter und Steckdosen in der Füllung und nicht im Rahmen oder zwischen beidem liegen. Eventuell müssen elektrische Anschlüsse verlegt werden. Wird die Täfelung auf Spanplatte aufgebaut, müssen die senkrechten Rahmenteile auf den Fugen zwischen den Platten liegen.

Die Abmessungen der Rahmenteile und Profilleisten richten sich nach den Proportionen der Wand; sie sollten jedoch möglichst im Rahmen folgender Richtwerte liegen: Stiele: 100 bis 150 mm; Riegel: 60 bis 90 mm: Fußleisten: 90 bis 125 mm: Deckenleisten: 75 mm; Fensterfutter und Türbekleidungen: 75 mm. Die Skizze wird nach diesen Maßen korrigiert und dann direkt auf die Wand übertragen. Wenn die Proportionen stimmen und alle Teile an der richtigen Stelle liegen, kann mit dem Aufbau begonnen werden.

Der Untergrund aus 13 oder 16 mm dicken Spanplatten wird direkt an der Wand zusammengefügt. Soll die Täfelung gestrichen werden, geschieht dies am besten vor der Montage. Die Platten werden auf einer Lattung befestigt *(S. 68–75)*; auf der Höhe der Riegel sind zusätzlich waagerechte Latten eingesetzt. Massivholztäfelung wird meistens in fertig zusammengefügten Abschnitten an der Wand angebracht.

Für die Spanplattenpaneele ist kein besonderes Werkzeug nötig, doch für die speziellen Schnitte und Verbindungen der aufgesetzten Teile wird eine Dübellehre, eine Handoberfräse – am besten mit einem hartmetallbestückten Fräskopf mit Anlaufring – und eine Tischkreissäge benötigt.

Für die Arbeit mit der Tischkreissäge sind besondere Anschläge nötig: einer wird an den Parallelanschlag geschraubt, der andere parallel dazu auf der anderen Seite des Sägeblatts. Um die Arbeit rationeller zu gestalten, wird jeder Arbeitsgang erst an jedem einzelnen Teil ausgeführt, bevor der nächste Arbeitsgang begonnen wird.

Aufbau einer Rahmentäfelung

Die Konstruktion. Die senkrechten und waagerechten Rahmenteile – Stiele und Riegel – bestehen hier aus 19 mm starken Brettern. Sie sind auf stumpfen Stoß mit verleimten Dübeln zusammengesetzt. Ihre Kanten haben Nuten, die die abgeflachten Kanten der Füllungen aufnehmen.

Der unterste Riegel *(untere kleine Zeichnung)* liegt auf einem Futterholz, das von der Fußleiste abgedeckt wird. Der ganze Aufbau ist an einer Unterkonstruktion aus Latten, die hinter den Riegeln liegen, sowie an dem oberen und unteren Futterholz befestigt. In etwa ein Drittel der Wandhöhe deckt eine Brüstungsleiste die Fuge zwischen den beiden oberen und dem unteren Täfelungsabschnitt ab. Eine Deckenleiste bildet den oberen Abschluß der Täfelung *(obere kleine Zeichnung)*, Fenster und Türen sind mit Bekleidungen eingefaßt. Am Boden, beiderseits der Tür, sind die profilierte Fußleiste und die Türbekleidung durch einen rechtwinkligen Sockelblock voneinander getrennt.

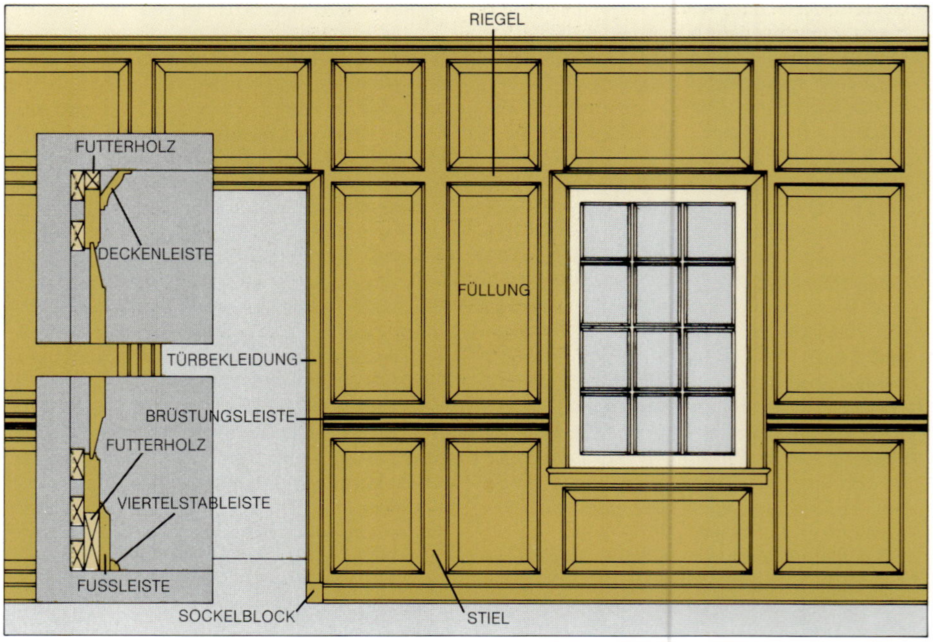

Eine auf Spanplatten aufgebaute Täfelung

1 **Den Rahmen anzeichnen.** Mit Hilfe eines geraden Brettes die Lage der Stiele und Riegel auf der mit Spanplatte verkleideten Wand mit einem Bleistift anzeichnen. Darauf achten, daß alle Fugen zwischen den Platten durch Stiele verdeckt werden und daß kein Stiel oder Riegel über einen Steckdosen- oder Schalteranschluß läuft. Die Unterkante des untersten Riegels anzeichnen, sie sollte 25 mm niedriger liegen, als die geplante Fußleiste hoch ist. Zum Schluß alle Stiele 10 mm kürzer als die Gesamthöhe der Wand zuschneiden, um das Befestigen zu erleichtern.

2 **Stiele und Riegel anbringen.** Einen Stiel zwischen den entsprechenden Markierungen anlegen, mit der Wasserwaage prüfen, ob er senkrecht steht. Den Stiel mit Stauchkopfnägeln, die so lang sind, daß sie durch Stiel und Spanplatte bis in die Unterkonstruktion reichen, festnageln; jeweils im Abstand von 40 cm zwei Nägel einschlagen. Die übrigen Stiele ebenso annageln. Dann die Riegel für den paßgenauen Sitz zwischen den Stielen zuschneiden, dazu eine Tischkreissäge mit einem Blatt für Querschnitte verwenden und die Enden sauber und rechtwinklig schneiden. Die Riegel an den Bleistiftmarierungen ausrichten und mit dem Holzhammer festklopfen, zum Hämmern ein Holz dazwischenlegen. Die Riegel festnageln, die Nägel versenken und die Löcher verspachteln.

3 Leisten anbringen. Die Übergänge zwischen Rahmen und Füllung mit Viertelstab- oder Profilleisten abdecken *(S. 34–35)*, die an den Enden auf Gehrung geschnitten sind und so angebracht werden, daß die Gehrung nach innen weist. Die Leisten mit 25-mm-Stauchkopfnägeln jeweils 5 cm von den Ecken und im Abstand von 15 cm dazwischen annageln; jeweils an einem Stiel beginnen und um die Füllung herum weiterarbeiten. An den anderen Füllungen ebenso vorgehen. Eventuell vorhandene Gehrungsfugen zwischen den Leisten anschließend mit Holzkitt ausfüllen.

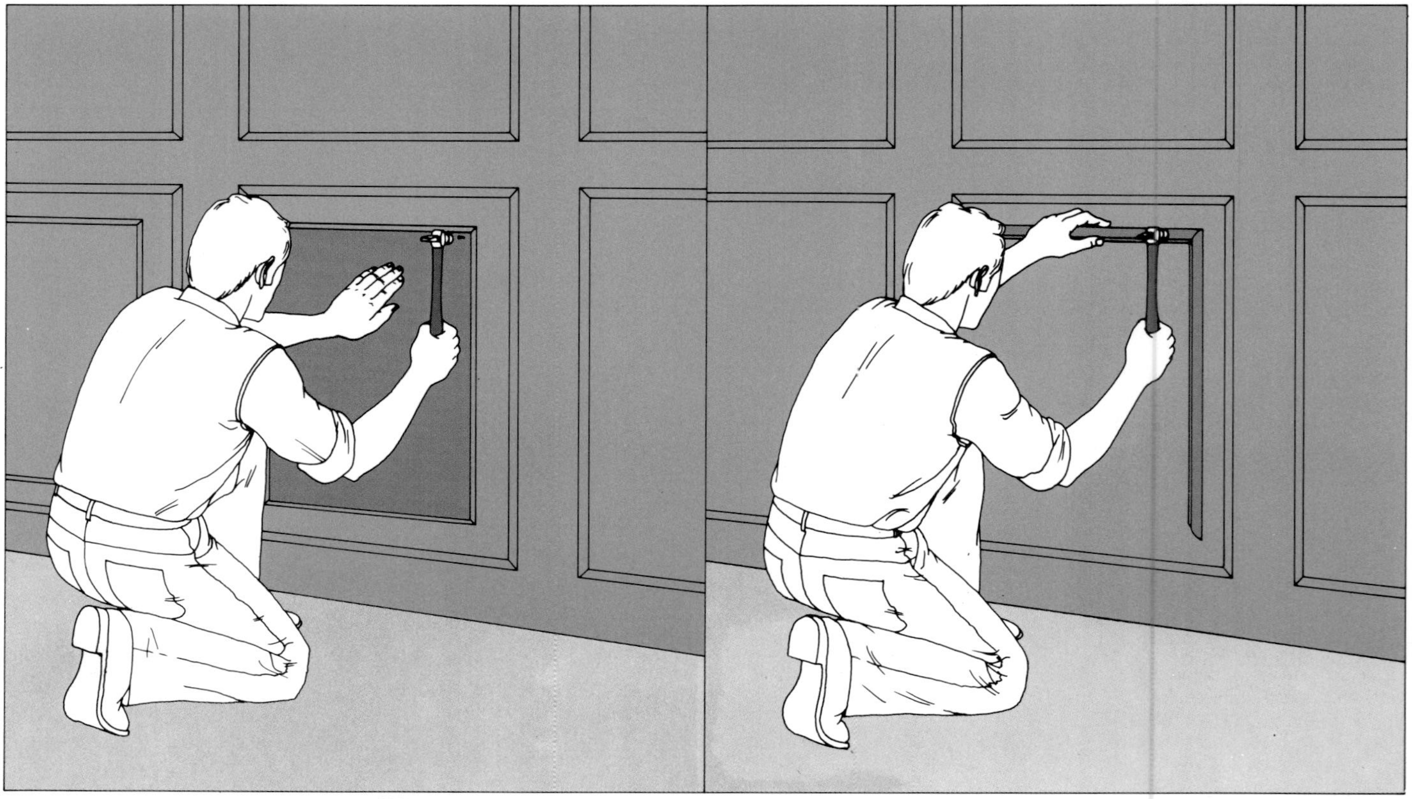

4 Verzierungen anbringen. Damit der plastische Eindruck einer echten Rahmentäfelung entsteht, jeweils ein Stück 5 mm oder 6 mm dicke Hartfaserplatte 5 cm kleiner als das Innenmaß jedes Rahmenrechtecks zuschneiden. Die Kanten mit der Tischkreissäge oder mit dem Hobel abfasen und die Platten mit Leim oder 20 mm-Stauchkopfnägeln befestigen *(oben links)*.

Anstelle der oben beschriebenen Aufdoppelung können auch zusätzliche Leisten aufgesetzt werden. Die Umrisse mit Bleistift anzeichnen; dann, wie in Arbeitsgang 3 beschrieben, die Leisten auf Gehrung schneiden und an der Umrißlinie befestigen *(oben rechts)*. Alle Nägelköpfe versenken und mit Holzkitt abdecken.

Einen Rahmen für Füllungen aus Massivholz bauen

1 Die Rahmenteile zuschneiden. Auf Boden- und Deckenhöhe sowie auf der Höhe der Riegel – und, falls die Riegel weiter als 60 cm auseinanderliegen, auch in der Mitte dazwischen – waagerechte Latten an der Wand befestigen *(S. 13–14)*. Auf die Latte am Boden ein Futterholz *(S. 92)* nageln. Auf allen Latten die Position der sie kreuzenden Stielkanten anzeichnen, ebenso die zwischen den beiden oberen und dem unteren Täfelungsabschnitt verlaufende waagerechte Brüstungslinie. Die Latten müssen breiter sein als die Riegel, andernfalls sind zwei Latten übereinander anzubringen, damit die Riegel mit beiden Kanten auf Latten aufliegen.

Anhand der Markierungen für die Stielkanten die genauen Maße der Stiele, Riegel und Füllungen ermitteln. Die Stiele für den unteren Abschnitt reichen vom unteren Futterholz bis zur Brüstungslinie, die der beiden oberen Abschnitte von der Brüstungslinie bis 5 cm unter die Decke. Die Länge der Riegel ist gleich dem Abstand zwischen den Kanten der Stiele bzw. bei profilierten Stielen dem Profilansatz *(kleine Zeichnung)*.

Stiele und Riegel zuschneiden und mit der Sichtfläche nach unten am Boden so auslegen, wie sie später befestigt werden sollen. Stiele und Riegel an den Verbindungen numerieren, um den Zusammenbau zu vereinfachen.

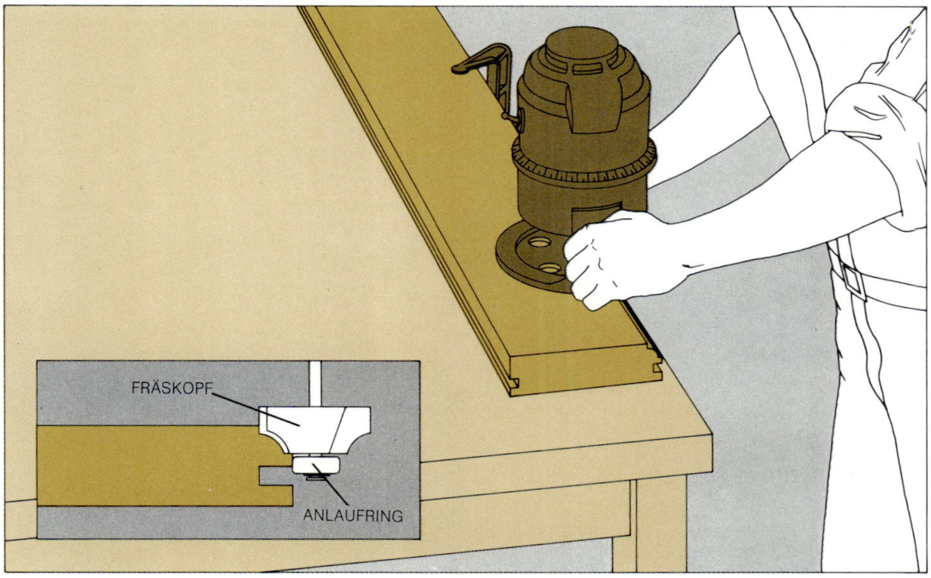

2 Stiele und Riegel nuten. Den Parallelanschlag der Tischkreissäge 9 mm vom Sägeblatt entfernt feststellen. Auf der anderen Seite des Sägeblatts einen Hilfsanschlag (eine 50 x 100-mm-Latte, die auf ein Brett genagelt ist) so festspannen, daß die Rahmenhölzer dazwischenpassen. Die Schnittiefe auf 6 mm einstellen und jeden Stiel und Riegel hochkant und mit der Sichtfläche zum Parallelanschlag über die Säge führen. Die Anschläge um 6 mm versetzen, und jedes Rahmenteil nochmals über die Säge führen, so daß eine Nut entsteht.

3 Die Kanten formen. Zunächst einen Stiel, mit der Sichtfläche nach oben, auf dem Arbeitstisch festspannen und einen Fräskopf mit der gewünschten Form in die Oberfräse einspannen. Die Grundplatte der Fräse auf den Stiel so aufsetzen, daß der Fräskopf etwa 3 cm vom Ende des Stiels ansetzt. Die Maschine einschalten und die Griffe vorsichtig herabdrücken, bis der Fräskopf ins Holz greift. Die Fräse langsam zum nahen Ende des Holzes führen, bis der Fräskopf freiläuft, dann die Fräse erneut ansetzen und in die andere Richtung führen, um auf diese Weise die ganze Kante des Stiels zu formen.

Ebenso die andere Längskante des Stiels profilieren, und das Verfahren an allen Rahmenteilen wiederholen, mit Ausnahme jener Kanten, die von der Brüstungsleiste, der Türbekleidung oder der Fußleiste verdeckt werden.

4 Die Verbindung vorbereiten. Auf der Rückseite eines Stiels mit profilierten Kanten die Schnittpunkte mit den Riegelkanten anzeichnen. Dann mit dem Prüfwinkel *(unten links)* von diesen Punkten aus zwei sich im Winkel von 45 Grad schneidende Linien anzeichnen. Mit der Feinsäge oder einer anderen feingezahnten Säge entlang diesen Linien bis zum Profilansatz schneiden *(unten rechts)*. Das Verfahren an allen Schnittpunkten von Stielen und Riegeln wiederholen.

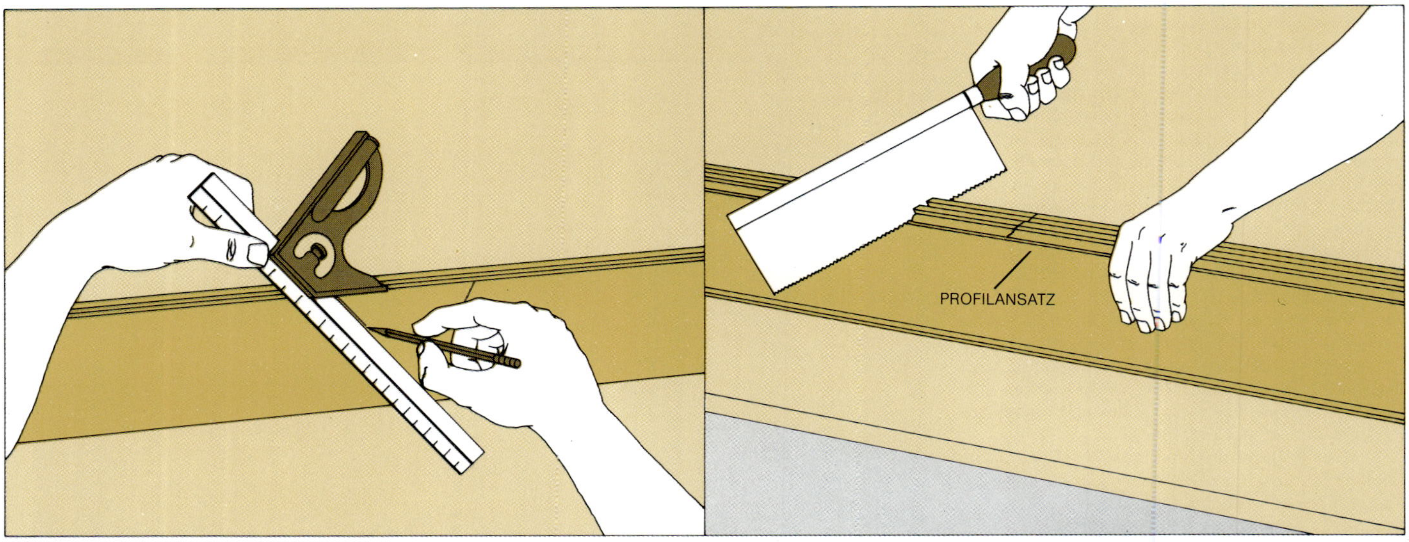

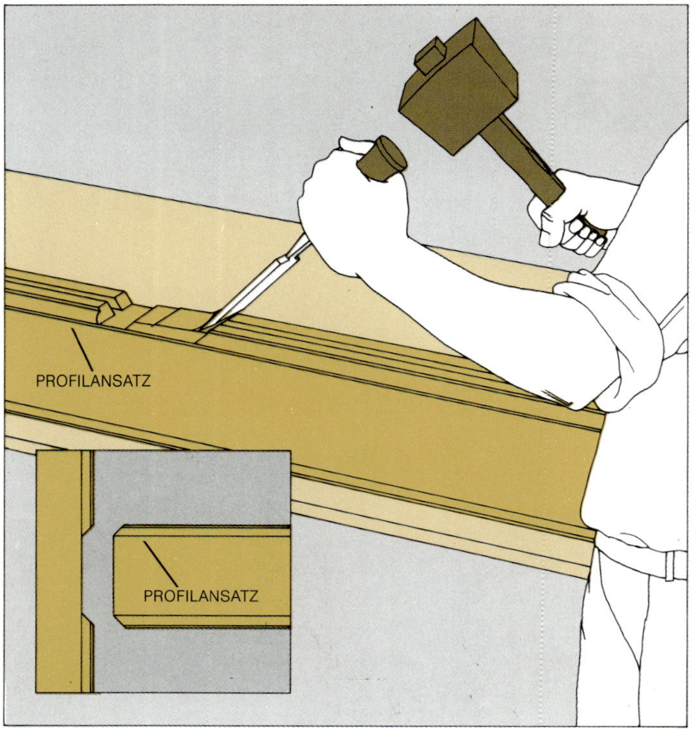

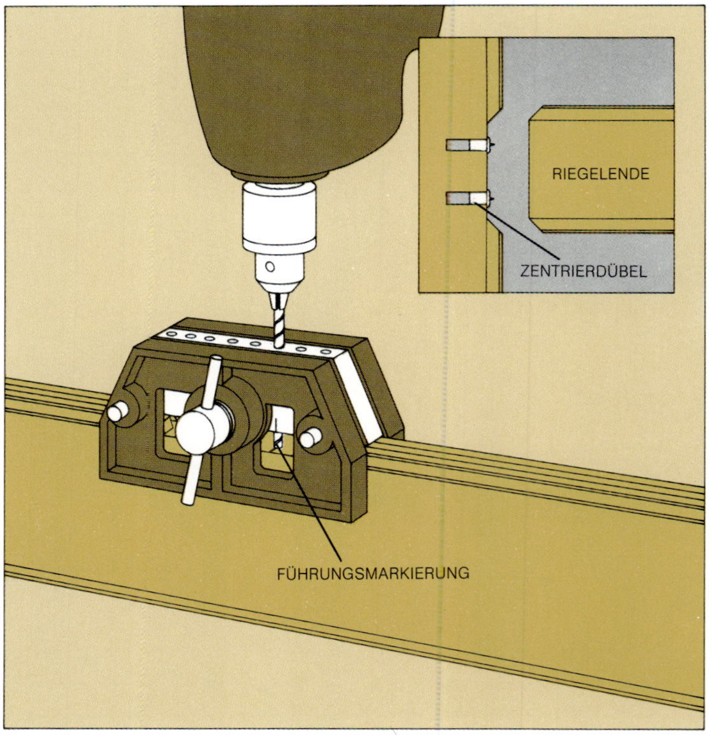

5 Den Profilabschnitt ausstechen. Das Holz zwischen den Einschnitten entfernen; dazu einen Stechbeitel verwenden und jeweils etwa 2 cm lange Späne herausstechen, bis auf der Höhe der Profilansatzes eine ebene Fläche entsteht.

Die Profilkanten am Ende eines Riegels passend zu den Profilenden des dazugehörigen Stiels zuschneiden; dazu die Säge am Riegelende am Profilansatz ansetzen und im Winkel von 45 Grad schneiden *(kleine Zeichnung)*. Ebenso die Enden der übrigen Riegel vorbereiten.

6 Dübellöcher bohren. Am Boden des Ausschnitts in einem Stiel jeweils 13 mm von den Gehrungsenden entfernt Führungslinien für die Dübellehre quer über das Holz ziehen. Die Dübellehre jeweils an den Linien ausrichten und 30 mm tiefe 10-mm-Löcher bohren. In jedes Loch einen 10-mm-Zentrierdübel stecken *(kleine Zeichnung)*, den dazugehörigen Riegel einsetzen und leicht einschlagen, damit sich die Spitzen des Dübels ins Holz drücken. Den Riegel entfernen. An den Markierungen Dübellöcher wie im Stiel bohren.

Füllungen zuschneiden

1 Die Bretter verleimen. Einige 19-mm-Bretter auswählen, die zusammen etwas breiter als die geplante Füllung und so lang sind, daß sie eine oder zwei Abschnitte füllen. Die Bretter nebeneinander auf Schraubknechte legen, die jeweils an den Bretten-den und in 90-cm-Abständen dazwischen ausgelegt sind; die Bretter so anordnen, daß die senkrechte Faserrichtung von Brett zu Brett wechselt. Weitere Schraubknechte jeweils in der Mitte zwischen den zuvor plazierten auf die Bretter legen, dann alle Schraubknechte gleichmäßig im Wechsel spannen, bis die Fugen zwischen den Brettern fast unsichtbar geworden sind.

Wenn an manchen Stellen noch Lücken zwischen den Brettern sind, die Zwingen lösen und die Brettkanten auf der Tischkreissäge mit einem scharfen, hartmetallbestückten Blatt sorgfältig nachschneiden. Die Bretter nochmals zum Überprüfen einspannen.

Wenn die Brettkanten dicht sitzen, die Zwingen lösen, die Brettkanten mit PVA-Leim bestreichen und die Bretter wieder einspannen. Wenn der Leim abgebunden hat, die Schraubknechte entfernen, die Füllungen zuschneiden und schleifen.

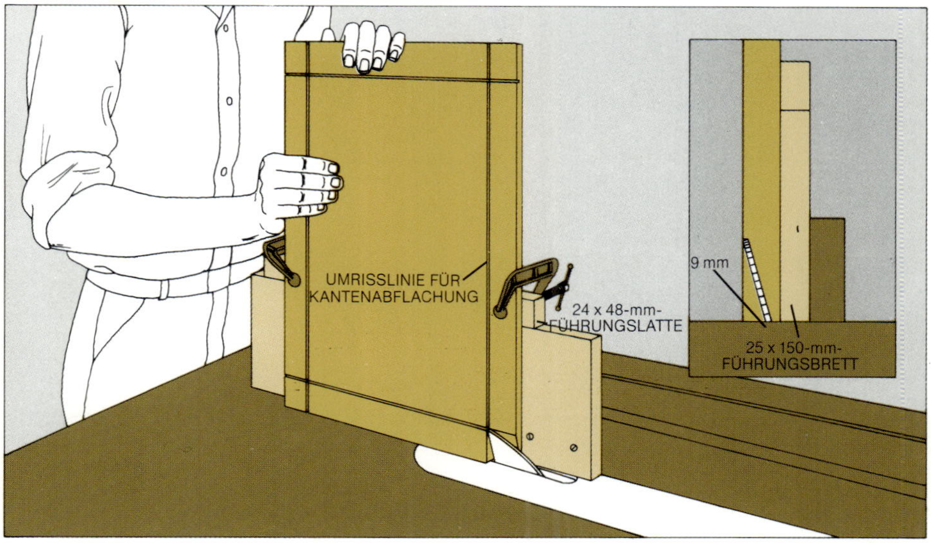

2 Die Abflachung umreißen. Die Tischkreissäge auf 3 mm Schnittiefe einstellen und den Parallelanschlag 5 cm vom Sägeblatt entfernt feststellen. Eine Füllung mit der Sichtfläche nach unten und mit einer Längskante am Parallelanschlag auf den Sägetisch legen und eine 3 mm tiefe Nut schneiden. An den drei übrigen Seiten jeweils 5 cm von den Kanten ebensolche Nuten schneiden. Die anderen Füllungen – ebenso wie einige Abfallhölzer in der Stärke der Füllungen – genauso bearbeiten; letztere werden gebraucht, um das Sägeblatt für die Abflachung einzustellen.

3 Die Kanten abflachen. Das Sägeblatt im Winkel von 15 Grad feststellen und ein 25 x 150-mm-Führungsbrett senkrecht am Parallelanschlag befestigen. Den Anschlag so feststellen, daß das Führungsbrett auf der Tischebene 9 mm vom Sägeblatt entfernt ist, und die Schnittiefe so einstellen, daß das Sägeblatt gerade bis zum Umriß der Abflachung reicht *(kleine Zeichnung)*. An einem vorbereiteten Abfallholz überprüfen.

Eine Füllung mit der Rückseite zum Führungsbrett zwischen das Sägeblatt und die Führung schieben. Um die Füllung zu stabilisieren, ein 24 x 48-mm-Lattenstück auf das Führungsbrett legen und festspannen. Die Säge einschalten und die Füllung über das Sägeblatt führen; dabei die Hände in sicherem Abstand halten. Die gegenüberliegende Kante ebenso schneiden, dann die anderen beiden Kanten schneiden.

Die Täfelung zusammensetzen und montieren

1 **Die Teile zusammensetzen.** Füllungen, Stiele und Riegel des unteren Täfelungsabschnitts auf dem Boden an den jeweils zusammengehörigen Kanten aneinanderlegen; die Unterkante der Täfelung soll zur Wand weisen. Mit dem Holzhammer 50-mm-Dübel in alle Dübellöcher in den Riegeln treiben, die Füllungen in die Nuten der Riegel einsetzen und die Stiele auf die Dübel in den Riegeln stecken.

Wenn alle Verbindungen passen, die Teile wieder auseinandernehmen, die Dübellöcher und die Verbindungsflächen von Stielen und Riegeln dünn mit Leim bestreichen. Die Teile wieder zusammenfügen und mit Schraubknechten zusammenhalten, bis der Leim abgebunden hat. Die übrigen Abschnitte auf die gleiche Weise zusammenfügen.

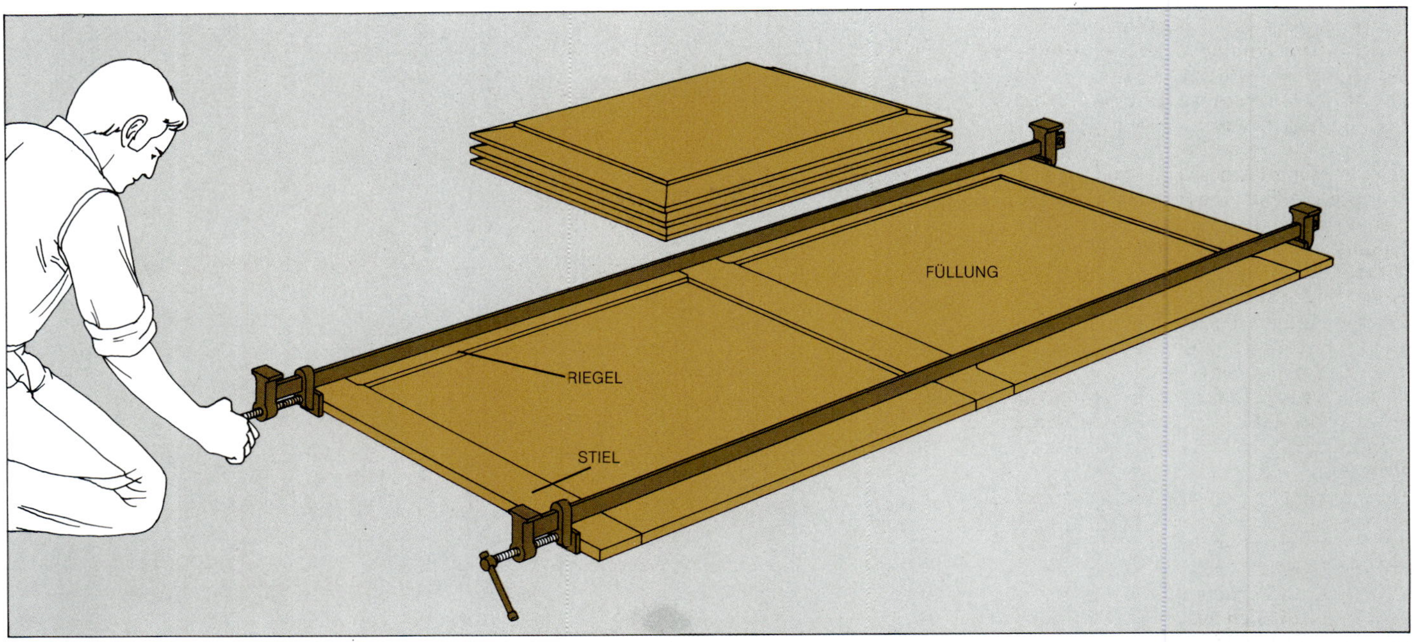

2 **Die Täfelung aufstellen.** Mit Helfern, die die Stiele stützen, den unteren Abschnitt der Täfelung an der Wand aufrichten und auf das Futterholz heben. Mit der Wasserwaage entlang dem oberen Riegel die waagerechte Ausrichtung überprüfen; falls nötig, mit Holzkeilen zwischen unterem Riegel und Futterholz ausgleichen. Die Stiele auf jeder Latte mit je zwei 50-mm-Schrauben befestigen.

Den oberen Abschnitt der Täfelung auf den unteren setzen, die Stiele ausrichten und an der Unterkonstruktion festschrauben. Zwischen dem oberen Riegel und der Decke ein Futterholz schrauben. Wenn alle Abschnitte angebracht sind, die Fuge zwischen den beiden oberen und dem unteren Abschnitt – die sogenannte Brüstungslinie – mit einer Leiste abdecken, danach Decken-, Eck- und Fußleisten anbringen *(S. 99–101)*. An Tür- und Fensteröffnungen Bekleidungen anbringen, die in Farbe und Maserung zum Rahmenholz der Täfelung passen. Alle Schraubenköpfe versenken und mit Holzkitt abdecken.

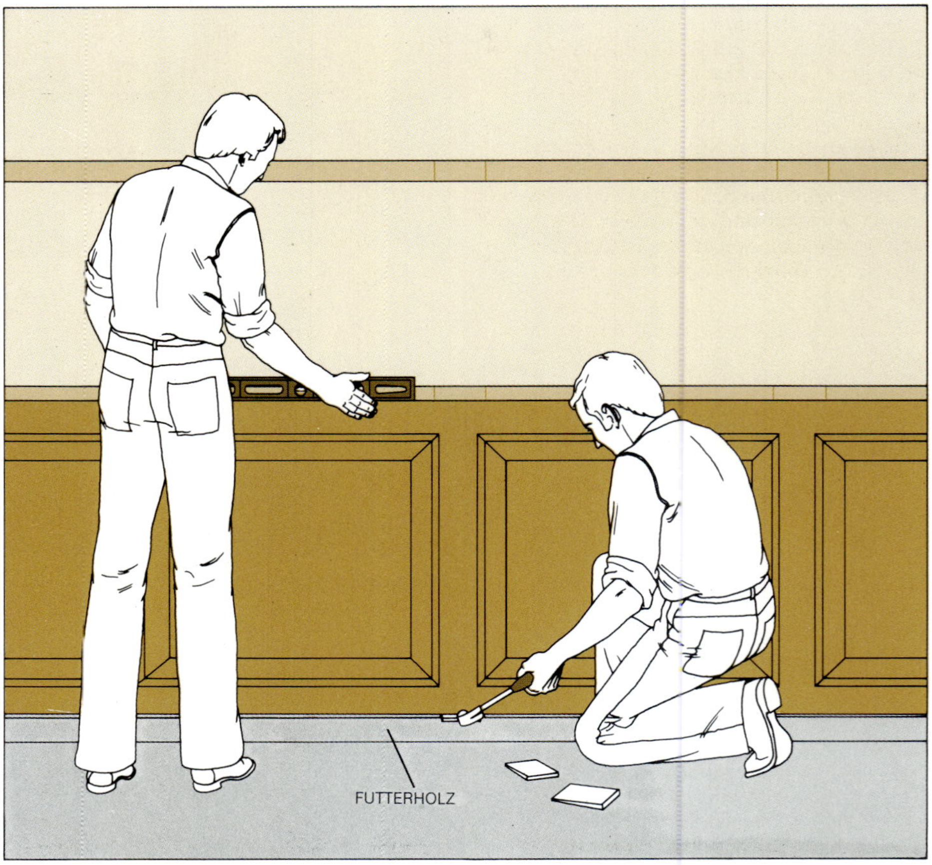

Die fachmännische Anbringung von Leisten

Die Ränder von getäfelten Flächen sind oft mit Leisten abgedeckt. Das sieht zum einen gut aus und hat zum anderen den Vorteil, daß durch ungenaues Ausmessen, Anreißen oder Zuschneiden entstandene kleine Unregelmäßigkeiten in den Boden-, Decken- und Eckfugen überdeckt werden. Leisten sind – ebenso wie Holzkitt, mit dem Risse und Schraubenlöcher verdeckt werden –, in verschiedenen Holzarten und Farbtönen erhältlich, so daß man sie auf das verwendete Täfelungsmaterial abstimmen kann. Für Boden- und Deckenabschlüsse – sie werden zuerst ausgeführt – kann man dünneres und billigeres Holz verwenden als für normale Fuß- und Deckenleisten; die Montage ist jedoch die gleiche. An Innen- und Außenecken an der Decke sowie an Innenecken am Boden werden die Leisten in der Regel auf Gehrung zusammengesetzt. An Innenecken am Boden werden die Leisten dagegen auch oft durch Konterung verbunden.

Anstelle von verschnörkelten Deckenleisten werden für den Täfelungsabschluß an der Decke meist schlichte, schmale Viertelstäbe verwendet. Mit weiteren Leisten, die man z. B. auf Türhöhe oder halber Wandhöhe anbringt, läßt sich auf einfache Weise ein zusätzlicher Dekoreffekt erzielen.

Bei einer Holzunterkonstruktion werden die Leisten mit 40-mm-Stauchkopfnägeln jeweils im Abstand von 30 cm an einer Latte bzw. – wenn die Lattung quer verläuft – an jeder Latte befestigt. Bei Ziegelwänden verwendet man meist 40-mm-Stahlnägel, bei Hohlblocksteinen Dübel und Schrauben, bei Gipskartonplatten Kippdübel und bei Beton ebenfalls Dübel und Schrauben. Die Nägel bzw. Schrauben werden versenkt und mit passendem Holzkitt verdeckt.

Fußleisten anbringen. Um Fußleisten in einer rechtwinkligen Innenecke zu verbinden, eine der Leisten stumpf an die Wand stoßen lassen und die andere Leiste kontern. Dazu zunächst das Ende der zweiten Leiste im 45-Grad-Winkel von hinten nach vorn einwärts auf Gehrung schneiden. Dann die vom Schnitt auf der Vorderseite der Leiste gebildete Profillinie mit dem Bleistift nachzeichnen und entlang dieser Linie mit der Laubsäge gerade schneiden, so daß das Ende der Leiste wieder im rechten Winkel zur Vorderseite liegt. So entsteht eine Form, die genau auf die an der Wand befestigte Leiste paßt *(kleine Zeichnung)*.

An einer rechtwinkligen Außenecke die Leisten im Winkel von 45 Grad auf Gehrung schneiden (besser noch 46 Grad, um eine fast unsichtbare Fuge zu erhalten). Wenn die Fuge klafft, die Leisten nacharbeiten, bis sie genau passen. Für die Vorderkante einen kleinen Hirnholzhobel, für die Hinterkante ein Universalmesser benutzen.

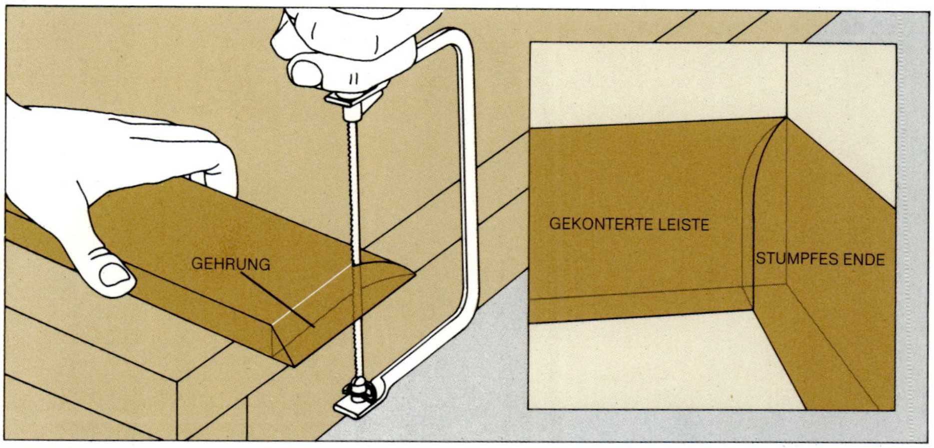

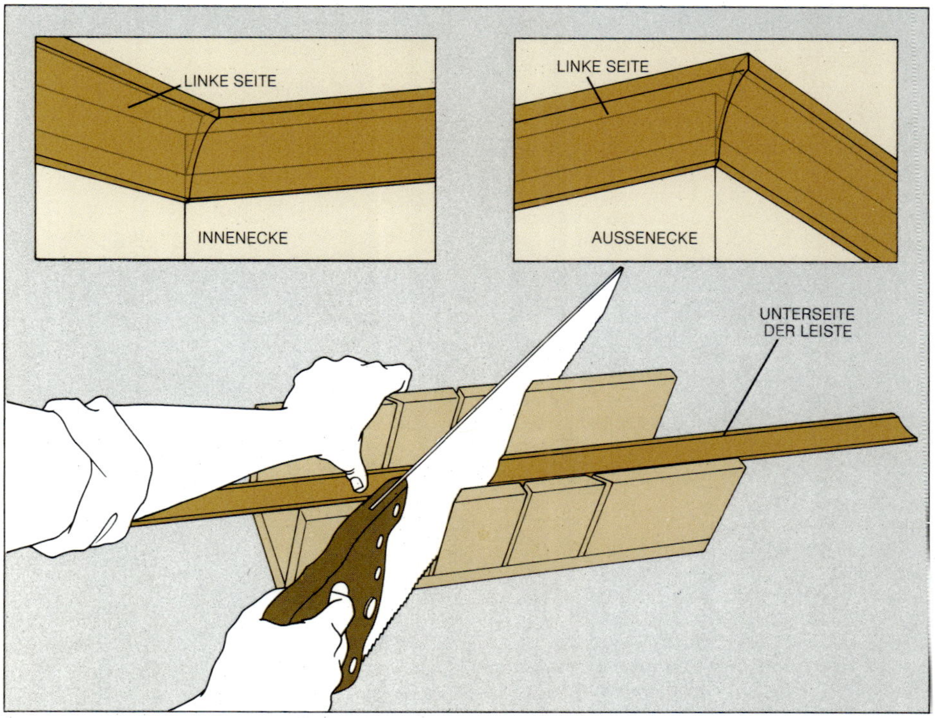

Leisten auf Gehrung schneiden. Eine Deckenleiste, die für eine Innenecke zugeschnitten werden soll, mit der Oberseite nach unten in die Gehrungsschneidlade legen. Die Leiste gegen Unter- und Rückseite der Schneidlade drücken. Um die linke Leiste der Eckverbindung zuzuschneiden, die Leiste rechts vom Sägeblatt anlegen und die Säge im Winkel von 45 Grad nach rechts halten. Um die rechte Leiste zuzuschneiden, die Leiste links vom Sägeblatt anlegen und die Säge im Winkel von 45 Grad nach links halten.

Um eine Deckenleiste für eine Außenkante zuzuschneiden, die Leiste wie für die Innenecke umgekehrt in die Gehrungsschneidlade legen: die linke Leiste rechts und die rechte Leiste links von der Säge; nur wird hierbei die Säge andersherum, nämlich bei der linken Leiste nach links, bei der rechten Leiste nach rechts, gehalten.

Wandecken verkleiden. Für alle Innen- und Außenecken passende Leisten auf die Höhe der Wandtäfelung zuschneiden und jeweils im Abstand von 30 cm mit Stauchkopfnägeln befestigen. An einer Außenecke die Nägel abwechselnd durch die Schenkel der Leiste in die Balken oder Latten hinter der Täfelung treiben. An einer Innenecke einfach durch die Mitte der Leiste nageln.

Zierleisten anbringen. Vom Boden bis zu der Höhe messen, auf der die Unterkante der Zierleiste liegen soll, und zwei 24 x 48-mm-Latten auf diese Länge zuschneiden. Eine der Latten senkrecht an die Türbekleidung anlehnen, die andere etwa 2 m entfernt davon an die Wand. Die Leiste auf die Latten legen und waagerecht ausrichten. Falls nötig, ein Ende von einem Helfer festhalten lassen und die Leiste jeweils im Abstand von 30 cm annageln. Die Stützlatte am Türrahmen entfernen und im Abstand von etwa 2 m jenseits der anderen Latte an die Wand lehnen. Die Leiste an diesem Abschnitt annageln und so um den ganzen Raum herum fortfahren; die Leisten für die Eckverbindungen auf Gehrung schneiden *(S. 99)*.

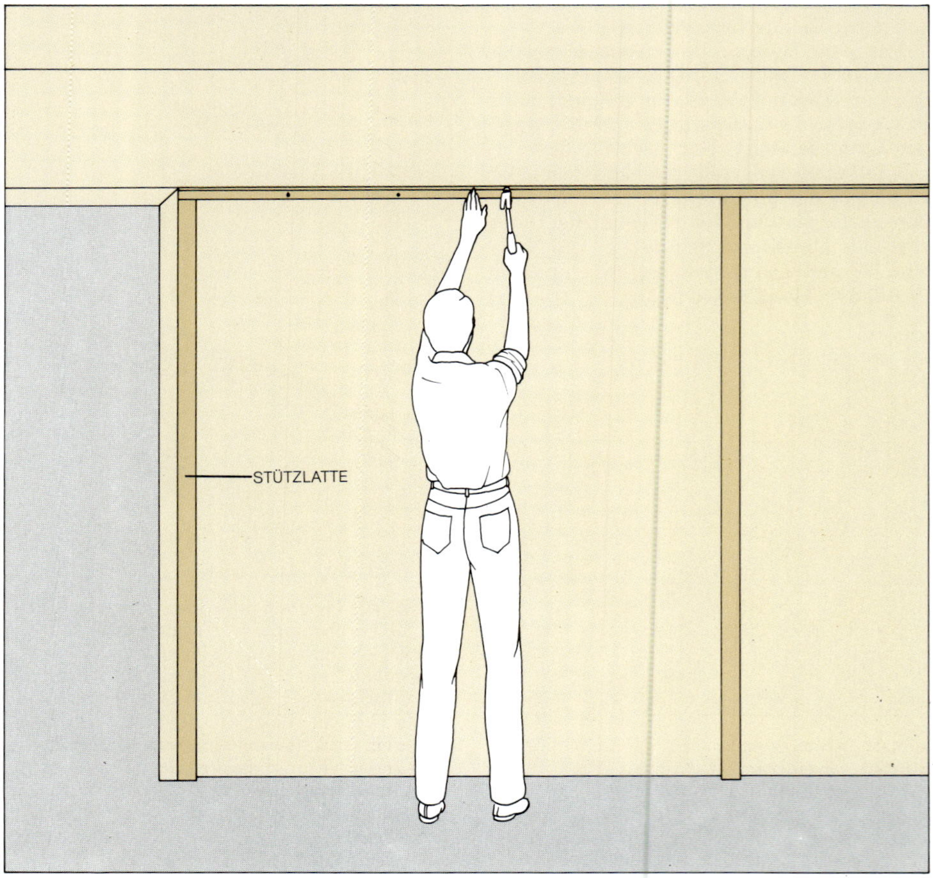

Eine Brüstungsleiste anbringen. Wenn die Brüstungstäfelung aus dünnen Täfelungsplatten besteht, die direkt auf der Wand befestigt sind, läßt sich der Abschluß am leichtesten mit einer Falzleiste herstellen, die bereits so geschnitten ist, daß sie die Kante der Platten abdeckt *(unten links)*. Ist die Täfelung jedoch tiefer als der Falz der Leiste, empfiehlt es sich, ein gehobeltes Brett auf die nötige Breite zuzuschneiden und zu fälzen. Ein Viertelstab über und eine Kehlleiste unter dem Brett vervollständigen den Abschluß *(unten rechts)*. Am Boden schließen Fußleisten die Täfelung ab.

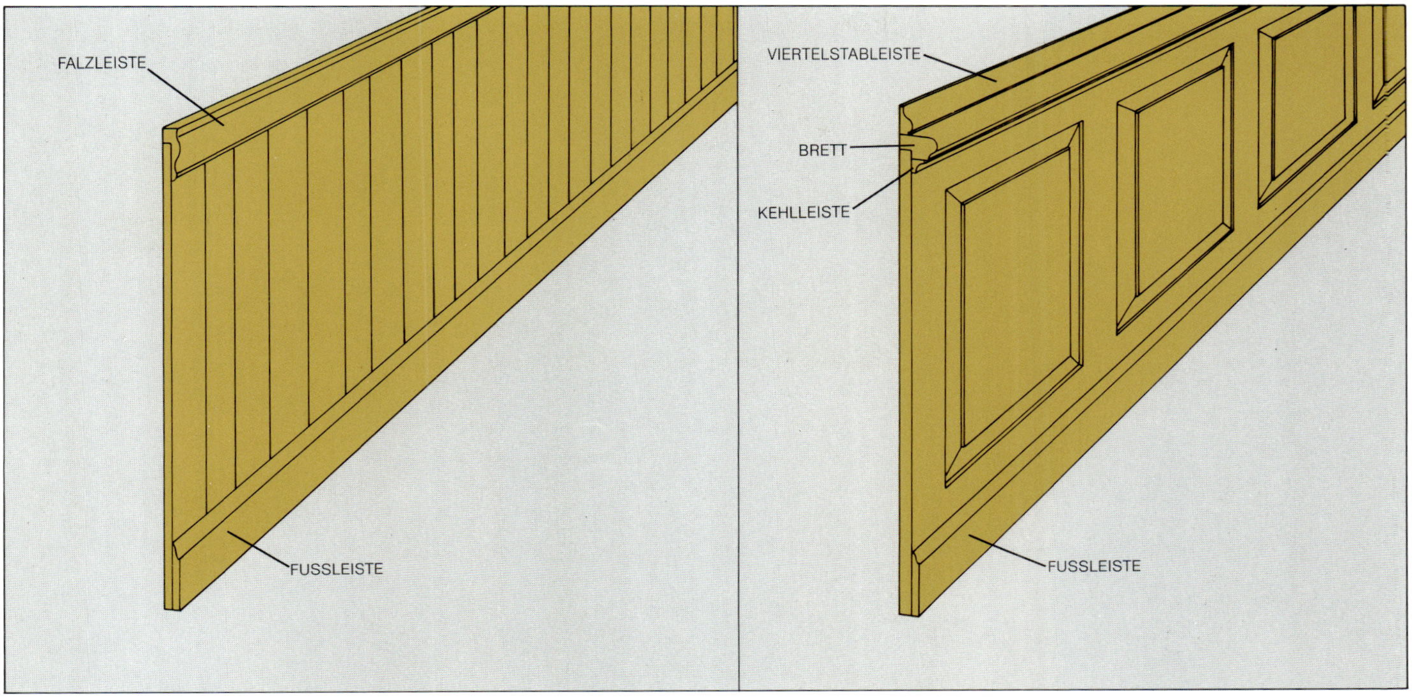

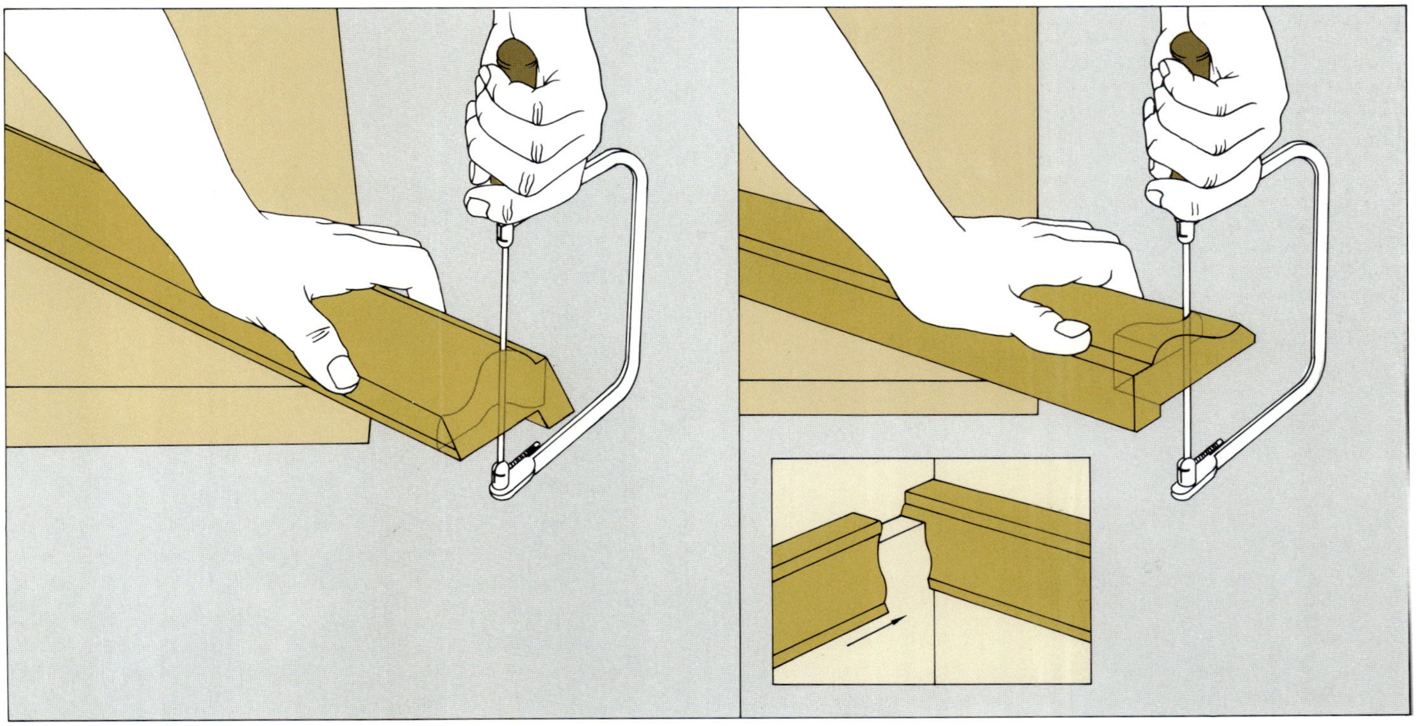

Gefälzte Leisten kontern. Wenn zwei profilierte Falzleisten an einer Innenecke aneinanderstoßen, das Ende der ersten Leiste auf Gehrung schneiden und die Schnittkante auf der profilierten Seite mit Bleistift anreißen *(S. 99)*; die Rißlinie über die Oberkante rechtwinklig zur Rückseite der Leiste fortführen. Die Leiste entlang dieser Linie mit der Laubsäge gerade abschneiden *(oben links)*. Dann die zweite Leiste so ausklinken *(oben rechts)*, daß sie sich über die angrenzende Platte schieben läßt *(kleine Zeichnung)*. Die zweite Leiste an die Wand nageln, dann die erste Leiste dagegenschieben.

4 Bedarfsgerechte Wände und Decken

Eine abgehängte Decke. Vor dem Anbringen der Verkleidung werden zwischen die Hauptträger der Unterkonstruktion Riegel genagelt, die der abgehängten Decke zusätzliche Stabilität verleihen. Die an kurzen Lattenstücken an der alten Decke befestigten Abhänger helfen das Gewicht der mit Profilbrettern oder Akustikplatten verkleideten abgehängten Decke mit zu tragen. Die Beleuchtungskörper werden entweder versenkt montiert oder unter der neuen Decke angebracht.

Auf die Frage, wozu Wände und Decken gut sind, erhält man fast immer die einfache Antwort: „Um das Haus in Zimmer einzuteilen." Doch Hausbesitzer, die sich allzuoft mit Problemen wie Lärmschutz, Energieversorgung, besserer Raumnutzung und hohen Baustoffpreisen auseinandersetzen müssen, wissen, daß Decken und Wände durchaus weiterreichende Anforderungen zu erfüllen haben: Sie sollen Geräusche dämpfen, Licht reflektieren, Rohre verdecken und manchmal sogar als Geheimfach für Wertsachen oder kostbare Dokumente dienen. So vielen Aufgaben ist eine einfache Wand oder Decke oftmals nicht gewachsen.

Für die meisten Hausbesitzer gibt Lärm – von spielenden Kindern, dröhnenden Stereoanlagen, rauschendem Straßenverkehr und donnernden Düsenflugzeugen – den entscheidenden Anstoß, eine zusätzliche Wand oder Decke einzuziehen. Oft werden dazu Akustikplatten verwendet. Wie die technischen Errungenschaften, deren Folgen sie mildern sollen, sind auch sie erst in den letzten Jahren in den Wohnbereich eingezogen; sie sind kurz nach dem Zweiten Weltkrieg entwickelt worden. Anders als Keramikfliesen, von denen die Schallwellen abprallen und in alle Richtungen gestreut werden, absorbieren Akustikplatten den Schall, ähnlich wie ein Schwamm das Wasser aufsaugt. Sie werden direkt an die vorhandene Decke geheftet oder an einen abgehängten Rahmen montiert, und der Schall, der in den faserigen Höhlungen als Echo hin- und hergeworfen wird, gibt schließlich den größten Teil seiner Energie als Wärme ab.

Die meisten Lärmprobleme entstehen durch Luftschall, der feste Körper, wie Wände und Decken, in Schwingung versetzt und durch diese weitergeleitet wird. Wenn Schallwellen auf Schichten unterschiedlicher Dichte und Festigkeit treffen, werden sie abgefangen. Dies ist der Grund, warum eine zweilagig beplankte und mit Mineralwolle gefüllte Ständerwand den Schall besser dämmt als eine einfache Trennwand. Noch wirksamer als jene ist allerdings eine mit Dämmaterial gefüllte Trennwand, die – durch einen Luftzwischenraum getrennt – vor die bestehende Wand gesetzt wird. Um den Schallübergang von einem Raum in den anderen zu behindern, kann man auch Spezialtrennwände einziehen, die eigens für diesen Zweck konzipiert worden sind.

Wenn man sich für eine neue Decke entschieden hat, kann man auch die Beleuchtung umgestalten: Hinter durchscheinendem Glas in eine abgehängte Decke eingelassene Leuchtstoffröhren tauchen den ganzen Raum in ein sanftes, gleichmäßiges Licht, während Einbaustrahler bestimmte Bereiche stärker ausleuchten. Durch den abgehängten Rahmen verschwinden auch störende Rohre und elektrische Leitungen hinter der glatten Fläche der Deckenverkleidung.

Aus welchen Gründen auch immer eine Aufdoppelung vorgenommen werden soll, sie ist in jedem Fall einfach zu montieren und erhöht den Gebrauchswert des Raumes beträchtlich.

Decken mit vielfältigen Funktionen

Gipskartonplatten *(S. 17–25)* bieten zwar die einfachste und preisgünstigste Möglichkeit, eine Decke zu verkleiden, in vielen Räumen stellen sich jedoch Probleme, für die es bessere Lösungen gibt. Die Decke eines Raumes mit hohem Geräuschpegel – etwa eines Kinderzimmers, in dem musiziert wird – benötigt eine Verkleidung aus schallschluckendem Material, wie z. B. Mineralfaserplatten. Um unter der Decke verlaufende Rohre und Leitungen zu verkleiden, ist eine abgehängte Decke die einfachste Lösung. Eine solche Decke bietet sich auch an, um die Heizkosten zu senken, um bei einem hohen Raum die Proportionen zu verbessern, die z. B. durch das Einziehen einer Trennwand nicht mehr ganz stimmen, oder um die Unterschiede in der Deckenhöhe auszugleichen, wenn zwei Räume durch Herausnehmen der Zwischenwand zusammengelegt worden sind.

Mineralfaser-Akustikplatten schlucken einen großen Teil des Schalls, der sonst im Raum widerhallen würde (sie haben allerdings wenig Einfluß auf den Übergang des Schalls in angrenzende Räume; dieses Problem wird auf S. 114–121 behandelt). Sie verbessern außerdem die Wärmedämmung.

Da die Platten speziell für Deckenverkleidungen konstruiert sind, ist ihre Anbringung problemlos. Sie sind meist in einer Größe von 30 x 30 cm oder 60 x 60 cm und mit einer geprägten Oberfläche erhältlich. Die Kanten sind entweder glatt oder mit Nut und Feder versehen, die – ineinandergeschoben – dichte Fugen ergeben. Akustikplatten sollten mindestens 24 Stunden vor der Montage ausgepackt in dem Raum gelagert werden, in dem sie später montiert werden, damit sie sich an die Temperatur und Luftfeuchtigkeit des Raumes angleichen können.

Platten bis zu 30 x 30 cm können mit einem vom Hersteller empfohlenen Kleber direkt an die Decke geklebt werden. Wesentlich wirksamer ist die Dämmung jedoch, wenn man die Platten auf Latten nagelt oder heftet, die quer zu den Deckenbalken an der Decke befestigt sind. Dieses Verfahren ist auch bei unebenen Decken zu empfehlen.

Ungleich breite Ränder auf gegenüberliegenden Seiten des Raumes und ähnliche unschöne Effekte lassen sich durch sorgfältige Planung vermeiden. Die auf der gegenüberliegenden Seite in Arbeitsgang 1 beschriebene Methode zur Berechnung der Randbreiten sorgt für optisch befriedigende gleich breite Ränder. Die Aufteilung sollte man auf Millimeterpapier zeichnen; die Skizze dient bei der Ausführung als Orientierungshilfe. Löcher für den Kabelanschluß der Deckenbeleuchtung werden ausgeschnitten, bevor die betroffenen Platten angebracht werden *(S. 106, Arbeitsgang 4)*.

Für eine abgehängte Decke muß man zunächst einen Rahmen bauen, an dem dann die gewünschte Verkleidung befestigt wird *(S. 107–111)*. Soll die neue Deckenhöhe weniger als 2,50 m betragen, muß man sich bei der örtlichen Baubehörde erkundigen, ob diese Höhe zulässig ist. Wenn die vorhandene Decke stabil ist und den gesetzlichen Brandschutzvorschriften entspricht, ist keine zusätzliche Brandsperre nötig.

Der Einbau einer abgehängten Decke bietet eine günstige Gelegenheit, die Beleuchtung des Raumes völlig neu zu konzipieren. Neue Leuchten anzubringen oder eine abgenommene Deckenrosette wieder zu befestigen ist nicht kompliziert, allerdings kann es erforderlich sein, daß die Leitungen auf die neue Ebene verlegt werden müssen. Dieses muß von einem Fachmann vorgenommen werden. Grundsätzlich ist bei der Arbeit in der Nähe eines Kabelanschlusses und natürlich erst recht beim Abnehmen oder Anschließen einer Lampe darauf zu achten, daß die Hauptsicherung ausgeschaltet ist.

Um das Licht unter einer abgehängten Decke in bestimmten Bereichen des Raumes zu bündeln, können Einbaustrahler angebracht werden *(S. 110, Arbeitsgang 6)*. Schattenloses, blendfreies Licht erhält man durch Leuchtstoffröhren, die je nach Abstand zwischen der alten und der neuen Decke entweder direkt an die alte Decke oder an Trägerhölzer am abgehängten Rahmen geschraubt werden. Unmittelbar unter den Leuchtstoffröhren können durchscheinende Kunststoffscheiben am Rahmen befestigt werden; oft werden die Leuchten entlang dem Deckenrand um den ganzen Raum herumgeführt und durch Blenden verdeckt. Leuchtstofflampen für Wohnräume enthalten in der Regel weiße 40 Watt de-luxe-Kalt- oder Warmtonröhren, die nicht, wie die kaltweißen Industrietypen, warme Farben blaß erscheinen lassen und die Haut mit einem kränklichen Gelb überziehen. Um eine möglichst hohe Lichtreflexion zu erreichen, wird die Decke über der Leuchte bzw. den Rahmen meist zweimal mit einer nichtgilbenden weißen Vinylfarbe gestrichen.

Akustikplatten mit Nut und Feder an Latten heften

1 **Die Aufteilung anzeichnen.** Zunächst müssen verdeckt liegende Deckenbalken lokalisiert und markiert werden *(S. 8)*. Dann wird die Anordnung der Platten jeweils am oberen Wandrand markiert. Um sicherzugehen, daß die Ränder, für die Platten zugeschnitten werden müssen, gleich breit werden, zunächst den Mittelpunkt einer Wandkante feststellen, von dort aus bis zur Ecke messen und diesen Abstand durch die Breite der Platten teilen. Bleibt ein Rest von mindestens einer viertel Platte, die Plattenabstände von der Wandmitte aus abtragen. Beträgt der Rest weniger als eine viertel Platte, den Ausgangspunkt um eine halbe Plattenbreite von der Mitte nach links oder rechts verlegen.

Um die Zahl der benötigten Deckenplatten zu berechnen, an zwei angrenzenden Wänden die angezeichneten Plattenabstände abzählen, jeweils 1 addieren und die beiden Zahlen miteinander multiplizieren. Um zu berechnen, wie viele Latten benötigt werden, an einer der beiden Wände, die parallel zu den Deckenbalken verlaufen, die Plattenabstände abzählen und 2 addieren.

Jeweils die gegenüberliegenden Punkte an den zu den Deckenbalken parallel verlaufenden Wänden per Schnurschlag verbinden *(kleine Zeichnung)*. Mittig auf den Schnurlinien sowie am Deckenrand 24 x 48-mm-Latten anbringen. Die Latten – wie auf S. 11, Arbeitsgang 3 beschrieben – ausrichten und an den Balken festschrauben.

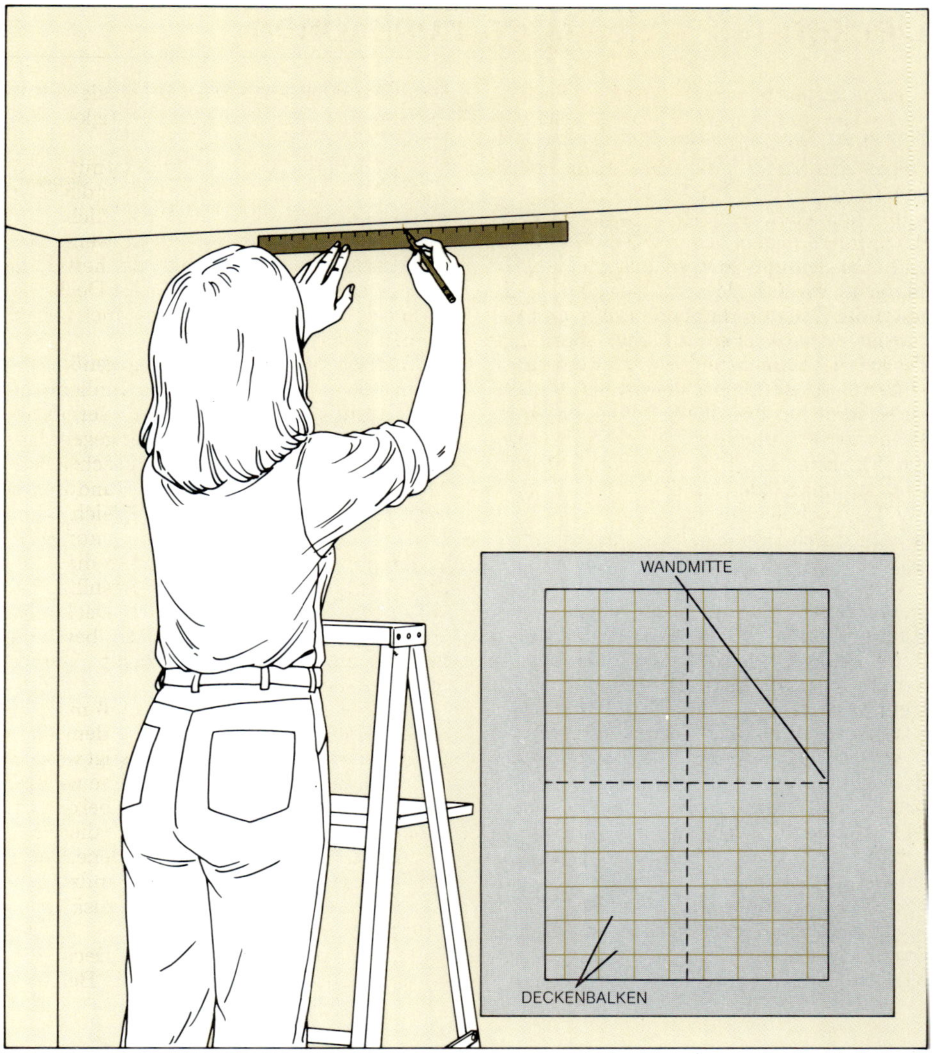

2 **Ganze Platten befestigen.** Mit dem Anbringen der Platten in einer Ecke des Raumes beginnen. Zuvor per Schnurschlag zwei Führungslinien markieren: die eine Linie mittig auf der vorletzten Latte, die andere im rechten Winkel dazu – zwischen den letzten beiden Markierungen auf den Wänden, die parallel zu den Latten verlaufen – anbringen. Die erste ganze Platte am Schnittpunkt dieser beiden Linien so ausrichten, daß die gefederten Kanten zur Ecke und die Nuten zur Mitte des Raumes weisen. Die Platte durch die hinteren Nutwangen auf die Latten heften *(rechts)*.

Zwei weitere Platten jeweils mit der Feder in die Nut der ersten Platte schieben *(kleine Zeichnung)*, darauf achten, daß die Nuten zu der Seite weisen, an der die nächsten Platten befestigt werden sollen. Dann die Platten wiederum durch die Nutwangen an die Latten heften.

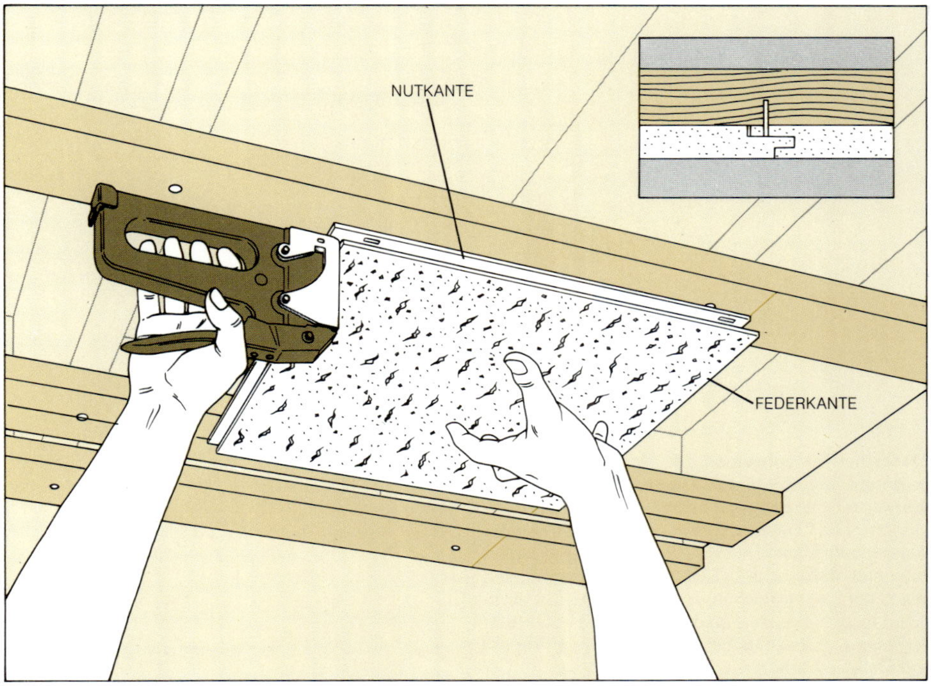

3 Platten am Rand einsetzen. Zum Zuschneiden der Platten für den Rand jeweils den Abstand zwischen der Wand und den beiden Ecken der nächstgelegenen ganzen Platte messen und diese Maße abzüglich 0,5 cm zum leichteren Einpassen auf der Randplatte abtragen. Ein Lineal an diese beiden Punkte als Führung anlegen und die Platte mit dem Universalmesser durchschneiden. Beim Abtragen der Maße jeweils von einer Nutkante ausgehen und die Platte so legen, daß die andere Nutkante in Arbeitsrichtung weist.

Zuerst die Eckplatte, danach die übrigen Randplatten mit der Schnittkante zur Wand ansetzen und jeweils durch die Nutwange an die Latten heften. Entlang der Wand die Platten mit 30-mm-Stauchkopfnägeln an der Lattung so befestigen, daß die Nägel später von der Deckenleiste verdeckt werden. Von der Ecke aus in beiden Richtungen abwechselnd ganze Platten und Randplatten anbringen.

4 Eine Kabelöffnung anreißen. Die Platten auf zwei Seiten so nahe wie möglich an das Kabelende heran verlegen, dann die Feder der nächsten Platte auf einer Seite in die Nut der zuletzt befestigten Platte stecken. Die lose Platte bis an das Kabel heranschieben und den Punkt markieren, an dem die Federkante der Platte das Kabel berührt. Die Platte ebenso von der anderen Seite an das Kabel heranschieben und die Federkante dort markieren.

Von den beiden Markierungen aus rechtwinklige Linien ziehen und im Schnittpunkt mit dem Spiralbohrer ein Loch für das Kabel bohren.

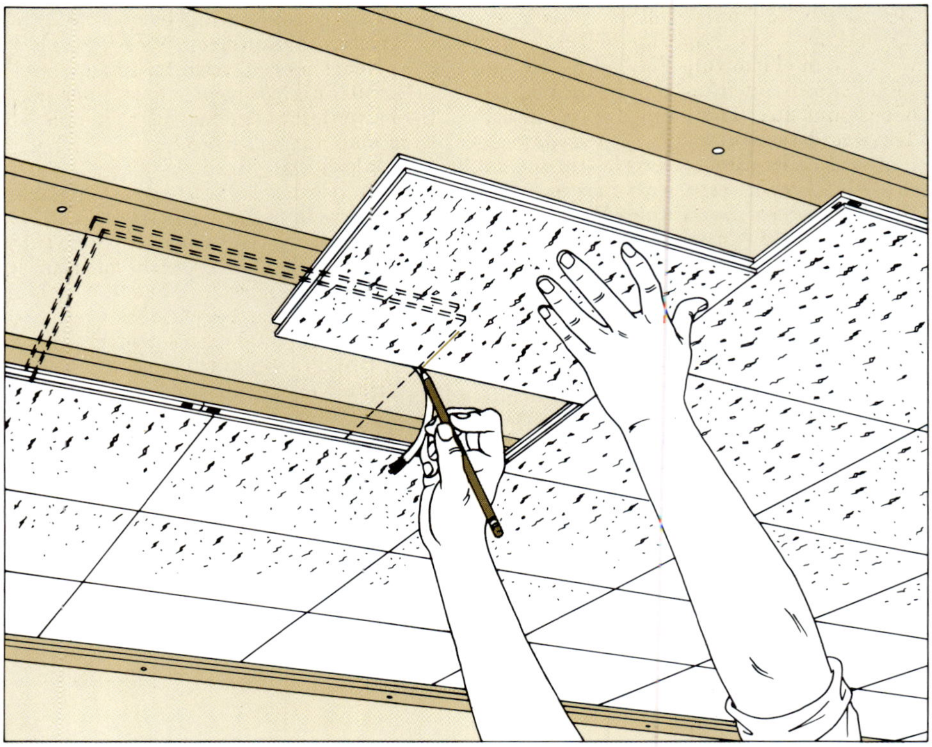

5 Deckenleisten anbringen. Die Kanten der Platten entlang dem Deckenrand mit 3 cm breiten – an den Enden auf Gehrung geschnittenen Kehlleisten abdecken. Die Leisten mit Stauchkopfnägeln an der Decke befestigen *(rechts)*; die Nägel müssen so lang sein, daß sie durch Leiste und Platte hindurch bis in die Latten reichen. Bei langen Leisten empfiehlt es sich, das freie Ende von einem Helfer festhalten zu lassen. Die Leistenenden an den Ecken auf Gehrung schneiden *(S. 99)*.

Eine abgehängte getäfelte Decke

Eine abgehängte Decke ist nicht nur zweckmäßig, um z. B. Rohre und Leitungen zu verdecken, sie kann auch einem Raum einen völlig anderen Charakter geben. Die Nut-und-Feder-Bretter, mit denen die auf den folgenden Seiten beschriebene abgehängte Decke verkleidet wird, können ein reizvolles innenarchitektonisches Element bilden, zumal wenn sie in einem zum Fußboden und zum Mobiliar passenden Farbton gebeizt sind. Zunächst muß aus 60 x 80-mm-Kanthölzern ein Trägergerüst gebaut werden, an dem dann die Nut-und-Feder-Bretter angebracht werden *(unten)*. Befestigt werden die Bretter an diesem Rahmen ähnlich wie eine Wandverkleidung auf ihrer Unterkonstruktion *(S. 80–85)*. Vor der Montage werden die Bretter passend gebeizt und mit einem Überzugsmittel geschützt. Räume mit Nischen oder Leitungsschächten erfordern besondere Sorgfalt beim Messen und Zuschneiden der einzelnen Teile, doch die Vorgehensweise ist die gleiche. Der ganze Einbau kann – mit der Unterstützung eines Helfers, der lange Teile bei der Montage festhält – im Prinzip von einer Person ausgeführt werden.

Nut-und-Feder-Bretter sind in der Regel stabil genug, um das Gewicht von Einbauleuchten zu tragen. Nur wenn besonders schwere Leuchten montiert werden sollen, müssen zusätzliche Träger in den Rahmen eingesetzt werden *(S. 110, Arbeitsgang 6)*. Neue Leuchten werden meist mit einer Einbauanleitung geliefert; die Montage erfolgt zum Schluß, wenn die Decke ansonsten fertiggestellt ist. Zuvor müssen allerdings die Stromleitungen von einem Elektriker auf das neue Deckenniveau verlegt werden.

Damit Rohrleitungen, die von der neuen Decke verdeckt werden, zugänglich bleiben, kann man im Raum darüber die Fußbodenbretter loshebeln und die alte Decke durchtrennen. Wenn sich diese Lösung als unpraktikabel erweist, muß in die neue Nut-und-Feder-Verkleidung eine Revisionsluke eingefügt werden. Gewöhnlich reicht dazu ein sich über vier Bretter erstreckender Abschnitt, der zwischen zwei Trägerhölzern herausgeschnitten wird. Zur Befestigung des abnehmbaren Bretterabschnitts bietet sich eine ganze Reihe von Spezialbeschlägen an: von Klemmdübeln über Magnetschnäpper zu Klettverschlüssen.

Soll die Decke nicht mit Brettern, sondern mit Platten – beispielsweise aus Gipskarton – verkleidet werden, müssen die Haupt- und Zwischenträger so angebracht sein, daß sie genau über den Plattenfugen liegen.

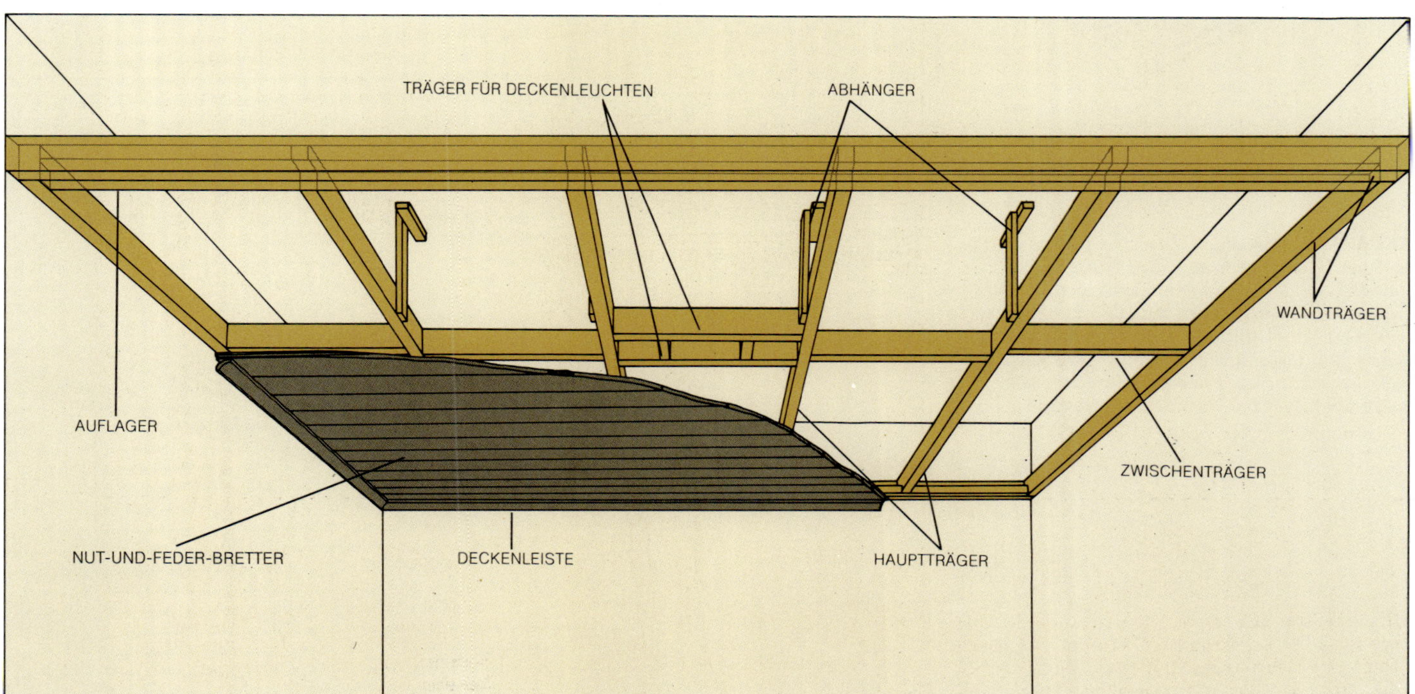

Die fertige Decke. Das tragende Gerüst der Decke besteht aus 60 x 80-mm-Wandträgern und -Hauptträgern. Die ausgeklinkten Enden der Hauptträger liegen auf Auflagern aus 24 x 48-mm-Latten, die an die Wandträger geschraubt sind. Zwischenträger steifen die Unterkonstruktion aus. Das Gewicht der Decke wird von Abhängern abgefangen, die am oberen Ende mittels Befestigungsstücken an die vorhandenen Deckenbalken und am unteren Ende an die Hauptträger geschraubt sind. Für die Montage von schweren Einbauleuchten ist ein Trägerrahmen zwischen die Hauptträger genagelt. Die Unterkonstruktion ist mit Profilbrettern verkleidet. Die Fugen zwischen den Brettern und der Wand werden durch Leisten abgedeckt.

Bau der Unterkonstruktion

1 Die Deckenhöhe anzeichnen. In einer Ecke den Abstand zwischen der Decke und der gewünschten Höhe der abgehängten Decke abzüglich der Bretterverkleidung abtragen. Mit Wasserwaage und Richtlatte entlang den Wänden auf der Höhe dieser Markierung eine waagerechte Linie ziehen. Zwischendurch immer wieder die exakte waagerechte Ausrichtung überprüfen. Wenn genau gezeichnet wurde, fällt das Ende der Linie genau mit dem Anfang zusammen *(rechts).* Wenn die Linie durch ein Hindernis unterbrochen wird – z. B. durch ein senkrecht an der Wand verlaufendes Rohr –, jenseits des Hindernisses den Abstand von der alten Decke neu abtragen und die Linie von dort aus fortsetzen.

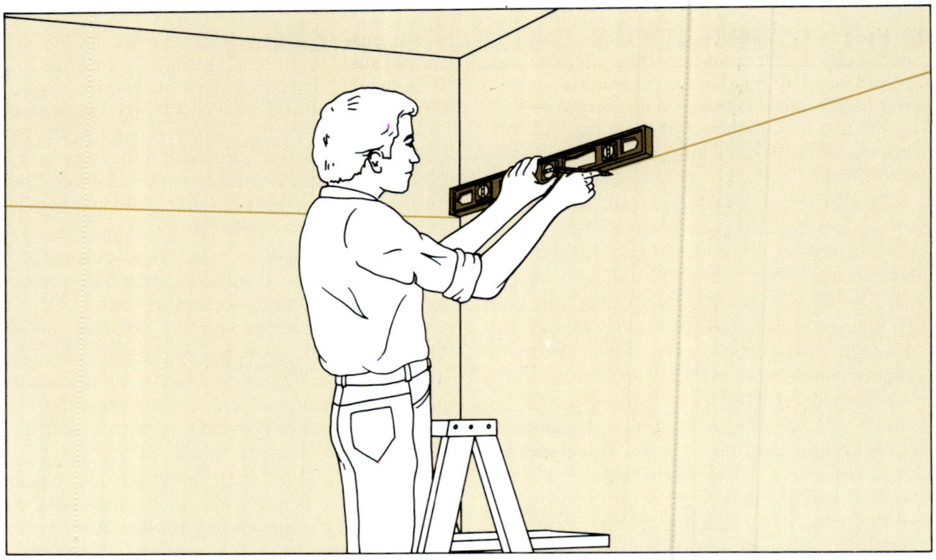

2 Die Wandträger befestigen. Jeweils zwei 60 x 80-mm-Kanthölzer auf die Länge zweier gegenüberliegender Wände auf der Höhe der Markierungslinien zuschneiden. Um das erste Kantholz an einer gemauerten Wand zu befestigen, alle 40 cm Löcher für Durchsteckdübel durch das Kantholz bohren. Die Unterkante des Kantholzes an der Linie anlegen und mit dem Steinbohrer durch die Löcher im Kantholz hindurch Dübellöcher in die Wand bohren. Das Kantholz mit 8 x 120-mm-Dübeln und Schrauben befestigen. Die anderen Kanthölzer ebenso befestigen.

Um die Wandhölzer an einer Holzständerwand zu befestigen, zunächst die Lage der Ständer ermitteln *(S. 8),* dann die Kanthölzer mit Holzschrauben an den Ständern befestigen.

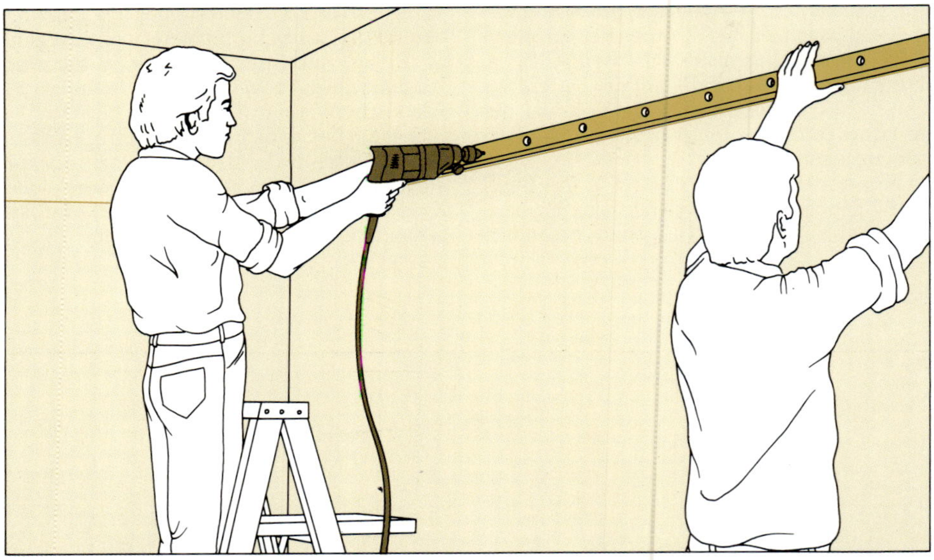

3 Die Auflager befestigen. Zwei 24 x 48-mm-Latten auf die Länge der Wandträger zuschneiden, die parallel zu den geplanten Verkleidungsbrettern verlaufen. Die erste Latte bündig mit der Unterkante an den Wandträger anlegen und jeweils zwischen den Befestigungsschrauben des Wandträgers festschrauben. Ebenso die andere Latte am gegenüberliegenden Wandträger befestigen.

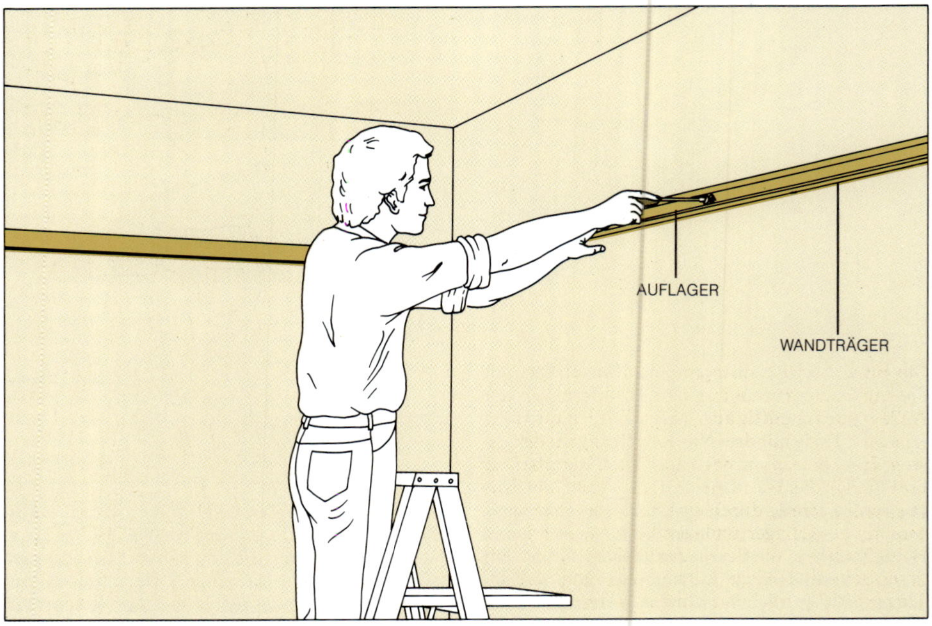

4 **Die Hauptträger ausklinken.** Auf den Wandträgern mit den angeschraubten Auflagern jeweils im Abstand von 40 cm die Auflagepunkte für die Hauptträger anzeichnen. Den Abstand zwischen je zwei gegenüberliegenden Auflagepunkten messen und aus 60 x 80-mm-Kanthölzern die erforderliche Anzahl Hauptträger entsprechend zuschneiden. An den Enden des ersten Hauptträgers die Ausklinkungen anreißen – dazu ein 24 x 48-mm-Lattenstück als Schablone benutzen *(unten links)* – und ausschneiden. Ebenso die Ausklinkungen an den anderen Hauptträgern ausschneiden.

5 **Die Hauptträger befestigen.** Die Hauptträger auf die Auflager legen und an den Markierungen der Auflagepunkte mittig ausrichten. Die Hauptträger an jedem Ende mit drei Nägeln befestigen: den ersten Nagel schräg von oben durch den Hauptträger hindurch in den Wandträger, den zweiten und dritten jeweils schräg durch eine Seite des Hauptträgers in das Auflager schlagen *(kleine Zeichnung)*. Beim Nageln in die Seiten des Trägers auf der anderen Seite eine Zulage gegenhalten, damit sich der Träger nicht seitlich verschieben kann.

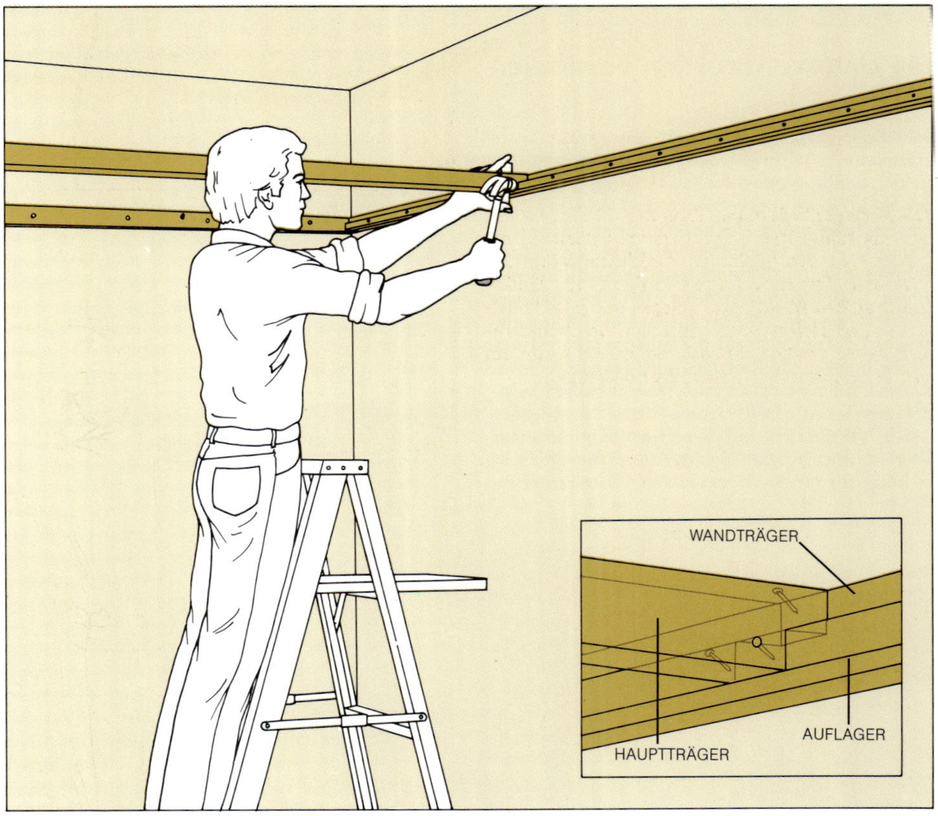

6 Träger für Einbauleuchten einfügen. Für die Befestigung der Leuchten zwei 60 x 80-mm-Kanthölzer entsprechend dem Abstand zweier Hauptträger zuschneiden. Zwei weitere Kanthölzer etwa 5 cm länger als der Durchmesser einer Leuchte zuschneiden. Die kürzeren Stücke so zwischen die längeren nageln, daß in der Mitte zwischen den längeren Teilen ein Quadrat entsteht *(unten links).* Den Rahmen zwischen die Hauptträger der Unterkonstruktion einsetzen – dabei darauf achten, daß die Unterkanten bündig sind – und mit vier weiteren Nägeln befestigen *(unten rechts).*

Die Unterkonstruktion verstärken

1 Befestigungsstücke anbringen. Im Abstand von höchstens 1,50 m über jedem Hauptträger der Unterkonstruktion geeignete Befestigungspunkte an der alten Decke suchen. Dazu die Decke mit dem Hammer abklopfen oder mit dem Spitzbohrer sondieren *(S. 8).* An einem Deckenbalken, der quer zu den abgehängten Hauptträgern verläuft, können mehrere Befestigungsstücke für die Abhänger montiert werden. Haben die Deckenbalken die gleiche Laufrichtung wie die abgehängten Hauptträger, müssen die Befestigungsstücke unter Umständen quer zwischen zwei Deckenbalken montiert werden. Als Befestigungsstücke 24 x 48-mm-Latten verwenden und diese jeweils unmittelbar über den abgehängten Trägern durch die alte Decke hindurch an den Deckenbalken festschrauben.

2 **Die Abhänger befestigen.** Um die Länge des ersten Abhängers zu bestimmen, eine 24 x 48-mm-Latte senkrecht an die alte Decke halten und auf der Höhe der Unterkante des Hauptträgers anreißen. Den Abhänger an der Rißlinie abschneiden. 12 mm von jedem Ende entfernt ein Loch für 4-mm-Senkkopfschrauben bohren. Das obere Ende des ersten Abhängers an dem Befestigungsstück, das untere Ende an dem Hauptträger festschrauben *(oben).* Die übrigen Hauptträger ebenfalls im Abstand von höchstens 1,50 m an Abhängern befestigen.

3 **Zwischenträger anbringen.** Etwa alle 1,50 m den Abstand zwischen den Hauptträgern messen und auf dieses Maß Zwischenträger – oder Riegel – aus 60 x 80-mm-Kanthölzern zuschneiden. Ein Ende des ersten Zwischenträgers durch Schrägnageln am Wandträger befestigen, das andere Ende durch den Hauptträger festnageln *(oben).* Die übrigen Zwischenträger versetzt zueinander anbringen und an den Hauptträgern festnageln.

Die Decke verkleiden

Die Bretter befestigen. Das erste Brett mit der genuteten Kante an eine quer zu den Hauptträgern verlaufende Wand halten. Falls die Wand krumm ist oder stark vom rechten Winkel abweicht, das Brett anpassen *(S. 78, Arbeitsgang 2).* Die genutete Kante des Brettes mit 25-mm-Stauchkopfnägeln durch die Sichtfläche am Wandträger festnageln *(rechts),* dann die andere Kante durch den Grund der Feder an sämtlichen Trägern festnageln. Die übrigen Bretter der Reihe nach aufstecken und durch die Feder nageln *(S. 81).* Wenn die ganze Unterkonstruktion auf diese Weise mit Brettern verkleidet ist, Leisten für die Ränder zuschneiden. Die Enden auf Gehrung schneiden *(S. 99)* und mit Stauchkopfnägeln durch die Bretter an die Wandträger nageln. Die Nägel versenken und anschließend mit Holzkitt abdecken.

Deckenbalken geschickt imitiert

Räume mit Sichtdeckenbalken wirken meist urgemütlich. Eine solche Wirkung zu erzielen kostet weder nennenswerte Mühe noch Kraftaufwand. Denn im Handel werden vorgefertigte Scheinbalken aus Polyurethanschaum oder Holz angeboten, die echten Deckenbalken täuschend ähnlich sehen und die ganz einfach zu montieren sind. Billiger ist es jedoch, sie selbst anzufertigen. Die hier abgebildeten „Balken" bestehen aus 25-mm-Brettern, die entweder sägerauh verarbeitet oder auf 18 bis 19 mm abgehobelt werden. Die Balken sind hohl und leicht, nach dem Zusammenbau kann die Oberfläche passend zum gewünschten Stil der Einrichtung behandelt werden.

Man kann die Scheinbalken an den Kanten abfasen und dunkel beizen, wie man sie in alten Fachwerkhäusern findet, man kann sie aufrauhen und kerben, wie man sie von Bauernkaten und Berghütten her kennt, oder man läßt sie glatt und trägt mit der Schablone ein Muster im Stil der nordeuropäischen Bauernmalerei auf.

Wie die Balken an der Decke angeordnet werden, ist ebenfalls eine Sache des individuellen Geschmacks. In der Regel werden die Scheinbalken einfach parallel nebeneinander angebracht. Zusätzlich kann man an den Wänden Ständer montieren und, als besondere Note, Streben – sogenannte Kopfbänder – im 45-Grad-Winkel zwischen Ständer und Deckenbalken einfügen.

1 **Einen Scheinbalken herstellen.** Drei 25 x 150-mm-Bretter zu einem U-förmigen Balken zusammenleimen und zusätzlich mit 50-mm-Stauchkopfnägeln verbinden; dabei darauf achten, daß die Seiten genau bündig mit dem unteren Brett und die Fugen fast unsichtbar sind. Beim Arbeiten mit Weichhölzern, wie Kiefer, kann durch das Nageln eine leichte Krümmung oder ein Drall der Bretter ausgeglichen werden. Die Nägel versenken; wenn die Balken gebeizt werden sollen, Löcher und sichtbare Fugen mit Holzkitt ausfüllen.

2 **Die Oberfläche behandeln.** Um eine rohbehauene Oberfläche zu erhalten, das Holz mit der Raspel oder der Drahtbürste zerkratzen. Man kann das Holz auch noch weiter bearbeiten, indem man es mit einer Kette oder einem alten Schlüsselbund schlägt oder die Kanten mit dem Ziehmesser einschneidet. Wird ein dunkler Farbton gewünscht, zum Schluß Beize und ein Überzugsmittel auftragen. Um einen Fachwerkbalken herzustellen, die Kanten der Seitenteile mit dem Hirnholzhobel, der Raspel oder mit Sandpapier abfasen, dann Beize „in Eiche" auftragen und mit mattem Nitrolack streichen. Wird statt Beize Lasur benutzt, ist kein Klarlackanstrich nötig. Soll der Balken bemalt werden, das ungebeizte Holz schleifen und freihändig oder mit Hilfe einer Schablone bemalen.

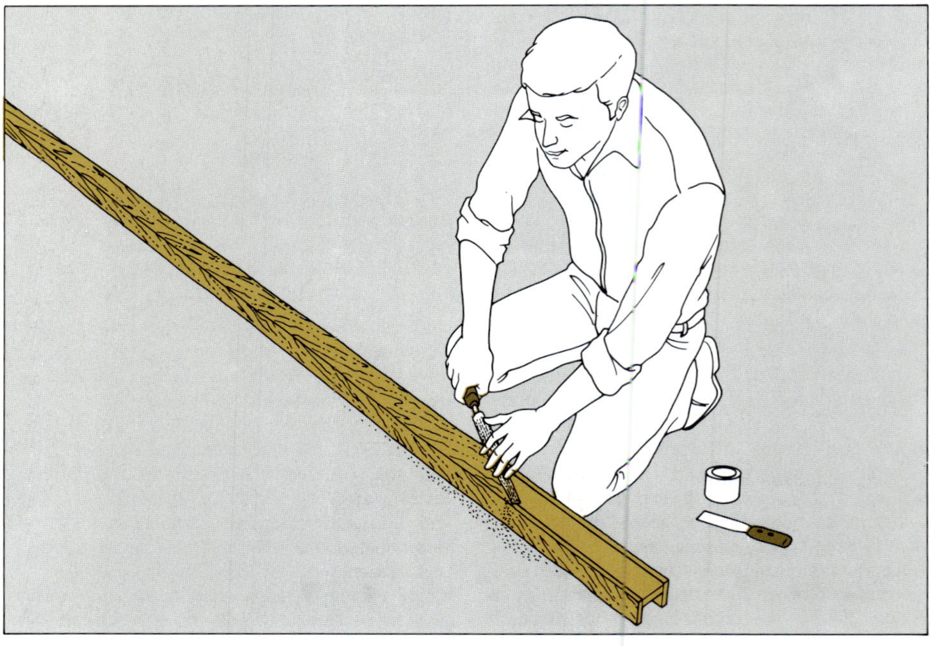

3 Füllhölzer anbringen. Dort, wo die Scheinbalken montiert werden sollen, Füllhölzer an der Decke befestigen. Dazu 50 mm starke Hölzer in der Breite der für die Scheinbalken verwendeten Bretter zuschneiden und mit 100-mm-Durchsteckdübeln an einer Betondecke oder mit 6 x 100-mm-Schrauben an vorhandenen Deckenbalken befestigen. Um die Lage der Balken zu ermitteln, nach den Anweisungen auf S. 8 vorgehen. Sollen die Scheinbalken in Laufrichtung, aber jeweils zwischen zwei Deckenbalken verlaufen, die Füllhölzer alle 60 cm mit Kippdübeln befestigen.

4 Den Scheinbalken befestigen. Mit einem Helfer den Scheinbalken anheben und auf das Füllholz stecken; fest gegen die Decke drücken. 40-mm-Stauchkopfnägel jeweils im Abstand von 30 cm durch die Seitenbretter hindurch in die Füllhölzer schlagen und die Nägelköpfe versenken. Sollen die Balken einen deckenden Anstrich erhalten, die Löcher zuvor mit Holzkitt füllen; werden die Balken gebeizt oder lasiert, die Löcher erst nachher mit passendem Holzkitt verschließen.

Wirksame Maßnahmen zur Schalldämmung

Eine wichtige Funktion von Decken und Wänden ist die Schalldämmung, und es gibt verschiedene Möglichkeiten, dies zu erreichen. Um einen Raum gegen Lärm zu schützen, reicht es unter Umständen aus, undichte Stellen an Türen und Fenstern abzudichten. Eventuell kommt man aber auch nicht umhin, eine Wand aufzudoppeln oder eine Zwischendecke einzuziehen. Eine Lösung zu finden ist nicht immer einfach, da sich der Schall nicht nur gerade durch die Luft ausbreitet, sondern auch ohne weiteres durch festes Material, wie Wände, Balken und Deckenträger, dringt. Ja, noch schlimmer: der Schall kann sich auch um Ecken herum bewegen und durch enge Ritzen dringen, ohne viel von seiner Kraft zu verlieren. Um der Fortpflanzung des Schalls wirksam entgegenzutreten, müssen Durchschlupflöcher gestopft und Barrieren errichtet werden.

Schall wird vom Menschen durch die pulsierende Bewegung der Luftmoleküle gegen das mitschwingende Trommelfell wahrgenommen. Wenn die Luft in einem Raum durch ein elastisches Medium, wie etwa eine Lautsprechermembran oder menschliche Stimmbänder, in Bewegung versetzt wird, dann entsteht ein molekulares Schwingungsmuster. Die verdrängten Luftmoleküle stoßen aufeinander und übertragen dabei Schallenergie – etwa wie ein Stein, der ins Wasser geworfen wird, Impulse verursacht, die eine Wellenbewegung erzeugen.

Alle Hindernisse, die diese Bewegung hemmen, wirken schalldämmend; im allgemeinen dringt um so weniger Schall durch ein Hindernis, je dichter dieses ist. Eine Ziegelmauer dämmt den Schall erheblich stärker als eine gleich dicke leichte Trennwand. Leider sind aber die Böden in unseren Häusern in den seltensten Fällen so beschaffen, daß sie das Gewicht von massiven Ziegelmauern als Zwischenwände tragen könnten.

Es hilft auch nicht viel, eine normale Trennwand einfach nur dadurch zu verstärken, daß man zusätzliche Lagen Gipskarton aufbringt oder Dämmaterial zwischen die Ständer füllt – zwei häufige Versuche, dem Lärm beizukommen. Oft nehmen die Gipskartonplatten nur den Schall auf und geben ihn an das Gebälk weiter, und dieses überträgt ihn dann auf die Gipskartonplatten auf der anderen Seite, d. h. die Wand wirkt als Schallüberträger. Ähnlich ist es mit Akustikplatten, die zwar den Schall innerhalb eines Raumes schlucken, doch die Übertragung des Schalls von einem Raum in den anderen kaum oder gar nicht behindern, da der Schall ihre leichte, poröse Struktur ohne weiteres durchdringt *(unten links)*.

Aber selbst, wenn man eine Methode gefunden hat, eine Wand wirkungsvoll zu dämmen, bleibt da noch das Problem der Flankenübertragung, d. h. der Fähigkeit des Schalls, sich um Ecken herum zu bewegen und z. B. den Weg über das offene Fenster oder über Decke und Boden zu nehmen, um ins Nachbarhaus einzudringen. Ein weiteres Problem ist die Frequenz des Schalls, der aufgehalten werden soll. Je weiter sich die Frequenz an den extremen Enden des Spektrums bewegt, desto schwieriger ist es, eine Barriere aufzubauen.

Alle Bemühungen, ein Haus gegen Lärm abzudichten, sollten bei den offenkundigen

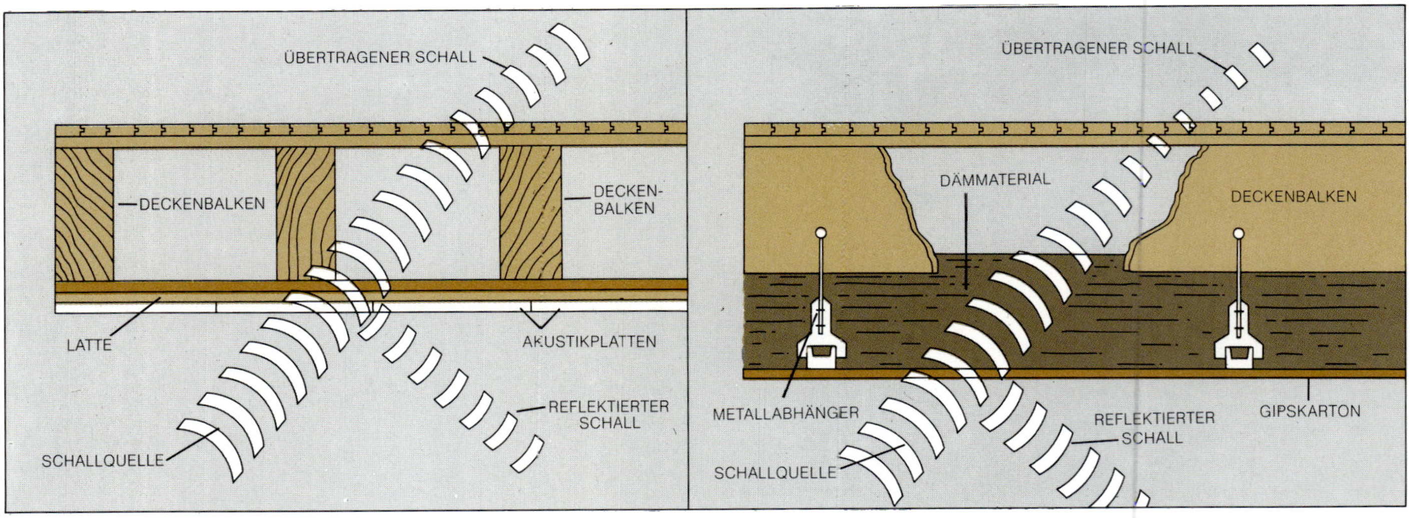

Schallabsorption und -übertragung. Poröse Akustikplatten unter der Decke *(oben links)* dämpfen den Schall innerhalb eines Raumes, indem sie den Luftschall schlucken; die Schallübertragung in angrenzende Räume wird dabei kaum behindert. Eine gedämmte abgehängte Gipskartondecke *(oben rechts)* dämpft den Schall innerhalb des Raumes kaum, verringert aber den Schallübergang in den darüberliegenden Raum erheblich.

Schwachstellen anfangen, etwa damit, Risse in den Mauern oder ausgehöhlte Mörtelfugen zu füllen *(S. 58–59)*. Wenn die Putzschicht nur bis zur Fußleiste reicht, sollte man sie bis auf den Boden herunterziehen, und Fugen an Trägern, die in die Wand eingelassen sind, sollten mit Mörtel geschlossen werden. Wo Rohre, Kabel oder sonstige Leitungen durch die Wand geführt sind, sind alle Fugen besonders gründlich – am besten mit Akustikversiegelung oder Acryldichtmasse – zu schließen und Türen und Fensterfalze mit Dichtungsstreifen abzudichten *(S. 116)*; leichte Hohlkerntüren sind durch massive Türen, einfache Fensterscheiben durch Isolierverglasung zu ersetzen. All diese Maßnahmen können bei relativ geringem Kostenaufwand erhebliche Verbesserungen bringen. Sollten sie nicht ausreichen, um den Lärmpegel im gewünschten Umfang zu senken, sind allerdings tiefergreifende Änderungen nötig, um eine Wand schalldicht zu machen.

Um die Fortpflanzung des Schalls durch ein Bauteil hindurch zu behindern, muß entweder die Masse des Bauteils erhöht oder zwischen die schallaufnehmende und die schallabgebende Fläche ein „Stoßdämpfer" eingebaut werden: Für leichte Trennwände bieten sich hier Verbundplatten *(S. 22)* an, bei einer gemauerten Wand ist eine Vorsatzschale mit einer dämmenden Zwischenlage die beste Lösung *(S. 116)*. Für den Bau einer Vorsatzschale verwendet man am besten Metallprofile *(S. 64)*, die leichter und flexibler sind und außerdem weniger Platz benötigen als eine Holzunterkonstruktion.

Was die Schalldämmung betrifft, gilt für Decken im Prinzip dasselbe wie für Wände, außer daß dort auch noch das Problem des Trittschalls auftritt. Störende Geräusche, die z. B. von klappernden Schuhabsätzen im Stockwerk darüber herrühren, können am besten dort – am Entstehungsort – behoben werden. Die einfachste Lösung ist ein dicker Teppichboden. In schwierigen Fällen muß jedoch der Aufbau der Decke von oben – z. B. durch das Aufbringen eines schwimmenden Estrichs – verändert werden. Soll der Weg des Schalls nach oben unterbrochen werden, bietet sich eine abgehängte Zwischendecke mit Dämmfüllung an *(S. 117–118)*.

Für Neubauten gelten dieselben Regeln wie für bestehende Gebäude, nur mit dem Vorteil, daß die schalldämmenden Maßnahmen in die Konstruktion schon mit eingebracht werden können. Eine Trennwand, deren Unterkonstruktion aus zwei Reihen Ständern besteht, die versetzt zueinander an eigenen Boden- und Deckenschienen angebracht sind *(S. 119–120)*, hemmt den Weg des Schalls so weit, daß laute Stimmen im Nebenzimmer kaum noch hörbar sind. Durch die doppelschalige Ständerwand mit zwei völlig getrennten Rahmen *(S. 121)* ist selbst Rufen kaum noch zu hören; diese Wand dämpft auch pulsierende Baßtöne gut.

Um die Flankenübertragung des Schalls zu behindern, dürfen schalldämmende Wände nur an Boden und Decke, nicht aber an den angrenzenden Wänden befestigt werden. Beim Einbau wird an den Rändern der Gipskartonverkleidung eine Fuge gelassen, die später mit elastischer Akustikversiegelung verschlossen wird.

Material und Werkzeug, das für die Schalldämmung benötigt wird – ob es darum geht, ein Loch zu stopfen oder eine doppelschalige Wand einzuziehen –, ist meist in Baumärkten oder im Baustoffhandel erhältlich. Unter Umständen muß Akustikversiegelung jedoch bestellt werden. Da für die Befestigung an elastischen Übergängen am besten Schrauben geeignet sind, lohnt es sich meist, einen Elektroschrauber zu mieten.

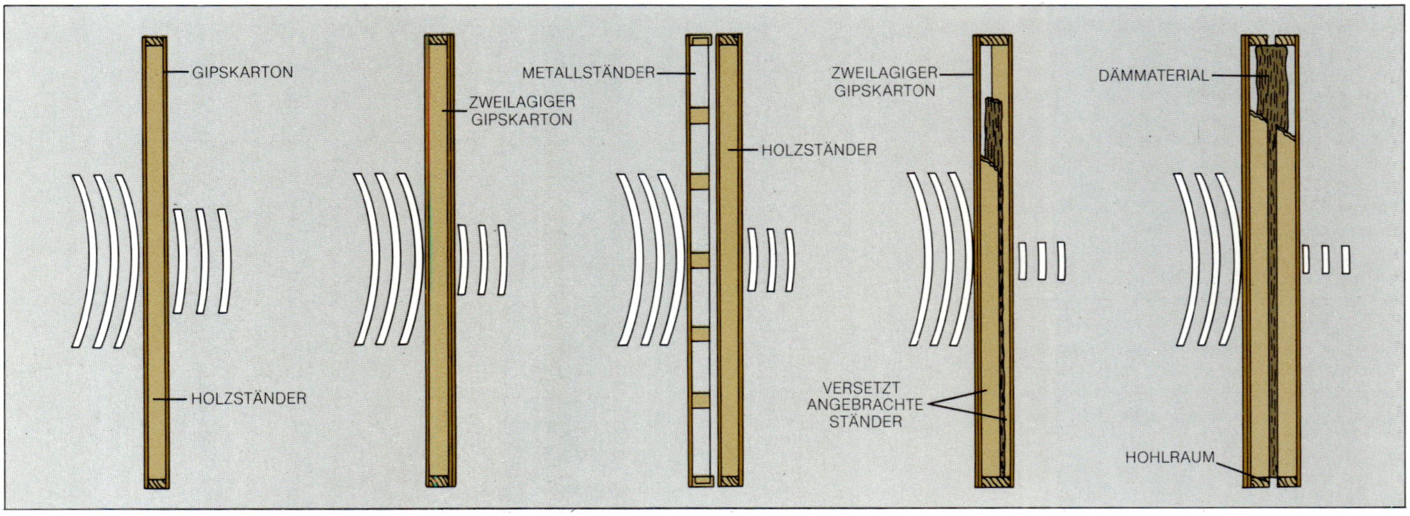

Dämme gegen den Lärm. Die schalldämmende Wirkung der fünf oben gezeigten Wände hängt von folgenden Faktoren ab: von der Dicke der Wand, der Dichte sowie der Starrheit des Verkleidungsmaterials, von der Breite des Zwischenraums zwischen der Verkleidung und den Trägern sowie von der Verbindung zwischen beiden.

Durch die normale Holzständerwand mit je einer Lage 12,5-mm-Gipskarton *(links)* ist eine normale Unterhaltung noch hörbar, aber nicht mehr verständlich. Mit einer zweiten Lage Gipskarton *(zweite Abbildung von links)*, deren Fugen zu denen der ersten Lage versetzt sind, ist lautes Sprechen hörbar, aber meist nicht verständlich. Für eine bessere Schalldämmung sorgt – sowohl bei einer leichten Trennwand wie bei einer Mauerwand – eine zusätzliche Schale, die die alte Wand an keiner Stelle berührt *(Mitte)*.

Wird eine neue Wand eingezogen, läßt sich Luft- und Körperschallübertragung durch versetzt zueinander angebrachte und zumindest auf einer Seite mit zwei Lagen Gipskarton verkleidete Ständer *(zweite Abbildung von rechts)* entscheidend vermindern. Noch wirksamer ist die doppelte Ständerwand, die aus zwei – durch einen 3-cm-Hohlraum – völlig getrennten, mit zweilagigen Gipskartonplatten verkleideten und mit einer Zwischenlage aus Dämmaterial versehenen Schalen besteht *(rechts)*. Diese hohle Doppelwand dämmt den Schall noch besser als massives Mauerwerk.

Die Türritzen abdichten

Fugendichtungen anbringen. Um die Fuge unter der Tür abzudichten, eine Schwellendichtung am Boden unter der Tür anbringen *(rechts)*. Die hier gezeigte Dichtung besteht aus einem starren Aluminiumprofil mit einer elastischen Einlage, die beim Schließen der Tür zusammengedrückt wird. Die Unterkante der Tür ist leicht gefast, damit man die Tür leichter schließen kann *(obere kleine Zeichnung)*. Um die obere und die seitlichen Fugen abzudichten, eine Nut in den Aufschlagfalz schneiden und in diese eine elastische Dichtung einsetzen *(untere kleine Zeichnung)* oder selbstklebende Dichtungsstreifen anbringen.

Vor dem Anbringen von Dichtungen alle stark verzogenen Türen reparieren oder durch neue Türen ersetzen. Für Briefschlitze und Schlüssellöcher gibt es spezielle Zugluftdichtungen.

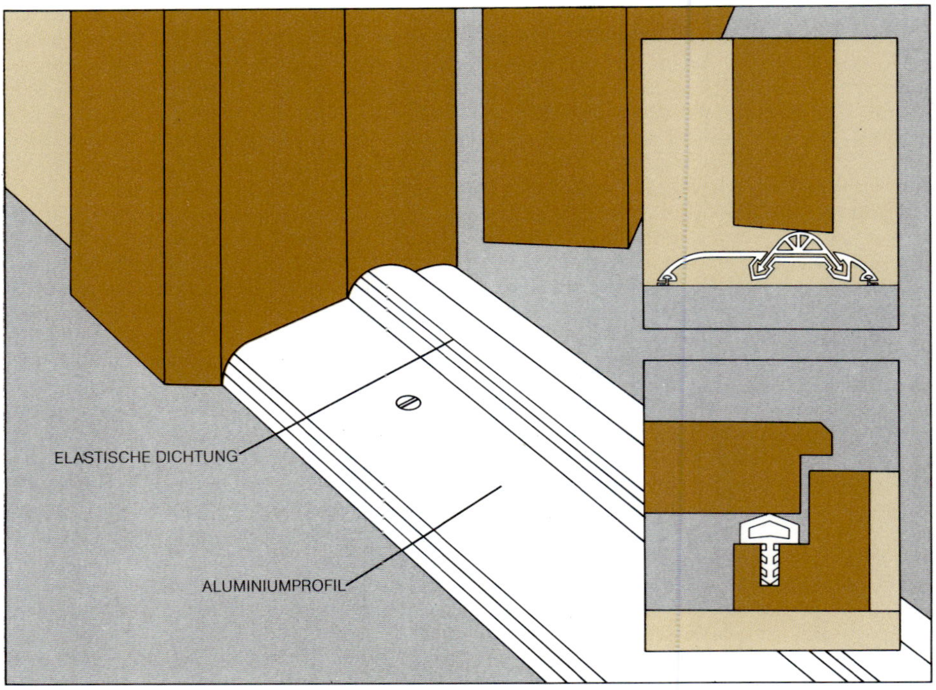

Verbesserte Schalldämmung durch eine Vorsatzschale

Aufbau einer Vorsatzschale. Hier besteht die Vorsatzschale aus einer Metallständerwand, die im Abstand von 3 cm vor der bestehenden Wand angebracht ist. Sie ist an Boden- und Deckenprofilen montiert *(S. 64)*, die auf Randdämmstreifen aus Mineralwolle oder Kork gesetzt sind. Der Hohlraum zwischen den Wänden und die Eigenelastizität der Metallprofile bilden eine doppelte Barriere gegen Schwingungen. Zusätzlich wird der Raum zwischen den Profilen mit 10 cm dicken Dämmplatten ausgefüllt, um den Luftschall zu vermindern. Die Gipskartonverkleidung der Vorsatzschale, die zu allen angrenzenden Flächen 3 mm Abstand hat, wird am Rand mit Akustikversiegelung abgedichtet, und die Fußleiste wird auf einer Lage Mineralwolle oder Kork befestigt.

Mit einer Decklage aus 12,5-mm-Gipskarton vermindert diese Vorsatzschale die Ausbreitung selbst niedriger Frequenzen. Bei Belästigung durch extreme Geräusche – wie sie etwa eine elektrische Baßgitarre hervorbringt – kann die Schallübertragung noch weiter vermindert werden, wenn der Putz von der alten Wand entfernt und statt dessen ebenfalls Dämmaterial angebracht wird.

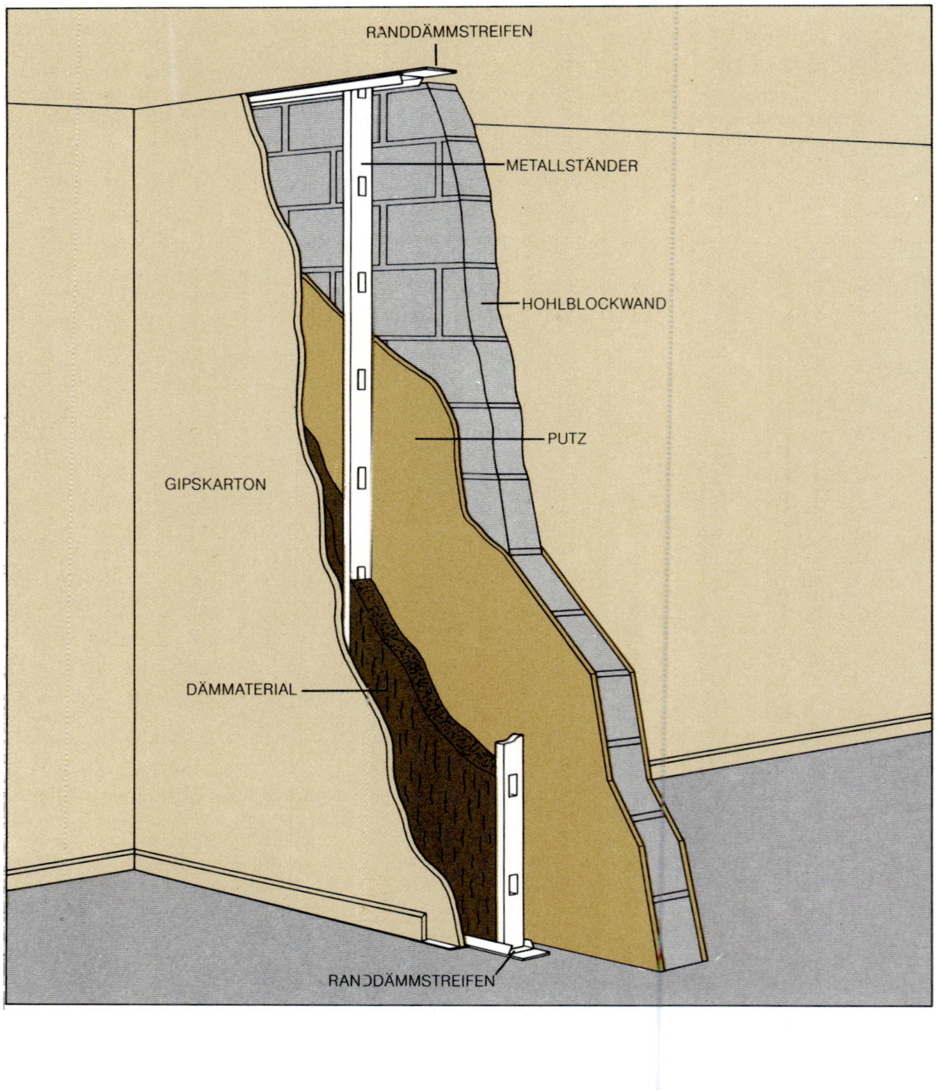

Eine schalldichte Decke einziehen

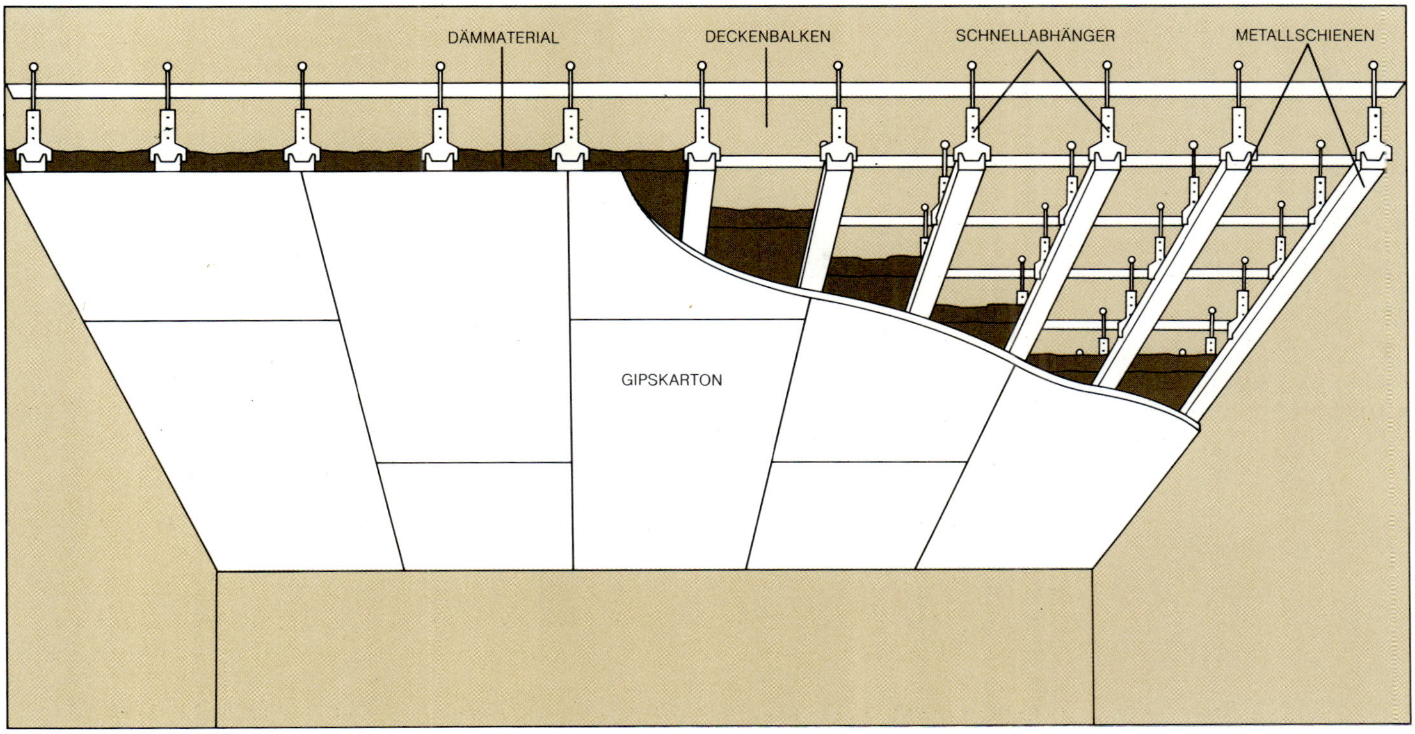

Eine abgehängte Decke zur Schalldämmung. Diese Decke aus Gipskarton ist an Schienen befestigt, die an der alten Decke hängen. Die Schienen und die verstellbaren Abhänger bestehen aus Metall, und über den Gipskartonplatten liegt Mineralwolle. Damit die Schwingungen nicht auf Nebenräume übertragen werden, berührt die abgehängte Decke nirgendwo die umgebenden Wände. Die Fuge zwischen Decke und Wänden ist mit Akustikversiegelung verschlossen.

1 Schnellabhänger anbringen. Die Höhe der geplanten Zwischendecke, wie auf S. 108, Arbeitsgang 1 gezeigt, rundum an den Wänden anzeichnen. Die ersten beiden Reihen von Abhängern entlang beiden Seiten des Raumes 15 cm von der Wand entfernt befestigen. Die Abhänger an die Deckenbalken schrauben oder bei einer Betondecke mit Dübeln befestigen. Die übrigen Abhängerreihen jeweils im Abstand von 62,5 cm anbringen; der Abstand zwischen den letzten beiden Reihen kann möglicherweise geringer sein.

2 Die Schienen ausrichten. Wenn alle Abhänger befestigt sind, die Schienen 5 cm kürzer als der Abstand zwischen den Wänden, die parallel zu den Abhängerreihen liegen, zuschneiden. Die Schienen an den Abhängern befestigen. Überprüfen, ob alle Schienen wirklich waagerecht liegen, dazu eine Schnur zwischen den Deckenhöhenmarkierungen an den Wänden spannen und gegebenenfalls die Abhänger entsprechend nachstellen.

3 Verkleidung und Dämmatten anbringen. Die erste Reihe Gipskartonplatten alle 15 cm mit Schnellbauschrauben an den Schienen befestigen, dabei zwischen den Platten und den angrenzenden Wänden 3 mm Spiel lassen.

5 cm dicke Mineralwollmatten zwischen die Schienen über der ersten Reihe Gipskartonplatten schieben *(links)*. Dann die übrigen Gipskartonplatten befestigen und die Dämmatten einschieben, ehe die nächste Reihe angebracht wird. Die Lücken zwischen Decke und Wänden mit Akustikversiegelung verschließen und die Fugen zwischen den Platten mit Fugenband und Fugenfüller, wie auf S. 23–25 beschrieben, verspachteln.

Eine Trennwand mit versetzt angebrachten Ständern

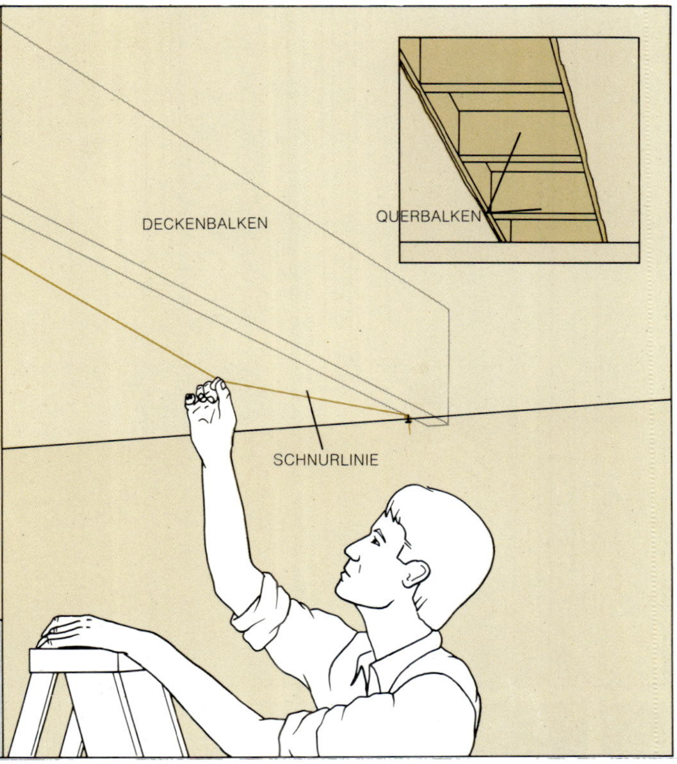

1 **Die Position der Schienen festlegen.** Wenn die Wand quer zu den Deckenbalken verläuft, für die Deckenschienen per Schnurschlag zwei Linien im Abstand von 10 cm an der Decke anzeichnen. Von diesen an mehreren Punkten das Lot auf den Boden fällen und danach die Markierungen für die Bodenschienen anzeichnen *(oben links)*.

Wenn die Wand in Richtung der Deckenbalken verläuft, nach Möglichkeit eine der Deckenschienen direkt an einem Deckenbalken befestigen. Dazu zunächst die Lage des Balkens ermitteln *(S. 8)* und an beiden Enden in der Mitte einen Nagel einschlagen. Die Nägel per Schnurschlag verbinden *(oben rechts)*. Im Abstand von 10 cm die Position der zweiten Schiene markieren. Wie oben die Lage der Bodenschienen anzeichnen.

Wenn die Wand parallel, aber zwischen zwei Balken liegen muß, die Deckenverkleidung so weit entfernen, daß die beiden Deckenbalken beiderseits der neuen Wand frei liegen. Alle 60 cm einen Querbalken vom gleichen Querschnitt wie die Deckenbalken einfügen und durch Schrägnageln an diesen befestigen. Die Lücken zwischen den Querbalken mit Mineralwollmatten ausfüllen. Die Deckenverkleidung wieder schließen. Dann wie bei quer verlaufenden Deckenbalken die Lage der Deckenschienen anzeichnen.

2 **Die Schienen montieren.** In der Länge der an Boden und Decke angezeichneten Linien vier leichte, gewinkelte Metallschienen zuschneiden. Die erste Schiene bündig mit der Linie am Boden auf einen Randdämmstreifen setzen und alle 2 m mit Schrauben bzw. mit Dübeln und Schrauben befestigen. Ebenso die zweite Schiene am Boden befestigen. Die beiden Deckenschienen montieren.

3 Die Ständer befestigen. An den Enden der geplanten Wand je zwei L-förmige Schienen zwischen Boden- und Deckenschiene einfügen, je einen Randdämmstreifen zwischen Wand und Schienenpaar legen und die Wandschienen an den Boden- und Deckenschienen festschrauben. Auf einer Seite der geplanten Wand U-Profile jeweils im Abstand von 62,5 cm (Achsmaß) an Boden- und Deckenschiene so befestigen, daß die geschlossene Seite stets in dieselbe Richtung weist. Dann auf der anderen Seite der Wand ebenso U-Profile anbringen; sie sollen sich genau in der Mitte zwischen den bereits befestigten Ständerprofilen befinden.

4 Die Wand fertigstellen. 10 cm dicke Mineralwollmatten senkrecht zwischen die Ständer einsetzen und die Ränder des Metallrahmens mit Akustikversiegelung abdichten. Auf beiden Seiten 12,5 mm dicke Gipskartonplatten aufbringen, dabei an den Rändern 3 mm Spiel lassen. Die Fugen zwischen den Platten mit Fugenband und Fugenfüller *(S. 23–25)* verspachteln und die Ränder mit Akustikversiegelung verschließen.

Eine Doppelwand, um tiefe Töne abzufangen

Zwei getrennte Rahmen. Diese Doppelwand – eine dickere Version als die mit versetzten Ständern *(gegenüberliegende Seite)* – besteht aus zwei Metallprofilrahmen, zwischen denen sich ein mit Dämmaterial gefüllter Hohlraum von mindestens 3 cm befindet. Die Wand ist auf einer Seite mit einer doppelten Lage Gipskarton verkleidet. Die Boden- und Deckenschienen und die Ständer werden wie auf S. 64 gezeigt montiert. Die Ständer haben einen Abstand von 41,7 cm. Die Fugen zwischen den Rahmen und den angrenzenden Bauteilen sind mit Akustikversiegelung verschlossen.

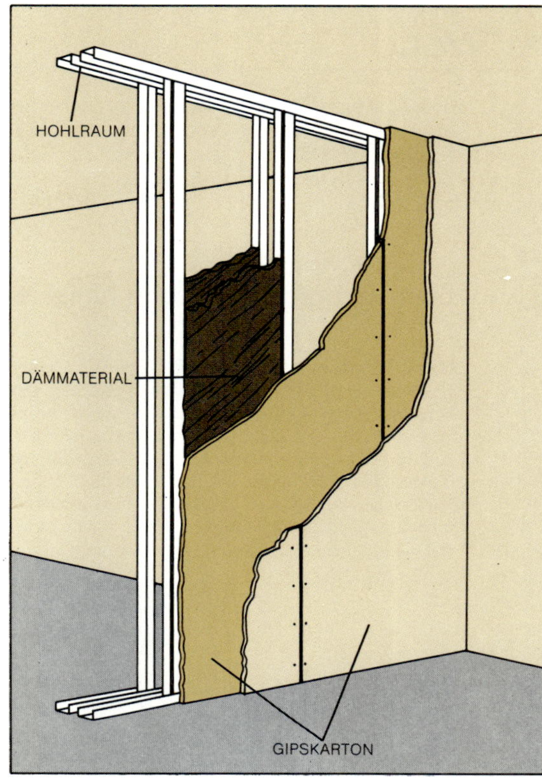

Eine weitere Alternative: eine schalldämmende Holzständerwand

Holzständerwände dämmen. Obwohl sie dicker und weniger elastisch als schallgedämmte Metallständerwände *(gegenüberliegende Seite und oben)* sind, können auch Holzständerwände wirksam Schallschwingungen dämpfen. Die mit versetzten Ständern konstruierte Wand *(oben links)* ist zwischen zwei an Boden und Decke befestigten 50 x 150-mm-Rahmenhölzern montiert. Die Ständer stehen jeweils im Abstand von 62,5 cm, zwischen ihnen sind Dämmatten angebracht, und außen sind sie mit Gipskartonplatten beplankt. Die Doppelwand *(oben rechts)* besteht aus zwei beplankten 60 x 80-mm-Kantholzrahmen, zwischen denen sich ein Hohlraum von mindestens 3 cm befindet, der mit Dämmaterial aufgefüllt ist.

Ein Geheimfach in der Wand

Bei Geheimschränken in der Wand denkt man meist an Gruselfilme oder an den Landsitz eines exzentrischen englischen Adligen. Doch die Ecken und Winkel im Gebälk eines Hauses können durchaus einen geeigneten Platz für den Familienschatz bieten – vorausgesetzt, letzterer ist nicht so wertvoll, daß er in ein Bankschließfach gehört. Ein Bücherregal, das so schwer und stabil wie die Wand wirkt, an der es befestigt ist, kann zur Seite geklappt werden und den Blick auf ein Geheimfach freigeben.

Solche Verstecke sollten natürlich nur in Innenwände eingebaut werden, wo keine Leitungen oder Rohre verlegt sind. Aber andererseits braucht man sich bei der Wahl des Verstecks durchaus nicht auf die Trennwände zwischen den Räumen beschränken. Der Raum unter einer Treppe beispielsweise, vor dem man ein Bücherregel aufstellt, bietet Platz von beträchtlichem Umfang. Man kann auch ein Geheimfach dadurch vertiefen, daß man einen auf der anderen Seite der Wand aufgestellten Schrank mit einbezieht.

Ein aufklappbares Bücherregal muß an Spezialbeschlägen – sogenannten Zapfenbändern – aufgehängt werden. Diese sind zwar, wenn das Regal an der Wand anliegt, beinahe unsichtbar, sollten aber vorsichtshalber doch besser ober- oder unterhalb der Augenhöhe angebracht sein. Die Bänder sind unsymmetrisch geformt und die Montage ist etwas kompliziert, sie sind in unterschiedlicher Größe und Tragfähigkeit erhältlich. Es ist allerdings ratsam, das Regal möglichst wenig zu belasten, also eher Ziersachen und Photos hineinzustellen als schwere Bücher.

Das Regal selbst muß solide gebaut sein: Es sollte aus mindestens 20 mm dicken Brettern mit stabilen Eckverbindungen und einem kräftigen Rücken bestehen und eine zusätzliche 25 x 50-mm-Verstrebung zwischen Rücken und Oberteil haben – Form und Größe des Geheimfachs können nach Bedarf festgelegt werden. Allerdings sind den Ausmaßen durch die begrenzte Tiefe der Wand und dem beschränkten Gewicht des Regals gewisse Grenzen gesetzt.

Eine verborgene Nische hinter einem Bücherregal

Die Öffnung herstellen. Diese Öffnung in einer Holzständerwand, die durch das Entfernen der Gipskartonverkleidung entstanden ist, erstreckt sich über zwei von drei Ständern begrenzte Felder. Auf die rückwärtigen Gipskartonplatten geklebtes dünnes Sperrholz bildet die Rückseite der Fächer. Dickere an den Seiten der Ständer befestigte Bretter halten jeweils die beiden Fachböden. Die unteren Böden liegen auf kurzen Lagerhölzern auf und schließen bündig mit dem Wandausschnitt ab. Oben ist die Nische mit zwei Brettern in der gleichen Größe wie die Fachböden verschlossen. Sie werden zunächst außerhalb der Öffnung auf die Seitenbretter genagelt, so daß zwei umgekehrte „U" entstehen; diese werden dann an ihren Platz auf den oberen Fachböden geschoben und an den Ständern festgenagelt. Die Ränder der Öffnung werden mit Fugenfüller oder Klebeband abgedeckt.

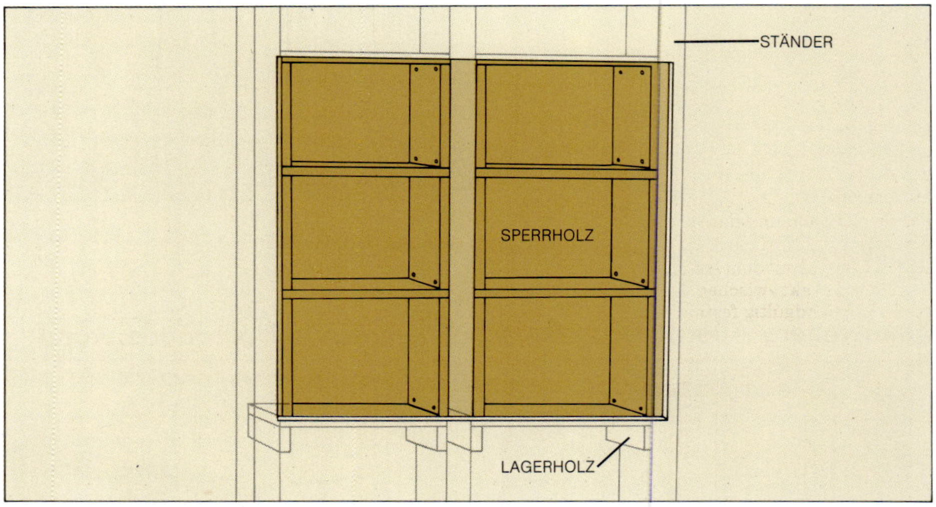

Das Bücherregal aufhängen

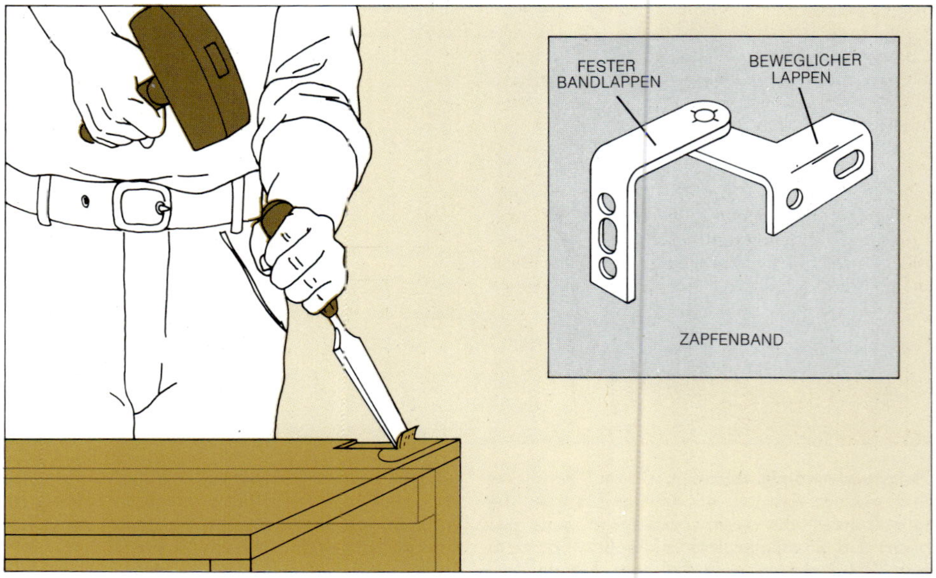

1 **Vertiefungen für die Bänder schneiden.** Den Umriß des beweglichen Bandlappens 0,5 cm von der Kante entfernt auf die Oberseite des Bücherregals übertragen. Das Holz mit Stechbeitel und Stemmknüppel gerade so tief ausstechen, wie der Bandlappen dick ist. Auf der Unterseite des Regals ebenso Vertiefungen ausstechen. Beide Bänder – durch die Langlöcher – am Regal anschrauben.

Während ein Helfer das Regal vor die Nische hält, die Umrisse der festen Bandlappen und die Schraubenlöcher auf die Ständer übertragen. Das Regal abstellen, die Bänder von der Ober- und Unterseite des Regals abschrauben und durch die Langlöcher an den Ständern anschrauben.

2 Das Regal befestigen. Während ein Helfer das Regal an die Bänder hält, die Lage der Bänder auf den Ständern überprüfen und anpassen. Dann in alle Löcher in den festen Bandlappen Schrauben eindrehen. Während der Helfer noch das Regal hält, durch die Langlöcher in den beweglichen Bandlappen Schrauben in die Rückseite des Regals drehen. Um zu überprüfen, ob die Bänder richtig sitzen *(kleine Zeichnung),* das Regal vor- und zurückklappen; falls nötig, korrigieren. Wenn das Regal genau mit der Nische abschließt, in alle übrigen Löcher der Bänder Schrauben eindrehen.

An der Aufschlagseite des Bücherregals einen dünnen Streifen Holz, Filz oder Gummi am Ständer anbringen, damit diese Seite ebensoweit vorsteht wie die Anschlagseite.

3 Die Fuge durch eine Leiste verdecken. Vier Halbrundleisten zuschneiden, um die Nische damit einzufassen. Die obere und untere Leiste für die waagerechten Teile der Bänder aussparen, die Enden auf Gehrung schneiden. Die Leisten um das Regal herum annageln und das Regal probeweise schließen. Schlägt der Rücken des Regals gegen die Leisten, das Regal mit dem Hirnholzhobel leicht abhobeln, bis es exakt zwischen die Leisten paßt. Dann die Leisten endgültig festnageln.

4 Das Regal mit einem Schließer sichern. Den Rollenteil eines Doppelrollenschließers so an einen der Ständer halten, die den Rahmen der Nische bilden, daß die Rollen bündig mit der Vorderseite der Nische abschließen. Dann das Regal fast bis zum Aufschlag schließen und auf der Seite des Regals die Höhe anzeichnen, auf der sich die Rollen berühren. Auf der Höhe dieser Markierung den Riegelteil des Schließers an der Regalrückseite festschrauben *(obere kleine Zeichnung).* Das Regal öffnen und schließen und, falls nötig, den Rollenteil nach vorn oder hinten versetzen, bis das Regal dicht an der Wand sitzt *(untere kleine Zeichnung).*

Quellennachweis der Abbildungen

Die Nachweise für Abbildungen von links nach rechts sind durch Semikolon, von oben nach unten durch Gedankenstriche getrennt.

Einband: Martin Brigdale. 6: Martin Brigdale. 8: Zeichnung von Eduino J. Pereira. 9, 10: Zeichnungen von Oxford Illustrators Ltd. 11–14: Zeichnungen von Frederic F. Bigio von B-C Graphics. 15: Zeichnung von Frederic F. Bigio von B-C Graphics – Zeichnung von Oxford Illustrators Ltd. 16: Zeichnungen von Frederic F. Bigio von B-C Graphics. 17: Zeichnungen von Eduino J. Pereira. 18: Zeichnung von Eduino J. Pereira – Zeichnung von Eduino J. Pereira; Zeichnung von Oxford Illustrators Ltd. 19, 20: Zeichnungen von Eduino J. Pereira. 21: Zeichnung von Oxford Illustrators Ltd. – Zeichnungen von Eduino J. Pereira. 22: Zeichnungen von Oxford Illustrators Ltd. 23–25: Zeichnungen von John Massey. 27: Zeichnungen von John Massey und Oxford Illustrators Ltd. 28–33: Zeichnungen von Oxford Illustrators Ltd. 34, 35: Zeichnungen von Frederic F. Bigio von B-C Graphics. 36: Zeichnungen von Oxford Illustrators Ltd. 38: Martin Brigdale. 41: Zeichnung von Walter Hilmers Jr. von HJ Commercial Art – Zeichnungen von Oxford Illustrators Ltd. 42: Zeichnungen von Oxford Illustrators Ltd. 43: Zeichnung von Walter Hilmers Jr. von HJ Commercial Art – Zeichnung von Oxford Illustrators Ltd. – Zeichnung von Walter Hilmers Jr. von HJ Commercial Art. 44: Zeichnung von Oxford Illustrators Ltd.; Zeichnung von Walter Hilmers Jr. von HJ Commercial Art – Zeichnungen von Walter Hilmers Jr. von HJ Commercial Art (kleine Zeichnung von Oxford Illustrators Ltd.). 45: Zeichnung von Oxford Illustrators Ltd. 46: Zeichnung von Oxford Illustrators Ltd. –Zeichnung von Walter Hilmers Jr. von HJ Commercial Art; Zeichnung von Oxford Illustrators Ltd. 47: Zeichnungen von Oxford Illustrators Ltd. 49: Zeichnungen von Elsie Hennig. 50: Zeichnungen von Oxford Illustrators Ltd. 51: Zeichnungen von Elsie Hennig. 53: Zeichnungen von Eduino J. Pereira – Zeichnung von Eduino J. Pereira; Zeichnung von Oxford Illustrators Ltd. 54, 55: Zeichnungen von Frederic F. Bigio von B-C Graphics. 56: Zeichnung von Frederic F. Bigio von B-C Graphics; Zeichnung von Oxford Illustrators Ltd. – Zeichnungen von Frederic F. Bigio von B-C Graphics. 57–59: Zeichnungen von Frederic F. Bigio von B-C Graphics. 60–63: Zeichnungen von Walter Hilmers Jr. von HJ Commercial Art. 64: Zeichnungen von Oxford Illustrators Ltd. 65: Zeichnungen von John Massey – Zeichnung von Oxford Illustrators Ltd. 66: Fil Hunter. 69: Zeichnung von Ray Skibinski. 70: Zeichnung von Oxford Illustrators Ltd. – Zeichnung von Ray Skibinski; Zeichnung von Oxford Illustrators Ltd. 71: Zeichnungen von Ray Skibinski. 72: Zeichnung von Ray Skibinski – Zeichnung von Oxford Illustrators Ltd. 73: Zeichnungen von Oxford Illustrators Ltd. 74: Zeichnungen von Ray Skibinski. 75: Zeichnung von Oxford Illustrators Ltd. – Zeichnung von Ray Skibinski. 76: Zeichnung von Oxford Illustrators Ltd. 77: Zeichnung von Oxford Illustrators Ltd. – Zeichnung von Snowden Associates Inc. 78, 79: Zeichnungen von Snowden Associates Inc. 81: Zeichnungen von Frederic F. Bigio von B-C Graphics. 82: Zeichnungen von Frederic F. Bigio von B-C Graphics (4) – Zeichnungen von Oxford Illustrators Ltd. 83–85: Zeichnungen von Frederic F. Bigio von B-C Graphics. 86: Zeichnung von Frederic F. Bigio von B-C Graphics (kleine Zeichnungen von Oxford Illustrators Ltd.) – Zeichnung von Frederic F. Bigio von B-C Graphics. 87–91: Zeichnungen von Frederic F. Bigio von B-C Graphics. 92–98: Zeichnungen von John Massey. 99: Große und kleine Zeichnungen von Snowden Associates Inc. – Zeichnung von Frederic F. Bigio von B-C Graphics (kleine Zeichnungen von Snowden Associates Inc.). 100: Zeichnung von Snowden Associates Inc. – Zeichnung von Oxford Illustrators Ltd. 101: Zeichnungen von John Massey. 102: Martin Brigdale. 105, 106: Zeichnungen von Frederic F. Bigio von B-C Graphics. 107, 108: Zeichnungen von Oxford Illustrators Ltd. 109: Zeichnungen von Oxford Illustrators Ltd. – Zeichnung von Frederic F. Bigio von B-C Graphics (kleine Zeichnung von Oxford Illustrators Ltd.). 110, 111: Zeichnungen von Oxford Illustrators Ltd. 112, 113: Zeichnungen von Frederic F. Bigio von B-C Graphics. 114, 115: Zeichnungen von Walter Hilmers Jr. von HJ Commercial Art. 116–118: Zeichnungen von Oxford Illustrators Ltd. 119: Zeichnungen von Walter Hilmers Jr. von HJ Commercial Art – Zeichnung von Oxford Illustrators Ltd. 120: Zeichnungen von Oxford Illustrators Ltd. 121: Zeichnung von Oxford Illustrators Ltd. – Zeichnungen von Walter Hilmers Jr. von HJ Commercial Art. 122, 123: Zeichnungen von Snowden Associates Inc.

Danksagungen

Die Herausgeber danken folgenden Personen und Institutionen: Roger Bisby, Reigate, Surrey; Richard Cowell, London; H. Juergen Dahmen, London; Tim Fraser, London; Mr. R. Groves, Putney Tile Centre, London; Mr. R. Hammerton, British Gypsum Architects' Advisory Service, London; David Havilland, Hassocks, West Sussex; Liz Hodgson, London; Andy Monks, London; Vicki Robinson, London; John Sanders, London; Mike Snell, London; Penny Seabrook, London; Mr. J. Stockwell, Richmond Glass, London; Peter Truffit, Mitcham, Surrey; W. C. Youngman Ltd., London.

Dieses Register schließt Erläuterungen vieler der in diesem Buch verwendeten Fachausdrücke ein. Kursiv gesetzte Seitenangaben verweisen auf eine Abbildung zu dem betreffenden Stichwort.

Satz: Utesch Satztechnik GmbH, Hamburg
Farbreproduktion: Grafascan Ltd., Dublin
Druck und Einband: Artes Gráficas S.A., Toledo, Spanien
D. L. TO:122 -1986